债务之网

瑞士民商法的发展历史

（1800-1900）

（Mischa Suter）

[瑞士]米沙·苏特 著

李桂杨 译

Bankruptcy and Debt Collection in Liberal Capitalism
Switzerland
1800-1900

中国科学技术出版社

·北 京·

北京市版权局著作权合同登记 图字：01-2024-4460

图书在版编目（CIP）数据

债务之网：瑞士民商法的发展历史：1800—1900 /（瑞士）米沙·苏特（Mischa Suter）著；李桂杨译. 北京：中国科学技术出版社，2024.9. — ISBN 978-7-5236-0826-5

Ⅰ. D952.23

中国国家版本馆 CIP 数据核字第 2024W442R1 号

策划编辑	刘 畅 褚福祎	责任编辑	褚福祎
封面设计	创研设	版式设计	蚂蚁设计
责任校对	张晓莉	责任印制	李晓霖

出 版	中国科学技术出版社
发 行	中国科学技术出版社有限公司
地 址	北京市海淀区中关村南大街 16 号
邮 编	100081
发行电话	010-62173865
传 真	010-62173081
网 址	http://www.cspbooks.com.cn

开 本	880mm×1230mm 1/32
字 数	328 千字
印 张	10.25
版 次	2024 年 9 月第 1 版
印 次	2024 年 9 月第 1 次印刷
印 刷	北京盛通印刷股份有限公司
书 号	ISBN 978-7-5236-0826-5/D·140
定 价	69.00 元

中文版序

　　看到自己的著作被翻译成一种自己不懂的语言，是一种有趣且有益的经历。书中的文字究竟表达了什么？哲学家瓦尔特·本雅明（Walter Benjamin）翻译了近十年的诗人夏尔·波德莱尔（Charles Baudelaire）的作品之后，在 1923 年写了一篇题为《译者的任务》的序言①，其中写道，所有的翻译"都只是与语言的异质性达成妥协的某种暂时方式"。在本雅明看来，翻译并不是简单的词汇转换，让译文尽可能地与原文相似，而是保持了语言之间的异域性和异质性：正是通过这种差异，新的思想之光才会产生，原文观点的转换才会成为可能。在这个意义上，翻译是一种互动的、变革的过程。

　　我要感谢李桂杨对本书的细心翻译。在翻译过程中，李桂杨多次联系我，寻求澄清书中的一些观点和史实，表现出对文本的深度介入。

　　借此机会我要补充一点，本书最初是 2016 年以德文出版的（基于 2014 年的博士论文）。出于种种原因，后来我无暇对本书

---

① 指本雅明译波德莱尔的《巴黎风光》（*Tableaux parisiens*）的序文。——译者注

进行修订和更新——包括 2021 年的英文版和这次的中文版。近年来，关于私人债务与资本主义发展之间复杂关系的历史研究日渐兴旺。从某种意义上说，这本书已经成了一份历史文献，只是记录了特定时刻关于债务与资本主义的思考，在某些方面甚至有些过时。我希望，作为这样一份历史文献，它仍然能够以谦逊的方式为中国读者提供一些启示，并希望中国关于债务作为一种社会关系的作品能够进一步推动翻译过程中的互惠。

米沙·苏特

2023 年 8 月　于瑞士日内瓦

目 录

第一章　商人的诞生

第二章　法律作为地方知识（1800—1870 年）

第三章　理论插曲：债务人类学

第四章　叙事中的债务与主体化

第五章　破产与社会分类

第六章 抵押品：人与物的困惑

导言

费利克斯·埃舍尔（Felix Escher）是一位苏黎世画家。不知道从什么时候起，他就对汉斯·海因里希·辛兹（Hans Heinrich Schinz）怀恨在心。1842年7月1日，埃舍尔给辛兹写了一封信，表达了对这位前执法官（Vollstreckungsbeamten）的不满——这已经不是第一次了。埃舍尔抱怨说，辛兹急不可耐地来追索他的欠债，让他陷入了困境：

> 窃以为司法强制（Rechtstrieb）并非要疑人节操，毁人清誉，罄人家产，且尤值众人皆知其正倾力而为之际。设汝对自然本能（Naturtrieb）尚存敬畏之心，设若上帝以汝待我之道待汝及众生，势必万物皆为刍狗，天地尽为劫灰，普天之下，难逃所多玛（Sodom）①之厄运矣。

在19世纪瑞士的日常演讲和法律术语中，Rechtstrieb一词是指由官员强制追收被拖欠的债务。尽管大概的意思是"对债务强制执行"或简而言之"债务催收"，但德语Rechtstrieb的含义

---

① 古代巴勒斯坦的一座城市。——译者注

在英语中很难找到确切的解释，这个词由两个词干组成：Recht 有"权利"、"法律"和"正义"等不同的译法；Trieb 通常翻译 为"驱动"或"本能"，组合起来可以理解为"法律本能"。埃舍 尔将其与"自然本能"相对应，显然是认为辛兹追债的方式伤天 害理。他援引《圣经》中"所多玛"的典故，声称"所多玛人" 正在抛出"他们的网和箭"，试图陷害他这个没有任何罪过的正 派人。

更重要的是，埃舍尔还提醒辛兹："你只是一个名义上的收 债人（Altschuldenschreiber）。但另外有一个比你年长的神记着你 所欠的债，而他是永恒的；我可以向他祈祷'宽恕我的债，拯救 我于罪恶之中'。"埃舍尔援引道德和宗教原则来谴责追债这种铁 石心肠的经济诉求。紧接着，他又展开了一连串诽谤性的人身攻 击，并声称辛兹是不法之徒。

这起案件比隐含在这封信内容里面的情节要复杂得多。辛兹 由此卷入了官司：他以诽谤罪起诉埃舍尔，而诋毁他的人则正式 指控他怀有"违反天良的欲望"。形势对辛兹不利，尽管他的律 师恳请法院注意，由于他的当事人一丝不苟地履行职责，难免被 许多同胞怨恨，法院还是认定这位曾经的执法官犯有"悖伦罪"。 见微知著，这个案例很好地证明，当涉及债务催收时，人们往往 会在涉及经济、道德和政治等不同的话语范畴之间跳跃。后文将 更仔细地考察这些话不投机的辩论和实践的背景及后果，探讨它们在自由资本主义中的意义，以及它们塑造 19 世纪瑞士社会关系的方式。

本书的主题是债务。债务是具有深层次关系的现象，由法律规定、经济力量和道德判断相互纠缠而成。从根本上讲，债务关乎历史：随着所欠债务的持续，时间会流逝，债务人、债权人和其他利益相关方之间的关系会发生变化。而这种不断变化的情况决定着债务已经支付了多少，以及还有多少欠款。从这个意义上说，债务揭示了各方当事人的现实生活状况与他们的需求和诉求之间的差距。债务是必要性、匮乏和欲望的节点。在德语中，罪过（Schuld）和债务（Schulden）是同一个单词，这使后者在道德层面具有特殊的地位。

债务的含义及其形式随着历史的演变而变化。但是，当日常生活的经济状况开始变得窘迫时，它们就具有了特殊的意义，这时，债务就成为连接贫穷的现在和不确定的未来的桥梁。借贷、典当、偿付、盘点，这些都是不确定局面的组成部分。反过来，局面的不确定使债务关系更容易引发对抗。当一个财力有限的债务人面临无法预见的问题时，仅仅是偶然事件也可能会引发实质性的冲突。债权人和债务人之间的关系是在一个既共享又分割的框架中发生的。在债务方面，人们的态度和期望混杂在一起，债权人和债务人的观点有时一致，有时相悖。归根结底，债务关系是一种相互角力的关系。

一旦债务无法偿还，这种紧张关系就会变得更糟。当偿还债务的时刻到来，过去的承诺无法在此刻兑现，未来也就面临阻碍。正是因为这种时间结构，本书将债务逾期的时间点放在最优先和最中心的位置加以关注。本书回顾了一段关系史，它涉及典当家具、逾期付款通知、质押书、担保函和有争议的汇票。它分析了人、物品、法律程序以及将它们联系在一起的书面文本之间的关系：破产协议、典当分类账、破产人登记簿。

由于债务将法律、经济和道德关系捆绑在一起，从而获得了社会力量，历史学家可能会关注历史当事人作出的评估和判断。这可能要从单词本身的内涵说起："信贷"（credit）指的是一种信任和赞许，为未来打开了可能性；而"债务"（debt）则强调了当前的压力和义务，是对现在的一种限制。当然，信贷和债务可以被视为一枚硬币的两面，会计学的基本原则，是每一个借方必有相应的贷方来平衡。但这并不能充分说明债务的历史背景。毕竟，债务和信贷的不同含义总是具有社会意义，并描述了不同类型的关系："债务负担"和"享受信贷"是紧密联系的，但又并不等同。想探究这些差异是如何形成的，就需要理解构成日常法律和经济关系结构的范畴的运作方式。本书认为，债务的清算及其中所涉及的冲突和日常互动揭示了自由资本主义交换关系的核心矛盾。

债务催收与自由主义

虽然有很多途径可以将债务作为研究对象，但本书把重点放在了 19 世纪动荡的经济上。如果我们现在的时代确实是由新自由主义定义的，并且我们的生活越来越受到一种新型贫困的影响，那么审视自由主义的起源，我们可以加深对资本主义的分析，并扩大我们政治想象力的视野。在 19 世纪，"赤贫"是一种社会诊断，也是一种威胁性场景，与自由主义社会模式的产生密切相关。简单来说，赤贫和自由主义的原则是相辅相成的。自由主义理论认为赤贫是一种社会危险，而贫困救助与其说是对个人权利的保障，不如说是社会道德化的一种工具。瑞士尤其如此。瑞士是经济和政治自由主义的标本。与其他欧洲国家一样，借贷在那里的日常经济生活中发挥着重要作用，这是由于在整个世纪的大部分时间里，多数人口只能凭借不稳定的收入来维持生计。在 19 世纪，债务渗透到了各个阶层的日常生活中，这种不安全和不确定性并非只存在于危机时期，情况好转后也不会消失。因此，被拖欠的债务具有特殊的重要性。

追收拖欠债务在瑞士德语中用"Rechtstrieb"这一习惯用语表示，其法律措施通常有两种形式：扣押债务人的资产作为抵押，以及启动破产程序。无数的债务最终都以债务催收的方式收回。在少数情况下（比如大型破产），止赎

（Zwangsvollstreckung）① 的场面颇为壮观，但通常是平淡无奇的。债务催收包括一系列日常实作、刻板程序、截止日期和表格，但这会给相关人员带来严重后果。在瑞士，在破产清算程序（Falliment）的执行过程中，男性当事人会失去公民权利，而女性则被置于特殊形式的性别监护（Geschlechtsvormundschaft）之下。

瑞士的债务催收一直由各州各行其是，直到 1889 年才被纳入统一的联邦法律体系。《联邦债务执行与破产法》（*Bundesgesetzüber Schuldbetreibung und Konkurs*）于 1892 年生效，其中的大部分条文至今仍然有效。这部法律起到了稳定经济交换条件的作用。在联邦法典编纂之前，法律和执法程序杂芜混乱，其中许多只是把处理债务的社会惯例以法条形式固定下来。在瑞士德语区，它们有一个独特但非常重要的特点：行政当局的债务催收程序可以在不征得法官批准的情况下启动，因此通常在没有司法参与的情况下进行。只要债务人不对债权人的债权提出异议，债权人就可以单方面发送通知和设定截止日期。如果超过截止日期还没有收到付款，政府的收债官就会介入。因此，债务催收在很大程度上是由地方法警单独执行的行政程序，而司法当局没有参与太多。它的特点是一种基于明确序列的事件和义务的官僚效率。

---

① 指因贷款人债务逾期，债权人停止债务人赎回抵押品的权利，将抵押品强行拍卖。——译者注

对 Rechtstrieb 的词源进行初步分析，可以清楚地看出它是自主行为和外部强制的交织。Trieb（放牧）一词与强制、因果关系和指导有渊源，与 Viehtrieb（驱赶牛群）是近义词。这个词最初表示"途径""方式"或"小道"。Trieb 一词首次出现在规范社区所有牧场的法律中。马丁·路德（Martin Luther，1483—1546）确立了这个词的"内在刺激"（internal stimuli）或"本能"（instinct）的含义。但它从未失去外部强制的意味。到 18 世纪，Trieb 则更容易与"身体快感"关联起来。然而，在所有语境下它都并不是主要的释义，这与行业术语 Triebfeder（发条）相似，该术语大约出现在同一时期，多数情况下也是用于比喻。外部强制和内部机制、机械推动和引导路径：Rechtsrieb 这个词融合了内化的自觉规范和外部的强制力量。法律领域的这种现象，如果没有一系列例行程序、通行规范、精确文本和适度姿态共同作用，是不可想象的。在债务催收方面，自由主义为了实现自己的目的，吸收了民间的习俗，并将这些习俗常规化。

相互矛盾的债务催收规范和实践，根源于 19 世纪特有的社会问题。这就向历史学家提出了一系列拷问：在社会各领域的官僚管理和标准化程序日益扩大的时期，债务人和债权人之间的关系是如何变化的？在瑞士从农业社会向工业社会过渡的"加速时代"，债务支付是如何安排的？特别是考虑到妇女虽然只拥有有限的法律权利，但她们在日常经济关系中始终扮演着不可或缺的角色，因此债务催收在哪些方面使男性和女性债务人面临不同的、有性别差异的法律条件？在这个时期，共和制国家赋予所有人投票权，民族主义成为一股强大的动员力量，申请破产并因此失去公民权利的男性破产人（Fallit）是一种什么样的存在？在人格权日益建立在财产所有权基础上的时代，人们对以财产作为抵押品被扣押是什么态度？

本书主要讲述 1830 年至 1870 年这一时期的历史。当时瑞士政府正在进行激进的自由主义改革，以至于国际上公认它是"自由主义的实验室"。自由主义基本的治理方式，是最低限度地直接行使权力和更加间接地执法。因此，自由主义既需要又培养了能够并且愿意根据自己的自由意志操纵这些程序的反身性（reflexive）[①] 主体。自由主义治理带来了新的国家实践和政府专业知识，国家机构希望尽力为他们所看到的金钱、商品、人员和信息的自由流动建立轨道。

在 19 世纪自由主义的鼎盛时期，标准化和同质化这两个历史进程开始占据主导地位，它们构成了本书所研究问题的框架。在 19 世纪 30 年代的整个瑞士，各州开始制定法律法规来系统地规范日常事务。与此同时，他们提出了让公民对自己的行为

---

① 反身性指人的思考主动地影响人们参与其中并对之思考的事件（或处境）。它包括了意识思考和行为参与两个层面，在思考和行为的活动中实现。——译者注

负责的新方法。为使贸易关系畅通无阻，他们努力使贸易关系正式化。各州率先提出了制定统一的债务催收规则的想法，而后，随着1874年瑞士联邦宪法的修订，在联邦层面相继提出。上述1889年联邦法律实现的债务催收标准化，是通过一个关键分类来定义的。"商人"是一种抽象的身份，其唯一标准是在工商登记处完成了注册的人，他们受特定破产法的约束。非商业背景下产生的所有其他债务追索都将通过扣押资产作为抵押品来收取。第一章概述了立法机关作出这一区分决定的历史背景。接着，第二章更进一步，追溯了联邦法律在前一个世纪的大部分时间里，占据主导地位的各种特殊债务催收方式更久远的历史。

这些债务催收技巧与故事的另一个过程密不可分，即自由主义中对"财产"概念的重新认识和估价。废除封建税（feudal dues）①可以说是19世纪西欧财产关系中最根本的转变。"财产"这个概念的确立，意味着个人对所有物拥有无限的处置权。这一概念的典型是1804年法国的《民法典》（Code Civil）将"财产"定义为绝对所有权，这赋予了财产空前的重要性。债务催收本应通过保证债务人的付款责任来确保财产关系。在债务催收程序中，官员有权扣押债务人的资产作为抵押品。反过来，第三方，如债务人的妻子，可以对自己的财产提出所有权主张，并对没收

---

① 指封建制度下，封建主对农民等佃农的徭役、租税、贡品等强制性要求，这些要求通常是以一定的物品或劳务形式出现的。——译者注

行为提出质疑。因此，债务催收是一个确定何人在何等条件下拥有何种财产的激烈对抗的过程。

自由主义的财产概念与其他的概念系统常常冲突。对于底层阶级拆东墙补西墙的"临时经济"（Economy of makeshifts）[①] 尤其如此，这种经济建立在借贷、租赁、交换和典当物品以及出让自主所有权的基础上。19 世纪的日常经济活动为债务经济的复杂力量关系所限定，这对自由主义者来说是个陌生的领域，因为他们认为"财产"是非关系性概念（nonrelational concept）[②]，也即绝对所有权。债务所带来的约束承诺，使得临时经济的经济形态与以个人财产所有权为基础的自主人格和自治观念背道而驰。

19 世纪的债务故事讲述了债务催收如何给个人权利、个人自由和权力结构之间的关系带来问题，比如失去公民权利的男性也失去了对妻子和孩子性别监护的特权。这是一个关于经济类型和法律权利的出现、争议和转变的故事。毕竟，当破产发生时，生活还要继续。破产是资不抵债的人积极生活的一种生存方式。当然，破产与公民权利和特权的完全丧失有关，但更有力的证据表

---

① 这个概念最初由英国历史学家奥尔文·休夫顿（Olwen Hufton）在其著作《18 世纪法国的穷人》中创立，用来描述法国大革命前穷人的生存策略。后来应用范围转向了英国的工薪阶层。这个词语通常被用来概括穷人为了物质生存而采取的零碎、绝望、失败的各种临时性的应急策略。——译者注

② 指绝对的、不受其他因素的影响的性质。——译者注

明，破产人是日常经济生活中真正的参与者，也是社会想象中的既定人物。与此同时，暂时的破产状态迫使女性在法律舞台上意外现身。本书第二章和第四章分析了 1889 年联邦法律标准化之前，瑞士债务催收带来的生活模式，以及与民族诗人戈特弗里德·凯勒（Gottfried Keller）的小说和空想社会主义者威廉·魏特林（Wilhelm Weitling）的政治理论不同的生活模式。一般而言，在 19 世纪，债务和财产构成了一个既接近又疏远的体系。人们通过前往更为陌生的城市借更多的钱，或者通过向多个不同的贷方借一些小额贷款来平衡对债权人的近期债务。19 世纪金融机构的崛起改变了这些关系，债权人和债务人之间出现了新的中介方式和交流形式。州立银行和储蓄银行集中了信贷业务。然而，信贷关系中的个人互动在多大程度上被非个人的、面对面的形式所取代尚未明确。有很多证据表明，个人信贷关系仍然具有相当重要的意义。因此，19 世纪银行业的扩张并不意味着日常金融活动的立即制度化。对生活在 19 世纪的大多数人来说，现金关系"在大多数情况下都不是不近人情的或死板的"。

因此，19 世纪的债务史必然会使现有对现代化转型的分析变得更加复杂。而且从债务和信贷的历史视角看，会显示出发散的、不同步的时间特征。

大卫·格雷伯（David Graeber）的《债：5000 年的债务史》（*Debt:The First 5000 Years*）对既定的历史转型叙事提出了根本性

的挑战，该书提出了自己的宏大叙事。格雷伯将连续性和变化问题纳入了一个贯穿历史的单一模式，即国家权力在确保债务得到偿还方面扮演的角色。格雷伯确实将债务视为一种力量关系。他将债务定义为一种层次分明的"尚未完成的交换"。但他未能解释这种力量关系所采取的具体形式，也没有探讨参与其中的人的心理矛盾和利害冲突，更未能阐述债务关系何时以及如何开始转变。因为格雷伯只提供了一个单一的模式，所以他在书中忽略了一些具体的过程。正是这些过程，使得一些公司"大到不能倒"，而另一些公司则被迫沦为债奴。

传统的历史叙事，遵循社会发展的连贯和变革、阶段和波动这个二元体系来展开，要想摆脱这个体系，必须另辟蹊径。本书转换了视角，着重分析对破产人及其财产进行评估和鉴定的不同模式的法律维度。债务催收涉及如何评估物品和价值、人和关系。反过来，在自由主义时代，各种形式的评估正是造成混乱的原因。像"资产负债表"和"扣押物品"之类琐屑的概念，推动了经济学中诸如"破产"和"财产"这样的核心范畴处于不确定状态。正如第五章所陈述的那样，债务人提出了自己对于事件前因后果的说辞，为自己无法偿还债务辩护，从而将债务偿还置于各种利益和诉求的纠缠之中。在债务和信贷关系中，确定谁必须做什么所需的知识不断变化，影响着债务人和债权人之间的关系以及人与物之间的关系。将一个标的定义为抵押品，将它从其背景中分离出来，予以扣押，从而使其暂时无法使用，这侵犯了自由主义中人和物的地位的相互构成关系。正如对礼物交换的研究所表明的那样，债务执行往往"赋予物体生命，而将人物化"。当官员查验物品，并将其"变成现银"（versilbert）时，物品就变成了流动资产，这被称为"抵押品货币化"。更重要的是，如果债务人被监禁，他们自己也成了抵押品，一直到 1870 年左右仍然存在这种可能性。第六章分析了 19 世纪债务给财产概念及财产与人格关系构建带来的多方面困难。

常规的债务关系评估方法，涉及评估债务的金额、偿还能力等具体问题，在区分经济和非经济领域之间的界限方面发挥了作用。评估还涉及对经济和非经济概念的认知和理解的差异，不同的利益相关方可能对债务的评估和处理方式有不同的认知框架和观点，导致冲突和争议的产生。从这个意义上说，卷入债务催收程序的各方之间的冲突源于认知差异。分析系统性权力关系与评估物品价值和人的可信度之间的联系，揭示了在经济领域和非经济领域的接合部存在大量的矛盾。本书以资本主义的矛盾为指导分析框架，研究这种情况的历史细节，这是根据当代研究中的实际问题作出的选择。虽然文化转向破坏了社会科学的主流叙事，地域研究未必具备普遍意义，但经济作为社会分析的核心领域，基本上没有受到影响。在这个过程中，经济学学科分析前提的主导地位尚未遭受挑战。正如帕特里克·乔伊斯（Patrick Joyce）和蒂莫西·米切尔（Timothy Mitchell）所指出的，文化转向建立了实践、物质和真实世界与意义、表现和信仰世界之间的隐含分界，却没有反思这些概念在未来研究中的地位。但我们的目标应该是深入了解这两方面的情况，揭示它们之间的相互联系，探寻意义和解释的形式如何为某些物质交流奠定基础，以及物质的组合（例如信息载体的类型、传播依赖的物质条件）又如何构建符号系统的实践。我们感兴趣的是那些获得足够的动力来启动自己的规则和条件、具有自己的生命力偶发情况，以及剥削和积累之间的结构性关系，这超越了个体行为者和"他们的符号学范围"之间的关系。本书试图解释这些不同的维度，以及在 19 世纪的瑞士债务关系中，它们是如何拼凑在一起的。

资本主义、主体化、知识

马克思是那些想把"资本"理解为一种社会关系的人的首选理论家。虽然信贷和债务在他的著作中没有明确的位置，马克思依然是债务史上一个重要且复杂的参照点。马克思的著作为揭示个人和商业债务的现象提供了重要启示。在本书中，他既是理论方向的来源，又如一位民族志学家所言，是 19 世纪"来自田野的声音"。毫无疑问，马克思最有资格谈论债务这个话题，因为他和妻子燕妮·马克思（Jenny Marx）在伦敦流亡期间，一直在与债务作斗争。他们的女儿小燕妮要求母亲在她的纪念册上填写一些与个人相关的问题，她在"你讨厌的东西"旁边写道："债务。"彼得·斯塔利布拉斯（Peter Stallybrass）写了一篇关于马克思个人"临时经济"的文章：迫于偿还杂货店日常债务的压力，他典当了自己的外套；然后又不得不马上想办法把外套赎回来，以维持进入大英图书馆所需的体面。尽管这一经历在他的著作中没有被提及，但人们或许想知道，它是否成了《资本论》第一章讨论商品形式时所选择案例的依据，在那里，二十码[①] 亚麻布和十磅[②] 茶被描述为相当于一件外套。在资本主义社会中，当作为具体人类活动的劳动与作为交换价值的抽象衡量标准的劳动对峙时，会产生冲突和困惑。让桌子跳舞，将人物化，这很荒唐。

马克思的个人债务经历，以及他的外套在典当行和图书馆之间穿梭的方式，不只是个人轶事，还具有重要价值。马克思在1844 年写的一篇文章，具体化了债务是如何实现社会关系中矛盾的客体化的。在《詹姆斯·穆勒〈政治经济学原理〉一书摘要》中，马克思讨论了货币和债务与异化的关系，这是他当时开始探索的一个概念。马克思指出，货币形式使社会关系变成了货物。货币形式是异化的必要时刻，但不是异化的终点，因为通过货币进行的交换是在私有财产体系内进行的。因为私人财产是根据其

---

① 1 码 =0.914 4 米。——编者注
② 1 磅 =0.454 4 克。——编者注

交换价值来定义的，它已经与自己疏远了。当货币承诺不再是信用体系中的交换对象时，"在信用业——它的完善的表现是银行业——中出现一种假象，似乎异己的物质力量的权力被打破了，自我异化的关系被扬弃了，人又重新处在人与人的关系之中"。因为人际关系本身也是一种交易。

出于这个原因，当时的一些社会主义者要求向所有人提供信贷。然而，马克思认为这种"打破权力"是一种幻觉，他认为"这是卑劣的和极端的自我异化，非人化，因为它的要素不再是商品、金属、纸币，而是道德的存在、社会的存在、人自己的内在生命"。当一个"富人"把钱借给一个"穷人"时，"穷人的全部社会美德，生命活动的全部内容，他的存在本身，在富人看来也都是偿还他的资本连同普通利息的保证"。"在信贷关系中，不是货币被人取消，而是人本身变成货币，或者是货币和人并为一体"。马克思认为，信用中产生的社会关系已转化为对人评价的某种形式："请想一想，在信贷关系中用货币对一个人进行估价是何等的卑鄙！"但信贷作为"对一个人的道德作出的国民经济学的判断"，并不仅仅局限于对一个人行为的评价。以穷人的"存在本身"为代表的对债权人的"担保"是通过一系列强制性措施来执行的。

货币与债务人被"并为一体"的方式，为本书所追求的两个分析轴心——主体化和知识化——提供了参考。这里引用的马克思的语录包含了主体化理论的种子。对马克思来说，关键在于人类的社会和个人存在（"社会的存在、人自己的内在生命"），因为它们是通过交换价值呈现的。特别值得注意的是，马克思看到了特定的道德话语体系在信贷关系中的作用，以及它如何将社会存在和内在生命联系起来。从本质上讲，主体化与债务一样是一种关系性过程。主体被置于控制之下，其行为受其对自身认知的影响。同社会关系一样，权力也塑造了主体与自身的关系。在米歇尔·福柯（Michel Foucault）富有启发性的公式[①]中，权力是"对行动的行动"；它不是对一个被动存在的影响，而是对一个主动的、自由的主体的影响。主体化发生在一种行动展开权力的时刻，这种行动会立即或迂回地引发主体的反应。由此产生了不可预测性和服从性，因为权力的运用并不能确定整个过程的发展，而且还可能引发"反抗的条件"。

这里应该大致分析一下主体化与债务关系中的三个关键点。首先，主体化取决于主体的社会地位，这是一个充满了不可预见的偶然性的过程。一个很好的例子是赋予法律地位，比如破产地位，它可以引发各种形式的主体化。其次，负责催收债务的低级别行政部门的特点是"引导行为的可能性并整理可能的结果"。债务催收作为司法行为的一种，但几乎没有法官介入，其作用是

---

① 指福柯在其著作《规训与惩罚：监狱的诞生》中提出的权力运作的描述。通常表述为：权力＝知识＋规范＋监控。——译者注

迫使主体调整自我行为策略和常规行为模式，使债务关系正常化。此外，社会规范和司法强制的交织与自由和权力之间更广泛的关系有关，因为自由是自由主义条件下特别有效的治理手段。主体化是通过设置最后期限和剥夺权利的威胁来执行的，这既结构化又强化了债务人和债权人之间的关系。这涉及第三点：时间问题，这是每一种债务关系的构成要素。债务固有的延期性为债务人和债权人之间的强制力关系开辟了一个领域。债务的这种开放性使"时间"成为一个关键因素。债务催收旨在缩短债务关系的时间周期，并为此实施了自己的时间制度。对那些忙于债务催收的人来说，时间不是连续的，而是被一系列交错的截止日期中断：收到付款请求、扣押家庭物品作为抵押物、公开破产听证会，所有这些都是相关方经历的时间转折点。从监管者的视角俯瞰，事件的逻辑进展，对债务人来说，似乎是一系列不愉快的任务，每个任务都会产生一个新的应对情景。

马克思所斥责的"用货币对一个人进行估价"行为构成了本研究的另一个主要关注点：历史当事人在债务催收过程中所面临的知识问题。研究信贷市场的经济历史学家分析了信息不对称的重要性以及历史当事人应对信息不对称的方式。信息经济学的正式模型假设，债权人对于债务人未来行为的了解总是比债务人自己了解的少。这种对于信息在信贷关系中核心地位的见解，其某些方面可以从更具文化分析的视角，用来阐明 19 世纪瑞士债务知识是如何通过媒体技术和系统化形式加工的。

人们普遍认为，信息是"原料"，也就是说，信息是实用且具体的，而知识是经过加工和思考、记忆和学习产生的"熟食"。当然，信息可能是"原始的"，但它并不是给定的。相反，专业技术会制造一系列令人眼花缭乱的印象或"数据"。简而言之，信息是"以系统的方式组织的数据"。记忆、分类和反思构成了产生"原始"信息和数据的可能性条件，也就是说，信息总是与先于它的知识相关联。或者，正如一位媒体技术史学家所说："'原始数据'是一个自相矛盾的说法。"市场上的人们可能在寻找"原始"信息，但他们是通过运用社会知识秩序所提供的能力和技术来实现这一点的。

在债务催收程序中，债权人、债务人和负责追收的官员会争夺信息：债务人试图隐瞒资产，债权人试图追索资产，或找出未列在分类账上的资产。这些冲突涉及收集证据和分类对象。换句话说，它们是知识生产的过程。债务催收媒介为这些过程赋予了某种形式，即文书工作——这是一系列官僚授权的协议和记录技术的简称。然而，正如本研究中引用的资料所表明的那样，文书工作很容易出现差错；它使权力碎片化，而这些碎片化的权力有时还会纠缠不清。文书工作在债务催收中起着关键作用，但由于可能误记、装订错误、损毁等情况，也存在着物质上的不稳定性，可能会导致债务催收过程的变数和不确定性。

这些粗略的描述并不假设资本主义存在某种内在本质。相反，我试图分析认识上的不确定性与社会冲突之间的关系。这个概述与另外两种值得一提的、有广泛影响的对资本主义的看法有所不同。许多学者将资本主义视为一个将经济、社会和政治现象结合在一起的总体概念。该理论认为，在私有财产作为其基础时，个体行为者之间以追求未来利润为目标进行合作。这种对资本主义的理解强调竞争、风险、利润动机、"创造性破坏"，尤其重要的是动态性。这种微妙的观点赋予资本主义扩张的逻辑和产生异质性结果的能力，但最终，它并没有把社会冲突作为分析的起点。此外，无论是将文化因素还是经济因素放在首位，这种方法往往限制了洞察自身类别历史谱系的能力。这种方法的支持者展示了关于风险、利润和竞争态度的转变如何推动资本主义的发展，或者将资本主义描述为市场力量的扩张和限制的双重运动，但他们通常不探究这些类别本身的历史渊源。其结果就是接受以规范经济为设定的范畴，从而造成了一种表象，即单一的地方案例仅仅是"潜在的"大规模过程的例子。

对物品、人身、关系和活动的商品化感兴趣的研究人员采取了不同的方法。这些学者将资本主义视为一种商品化系统，探讨了将质的差异转化为量的差异的技术，以及构建经济主体的组织和规训实践。例如，本书的主题是债务，我们面临的问题是，社会需求和负责评估债务人资产和支付能力的行政部门如何塑造个人身份。这种观点对资本主义下的知识组织和自我关系（Selbstverhältnissen）的创造具有很大的意义。但由于它只强调规范性的条文，所以很难将资本主义视为一种秩序、一种统治形式。从这个角度来看，自我关系总是被预先塑造在一种规范性框架中。尽管如此，通过将实际的历史冲突置于批判性分析的中心，我们可以更具体地理解自我关系的形成及其与商品化的关系。正是在这个确切的意义上，本书使用了资本主义"不均衡"的概念。

"不均衡"是学者用来帮助探索资本主义的历史形式、扩张条件及其基础矛盾之间的关系的一个比喻。"不均衡"一词是为了捕捉资本主义世界体系的不平等发展而创造出来的，这个词可以表示已为人接受的和新兴的两种剥削和积累实践的交错。资本主义将交换关系和时间联系在一起，使差异同步而不同质化。因此，正是不起眼的日常安排使资本主义得以运转，同时又再现了其矛盾。

"在每一个血腥的层面"

人类学家"不研究村庄……他们在村庄里研究。"是一句广为流传的格言。然而，这并未触及问题的核心。因为人类学家当然不仅仅在村庄里研究，还有许多人在进行多点民族志（multi-sited ethnography）[1] 研究，目的是了解更多关于资本主义世界的体系。他们追踪各地人、物、文化象征和冲突的轨迹。当人类学家进入田野时，历史学家则进入了档案馆。一头扎进档案研究和进行多站点史学研究之中，意味着将档案视为"解释中心"，将档案材料视为被分析对象本身产生的结果，而不仅仅是一堆需要挖掘的数据。为此，本书发展了一种过程人类学（Anthropologie von Verfahren）：它关注人们如何被卷入超个人系统和逻辑中，他们的行动如何被法律技术所塑造、制约和支持，以及行政程序如何再次被冲突和困难所打断，从而让某种独特的东西在规范化的重复中脱颖而出。因此，本书包含了我所说的系统监管的特定历史。也就是说，我试图展示法律程序的形式逻辑是如何从单一案件的经验中产生的，抽象的经济概念是如何从具体干预中产生的。通过 19 世纪瑞士特定债务催收制度的历史以及定义这些制度的规则来追踪这些抽象概念的起源，是后续章节所覆盖的内容。故此，本书的论点是，每个过程都有其各自的结构，我们只能在具体情况下研究这种结构。这就是系统监管的特定历史的含义。

因此，本书着眼于法律渊源的边缘和其中所表达的挑战与困惑。法律并不构成社会层面或上层建筑。相反，用 E. P. 汤普森

---

[1]　一种人类学研究方法。研究人员在多个地点收集数据。这些"点"可以是物理位置，也可以是社会或文化空间。——译者注

（E. P. Thompson）的话来说，它"在每一个血腥的层面上"都有所展现，这种观点并没有消除规则和实践之间的分歧，但确实使其漏洞百出。再强调一次，规范是从异质的实践中发展出来的。系统监管的特殊历史并没有将法律视为依赖于其他领域（如经济发展）的衍生类别，而是将其视为一套半自主的实践集合，需要单独研究。

同时，半自主的法律领域也构成了其他社会实践中的一部分拼图。为了探究这些渗透到社会领域的模式中的细微裂痕和差异，本书借鉴了广泛的信息来源，其中包括立法辩论、法律文本，以及官员、债务人和债权人的标准操作程序，乃至小说、请愿书、警方讯问和资产扣押协议。其中许多来源记录了债务催收的规则和程序的制定、执行、观察或分析情况。一些文本见证了关于法律本身意义的辩论。在 19 世纪 70 年代和 80 年代初关于最终形成《联邦债务执行与破产法》的讨论中，联邦立法者试图协调同步不同地区的经济节奏。其他文本则详细介绍了为将债务催收程序永久化和统一化而采取的措施，而官员的指示和法官的决定等来源则使观察整个过程的人的立场变得显而易见。投诉和请愿书通过将之前未被提及的事情主题化，准确定位了差距和断层线。最后，本研究借鉴文学文本，公正地叙述了债务的经历以及为促使债务人还款而采取的各种措施。

从某种意义上说，这项研究是零碎的，但这并不意味着它缺乏方法上的严谨性。在这篇导言的结论中有两点需要强调。首先，债务催收具有异质性，我的研究聚焦于冲突产生的时刻，即各方面的矛盾初现端倪的时刻。重申本书的一个主要论点：正是在这样的时刻，自由资本主义的日常矛盾才得以显现出来。从这个角度看，这里研究的案例并非统一的、包罗万象的样本，而更多的事件是相关实践复杂综合体的单一表现。

比较和对照不同债务催收实践，可以给这项研究带来一致性。但是，它们的特殊性是由发生的具体地点所塑造的，因此需要将它们置于特定的背景下加以处理：工业处于萌芽状态的农业州苏黎世与商业城市巴塞尔情况迥异；在首都伯尔尼，不同地区的利益代言人与联邦治理专家打得火热。不同领域具有重要意义的写作形式在这里汇集：日记中的家庭冲突与中产阶级国家文学并存。所有这些元素都是 19 世纪欧洲广泛历史的一部分。

第二个观点将研究方法的不稳定性转化成了一个有益的资源，涉及债务催收作为一种法律程序的形式。通过关注在材料源中发生的典型性操作，可以创建连贯性，因为这些操作将个案都串联起来了。历史学家可以首先找出用来制造"案例"的技术，并理解其中的条件和问题。适用于一系列案例的程序的系统性只能在具体情况中展开。这就是为什么论证会以螺旋形式递进，逐渐深入问题的核心。

本书以所研究时期的结束作为开端，即 1889 年颁布的《联邦债务执行与破产法》——这部规范了资本主义交换关系的法律——的编纂。从这个设定的时刻开始追溯,深入研究了联邦法律之前存在的各种各样的、主要是地方性的做法(第二章)。这两章以倒叙的方式展开。第三章从文化人类学的视角对债务现象进行理论反思,为本书后续篇章对债务催收的关键方面进行更系统的讨论搭建了一座桥梁。第四章借鉴了各种叙事形式,以剖析债务和债务催收形成主体的方式。最后两章涉及两种主要的程序,即破产和资产扣押。第五章的主要议题是在破产程序中对物品进行分类和评估的权力,但也探讨了当被迫破产但拒绝服从规则时所产生的问题。最后一章涉及确定扣押资产的状态时接踵而至的困难,最终也涉及保持明确区分人的概念和物的概念这方面的困难(第六章)。

第一章

商人的诞生

　　1889 年，瑞士通过了《联邦债务执行与破产法》，用以规范联邦境内的资本主义交换关系。这部法律于 1892 年生效。新的联邦法律取代了债务执行中各州各行其是的做法，废除了一些规定，同时将保留下来的做法纳入了全国性的法律框架，进而延伸到国际贸易关系之中。一些联邦法官认为，这项改革不过是适应了现代商业的迫切需要。这部法律的核心，是区分了两种不同类型的债务催收程序，并对这两种程序执行的对象进行了归类。新法实施后，商人（Kaufmänner）将适用破产（Konkurs）诉讼程序。而商人地位的确认，则完全取决于是否在不久前设立的专用登记簿上注册。其他人——非商人——则个案处理，根据不同情况追缴资产以偿还债务。在第一种情况下，使用一种特殊的公式在债权人之间分配债务人的资产，一次性结案；在第二种情况下，每个债权人的索赔都要通过扣押特定数量的债务人资产来单独偿还，而这一过程则比较漫长。

　　针对商业和农业之间的时间、空间和经济属性方面的差异，为促进商品交换顺利进行，这部法律案的草案还包含了特殊的规则。商业世界的运转遵循即时结算的方式，这是建立在商人总是拥有可以轻松变现的资产这一前提下的。因此，无力付款就可以初步推断为资不抵债。顺应这种时间特征，这部法律通过同步启动破产程序来解决这个问题。农业则是在一个不同的时钟节奏上运行，其标志是周期性的现金短缺和所销售产品的循环供应。因此，联邦立法者认为采用一种延时的解决方案更为恰当。债务催收受到这些不同时间特征的影响。为了确定哪些破产人士适用哪种程序，这部法律采用了商业注册或曰工商登记制度，由此诞生了一个新的身份类别，即商人（Kaufmann）。这个新的身份综合了自早期近代时期（early modern era）以来一直在发展的一系列针对工商业者的特殊规定。由于这部法律确认工商登记是认定商人身份的唯一标准，把商事活动从一般民事活动中分离出来，商人因此变成了一种纯粹的法律主体。同样，联邦法律新搭建的许多程序都源于长期以来的传统，破产和资产扣押以不同的形式和强度存在于各州的债务催收法律中，将这些差别统筹为联邦法律的条款时遇到了阻力，保守派试图通过公投来抵制计划中的法律。公投于 1889 年 11 月 17 日举行。这部法律以 244 317 票赞成，217 921 票反对的结果勉强获得通过。

本章详细介绍了这部联邦法律产生的背景和相关情境。这样做的目的是要提出一个更普遍的论点：工商登记制度的推行促成了破产和资产扣押之间的原则性区别，这有助于维护现代经济作为一个客观、自主的活动领域存在。这部法律是在经济正从社会其他部分分离出来的时候制定的，它引发了一场有关新概念的辩论，即什么才是合法的债务催收。债务催收的法律规定也涉及经济交换形式及其在社会和政治生活中的权重的争论。因此，这个看似单纯的立法问题实则隐含着一场如何认识经济活动性质的斗争。为了证明这一点，本章从媒介史和社会冲突史的交叉点出发，首先详细回顾了《联邦债务执行与破产法》的形成和争论，解释了法律如何与不同经济节奏相适应。然后，将它提出的最终解决方案——工商登记——作为一种表达经济知识的特定媒介形式进行文化技术分析。当然，这一手段既没有脱离法律之前的地方惯例，也没有消解对其社会意义的争议。本章阐述了工商登记如何成为债务社会关系的主要媒介。尽管立法者的意图是要将这两种债务催收方法统一适用于经济领域，但关于联邦法律的广泛政治争论表明，这并不是统一适用的。政治保守派反对这部法律，认为它规定的措施对于它应该解决的问题并不适用。他们主要的反对理由是，由于对破产债务人实施"荣誉制裁"（Ehrenfolgen），剥夺了当事人的公民权利。

破产法的同质化

1889 年，联邦法官阿尔弗雷德·布吕斯特林（Alfred Brüstlein，1853—1924）写道，大量令人眼花缭乱的债务执行法"对信贷和公共福利造成了极大的损害"。在一份争取批准《联邦债务执行与破产法》的宣传册中，他向选民们解释了当前的法律是在"作茧自缚"，已经不能满足日益复杂的经济体系的需求：如果不是因为经济以前所未有的速度转型，那么支离破碎的法律或许还能被容忍。但是现在欧洲已经被密集的铁路网所覆盖，随着蒸汽机的应用和大规模生产的实现，工业已经也发展起来了；从一个地区到另一个地区、从一个国家到另一个国家的商品流通已经有了全新的规模。从这个角度看，扩大交流、增加贸易和便利货币兑换需要综合性的措施。在 19 世纪末，欧洲的经济生活见证了无数的标准化，这一过程是通过国家间条约和新的国内立法来制定方案和规范的。布吕斯特林提到了个人行为能力法（*Gesetz über die persönliche Handlungsfähigkeit*）（1882年）、版权法（*Urheberrecht*）（1883 年）以及最重要的《义务法典》（*Obligationensrecht*）：这部统一商法于 1881 年通过，1883 年生效，和邻国法国的《商法典》（*Code de Commerce*）（1807年）以及德国的《德国通用商法典》（*Allgemeines Deutsches Handelsgesetzbuch*）（1861 年）相比，瑞士的这部法典姗姗来迟。特别是在国内贸易中，人们坚持要求联邦采用统一的规则。商法的目的是让借贷更简便，立法者认为这将促成国内和国际贸易的增长。他们希望把法律顾问、收债官以及所有其他从催收债务中获利的令人讨厌而又昂贵的代理人变成多余的角色，从而为借款人和贷款人节省资金并避免诉讼。

债务催收法的改革，旨在使破产程序同质化和标准化。尽管如此，立法过程仍然耗费了几乎二十年的时间，并且经历了种种意外。1874 年，巴塞尔大学教授安德烈亚斯·豪斯勒（Andreas Heusler）起草了最初的版本，这个版本沿袭了他所在城市的法律，专门对破产制度做了规定。巴塞尔是瑞士丝绸纺织和金融产业的中心，行政机构组织健全，国内外贸易联系广泛，这两者共同铸就了其债务催收方法的基础：专业的政府机构可以扣押债务人的账簿，利用它来编制应收账款和可变现资产清单。豪斯勒主张以簿记为基础进行债务催收，并由专门的部门执行，这样可以做到透明和精准。他认为，只有全面调查债务人的负债和资产，才能有效执行追收。因此，他提议联邦建立一个破产机构，这个机构有权立即扣押债务人的所有账簿，并利用它们了解债务人的资产情况；如果没有账簿，则有权进行精准的盘点，揭露一切看似可疑的东西，否则它们可能会被隐藏起来。这个机构还应当具有取证、发出和执行传票的权力。他斩钉截铁地说，仅将破产适用于商业资产将不再合理，因为现代的商业活动不再局限于商人之间。

但是，专家们认为，并不是所有地区都有条件建立这种具有广泛管辖范围的权威机构。一些州代表认为，这部法律案是为大规模商业的需求量身定制的，并没有顾及大多数债权人的实际状况，即这些债权人面对的主要是满足当地日常经济生活的小额借款。他们反对说，破产——法院下令立即偿还所有债务，包括那些尚未到期的债务——会威胁到农民，因为他们的资产无法立即变现，会在突然之间倾家荡产。第二项提案遵循西瑞士的习惯，很大程度上借鉴了法国的《商法典》。按瑞士法语区的规定，破产程序仅适用于商人，而针对其他债务人则规定扣押其资产作为抵押物。用一份由日内瓦代表委托撰写的报告的话来说，将普通人与商人置于同样的严格规定之下，是对平等或抽象权利的一种柏拉图式的爱，未能公正对待实际差异。另一项法案照搬了东部圣加仑州的法律，该州的破产程序是在资产被作为抵押品扣押后进行的，如果抵押品无法实现变现（例如找不到买家或价格过低），才会启动破产程序。还有一项法案参考了巴塞尔乡村州的法律，小额款项通过扣押资产收回，大额款项通过破产程序处理。提案人强调，在瑞士，75%—80%的违约债务是通过逐步变现资产来收回的，所涉金额较小。该提案最初将限定金额设定为 50 瑞士法郎，后来定为 100 瑞士法郎。负责评估立法的联邦机构表示，按照这个限定金额，至少有三分之二的债务催收程序可以通过扣押资产来解决。但是，一些人对这个随意设定的界限表示怀疑：多大额度的金额才算合适、合理？

立法者陷入了确定何时应适用这种程序，何时应适用另一种程序的困境之中。最后，他们从前文所述的商业登记簿那里受到启发，该登记簿于 1883 年作为新《义务法典》的一部分生效。

为调节贸易和商业而特别制定的法律并不是什么新生事物。1807 年的《法国商法典》为商人单独提供了一套法律，最重要的是，还为此设立了特别法院；如前所述，瑞士西部的各州在某种程度上照搬了法国的规则。这部法典借鉴了近代早期的商业机构和惯例。从这个意义上说，法国大革命以后的法律既与平等原则存在矛盾和冲突，又与之和谐共存：贸易成为一个特殊的法律和实践领域，但商业事务不再由行业公会把持。全瑞士的法学家们都在致力于解决这一问题。1864 年年底，伯尔尼大学教授瓦尔特·孟辛格（Walther Munzinger，1830—1873）完成了《统一贸易法》草案，在对该草案所做的注解中，他将民法划分为两个领域：一方面是世界主义者所涉及的国家和国际商法；另一方面是州级家庭法、婚姻法和财产法，他认为后者的特点是"对本土土地和家庭的保守依恋"。孟辛格的文本是基础性的，但并未直接转化为法律，而是纳入了修改后的商法框架内继续推行。贸易在民法中的地位发生了变化。1883 年的《义务法典》没有为商人制定特别法律，而是制定了一部更为全面的《交易法》（*Verkehrsrecht*），而贸易只是其中的一部分。这部法律几乎没有遇到什么阻力就获得通过了。法律和经济史学家认为，这部法律取得的进展是无争议的，因为各个利益集团的利益都以某种方式得到了体现。即使处于 19 世纪 70 年代末至 80 年代初这种两极分化的氛围中，天主教保守派也没有表示反对。尽管如此，债务催收这个颇有争议的话题还是被排除在法律之外。在交换关系这个问题上，各方都拒绝在对立的立场上作出让步。

孟辛格的草案围绕商人来进行关键定义和划分，其中一些元素后来被纳入《联邦债务执行与破产法》。根据孟辛格的观点，商人参与了贸易这个普遍且具有流动性的领域，信用是他们最显著的属性。商人的财务状况会影响他的信用，信用会影响到他的借贷能力以及他能够获得的财务资源，所以信用的波动反过来又会影响到商人的财务状况：由于他所拥有的商品及其价值的持续变化，很难回答关于他的资产是否足以偿还债务这个问题；所以，在完成对其价值的评估时，结果已不再准确。据此，孟辛格认为无法确定商人何时无法偿还债务。由于情况不断地变化，当前时刻的状况不能作为未来的指标；相反，未来是由人们所称的商人信用来体现的。只要商人有信用，他就可以通过变卖等价商品或者再次借贷来偿还债务。因此，停止付款的事实是用于宣布某人资不抵债的唯一可靠指标。孟辛格进一步推断，这应该作为强制商人进入破产程序的唯一标准。商人的世界是即时付款的世界，这是一种具有自身特殊性的时间逻辑。

债务和信贷的时间性与空间性

联邦法律旨在将整个民族国家[①]的债务催收程序统一起来。为达此目的，它必须公正地对待各种不同的、地方性的贷款和支付的时间性。瓦尔特·孟辛格把商人的世界描述为"普世且具有流动性的领域"。这种普世性和流动性的象征就是商人从实物资产中提取的汇票。在整个欧洲，汇票促进了一种特殊、快速、严格的债务催收形式的发展；它们既是债务工具，又是支付手段，还是货币兑换体系和套利工具。其中最简单的形式是，汇票囊括了两个商人之间签订的合同，并承诺向第三方支付约定的金额。例如，如果 18 世纪苏黎世的一位商人想要将资金转给巴黎的收款人，他会寻找一位在巴黎有代理人的苏黎世商人来合作。他用苏黎世盾（Zürich Geld）支付给他的同事，他的同事再按照当时的汇率开出相应金额的法国里弗尔（French Livres）的票据。然后，同事将票据发送到巴黎，派遣他在那里的代理人向预定的收款人以里弗尔进行支付。这种简单的金融工具成为复杂交易的基础。汇票是贷款合同的核心，类似于当代的支票，可以兑现，并可以当作证券进行交易，或作为抵押物进行杠杆操作。原始合同

---

① 指由民族组成的政治实体。民族国家通常具有统一的政府、领土和法律制度。民族国家是现代国际体系的基本单位。——译者注

的抽象化，在特定条件下创造了一种可以普遍交换的票据。汇票的抽象基础和严格的偿还条件，为社会创意提供了可观的素材。经济学家关于这些工具的著作，揭示了他们对市场社会的矛盾情绪。自近代以来，犹太人发明了汇票的神话变得流行起来。在 19 世纪，有各种理论试图解释汇票的确切含义。来自萨克森（Saxony）的法学家卡尔·艾纳特（Carl Einert，1777—1855）创立了一个影响深远的理论：汇票是商人的纸币。他解释说，汇票是一种世界性的货币，它们的价值来自商人的信誉或声望。在艾纳特称为"我们的票据时代"的现代社会中，这种货币能够轻易地克服各国货币的局限性。他认为汇票并不是建立债务的合同，因为它是从原始的具体交易（无论是贷款还是收到货物或服务）中抽象出来的。毕竟，在汇票到期时，要求支付的并不是特定的债权人，而是任意持票人，哪怕他只是碰巧手里拿着这张票据。因此，虽然汇票在物质维度上不过是一张纸，但它作为货币就具有价值，和支付令、国库券、银行票据相等同。据此，他将汇票定义为向全体公众作出的承诺。原始合法交易的抽象化，将汇票提升为一种必须立即兑现的普遍承诺。汇票的顺畅流通依赖于严格的支付义务。因此，它发展出了专有的、快速的强制支付形式，包括处以短期和临时的民事拘留。严格的条款和条件仅限于商人的财产，一个排他性的公共领域。"信用是贸易的灵魂"，艾纳特写道。商人只能把迅速和严格地执行贸易中的流程看作是一种善举，并且鉴于他因此而享受了巨大利益，每个商人必须把自己对这种严格性的服从视为一种适当的牺牲。

遵守汇票的严格性所附加的规则和义务，是成为汇票交易商的条件，这有点类似于加入一个社团。从这个意义上讲，商业规范可以被视为国家对商业监管的前身。从早期近代开始，汇兑规则就统治着支付方式；瑞士最早的例子出现在 1717 年的贸易城市圣加仑。在 19 世纪，通常参照 1848 年的《德意志普通票据法》（Deutschen Wechselordnung），瑞士的多个州施行了相关法律，允许所有公民发行、兑现和交换汇票。19 世纪中叶以后，在关于这一主题的讨论中，一位支持允许所有人使用汇票进行交易的人士指出，瑞士人生活在一个"所有等级差别都已模糊不清、生活和职业状况以一种无孔不入的方式相互渗透的时代"，没有理由对哪类人可以、哪类人不可以使用汇票作出限制。然而，由于一些农业州拒绝，签署州际协议的努力失败了。因此，无论是否存在正式的法律或商业惯例上的障碍，金融工具的社会影响仍然有限。

当商人拖欠应付款时，他可能被立即宣布进入破产程序，并且因此丧失男性公民权利。一项关于汇票的法案警示，一个人发行汇票时，他也要承担政治风险，也就是说，他要冒着在经济和政治两个方面同等重要的荣誉风险。汇票由于付款周期短，因此在没有足够的流动资金来确保支付的情况下，破产程序就成了解决方案。另外，汇票——从原始交易中抽象出来的一张纸——构成了一串连续的链条，只有无力付款时才会断开。

关于法律、空间和资本主义的时间制度之间的关系，人们提出了各种观点；还有人分析了法律在同一时间同质化和碎片化之间的联系，认为这是资本主义对时间、空间和物质资源进行彻底重组的结果。西方马克思主义理论家尼科斯·普兰查斯（Nicos Poulantzas，1936—1979）认为，在一种序列化、碎片化、分割化、单元化和不可逆转的空间的产生过程中，法律发挥了作用，这既是工厂车间的特点，也是资本主义当代民族国家领土边界地图的特点。普兰查斯将工业资本主义的主要时间形态归结为装配线劳动的分段和序列化，它对时间的精确度量导致了"连续的、均等分割的、累积的和不可逆转的时间"，这些时间皆以产品为导向。这种时间在统一的调度下被切割成片段，它以生产商品为目标，永无止境：时间在这里只是一个考核指标。

历史社会学家小威廉·休厄尔（William Sewell Jr）对资本主义时间性的分析，将商品形态和无休止的积累视为基本要素。他把资本主义的宏观动态归结为一种时间性，这种时间性是同质的、累积的，甚至是可逆的：商业周期中超乎寻常但单调重复的起伏，最终也只不过是资本的转化。然而，休厄尔也承认资本主义的兴起是一个偶然的历史过程，是某个分水岭事件从根本上改变了它。这两种解释聚焦于资本主义时间性的不同维度：普兰查斯描述了工业生产的时间——线性、序列化；而休厄尔则描述了资本循环和再生产的周期性时间——重复却又有所不同。这两种时间性代表资本主义生产和流通的两个阶段，它们相互交织，形成了资本主义的运作机制。国家及其法律试图让这种关系变得可预测，以确保经济的稳定性、可持续性和公平性。历史上，它们又都与特定的经济群体相关联，这些群体可能会通过各种方式来影响法律的制定，以符合他们的利益和目标。汇票代表了一种兼具二者属性的特定状态：它象征着重复而同质的时间性，直到商人无力支付款项，从而引发出一连串的未知。当时的理论家们认为，贸易的特定时间性证明，作为一个普遍而又流动的领域，它需要自己的法律实践领域。汇票的抽象性是通过具体的实践产生的，比如接受严格的付款条件，这是一个特定群体成员同意将其公民权利置于风险之中的行为。

农业的周期则完全不同。在制定《联邦债务执行与破产法》的初期辩论中，农业地区的代表对破产制度的即时性持保留意见。与商人不同，农民并没有可持续供应的流动资产。伯尔尼高等法院的反对意见强调，农民到了夏天会出现现金短缺的状况，因为庄稼还没有到收割的时候，而秋季的牲畜交易市场也尚未开市。同样地，来自中部的上瓦尔登（Obwalden）州的一份报告中指出：只有在秋冬之际，牲畜、奶酪和其他农产品售出后，农民才有现金支付能力。这意味着，农业经济按照自身的时间规律运转。来自弗里堡（Fribourg）州的一则评论强调了其中不同角色的相互作用：天下万物，相时而动。如果不合时宜，必然造成不同程度的损害，甚至造成混乱。这则评论指出了法案初稿的荒谬之处：与商人不同，像农民、烟草种植户、奶酪制造商和牧场主这样的非商人，除非被扫地出门，否则无法抵押他们的动产。当然，债权人也没有兴趣牵走欠债农民的奶牛，因为农民只有拥有奶牛，才能生产奶酪还债。那些来自农业和西部州的公文不约而同地声称：那些破产规则只对商人适用，农民有资产，只是无法即时变现。这些公文将农业描述为一种被季节限制的周期性生产形式，并强调，要求农民即时支付是不合理的。何况，农民还常常遭遇无妄之灾：牲畜可能患病、死亡，庄稼可能歉收。

正因为农业如此脆弱，法案的评论者们坚持，不能因为一次歉收就让欠债的农民遭受灭顶之灾。相反，他们呼吁建立安全网，以减轻债权人逼债可能带来的影响。这与一种关于农业整体性的观念相吻合，该观念认为，农场应被视为不可分割的财产。有的人提到了当农民不能及时付款时立即进入破产程序，并要求债务人将所有账目同时按到期债务偿还的灾难性后果，他们强调多次抵押土地，不仅可能毁掉债务人，还可能引发多米诺效应。此外，正如前文上瓦尔登的报告所告诫的那样，在夏季萧条期间强制出售农民的财产，会使价格大幅下跌，从而给债务人造成额外的损失 。瑞士法语区的代表们以此类论据来支持一种新的资产扣押形式，这种形式以尊重农民不可分割财产特性为前提。他们以广义的中产阶级的名义发声，声称广大中产阶级正面临滑向"已经太过庞大的无产阶级"的危险。他们担忧，由于农业生产从种植作物大量转向养殖奶牛，产生了更多的资本需求，因此农场的债务负担更重。在 19 世纪 80 年代的经济危机中，农业成为公众讨论的焦点，尽管就绝对数量而言，该部门的就业人数才刚刚开始减少。因此，一种泛滥的农业意识形态定义了一个模糊不清的中产阶级，将其作为对抗正在崛起中的劳工运动的堡垒。

商业和农业时间属性的差异带来了不同形式的知识；对不同监管类型的需求，产生了不同的观念。网络化、游走八方的商业世界与扎根本土的乡村形成了对比。因为债权人远在他乡，对个别债务人知之甚少，立法者认为簿记可以让商人在万一破产时财务状况更加透明。

信息是商人的抢手货。自 18 世纪末以来，发行量越来越大的商人指南传授了获取和传播商业财务信息的各种秘诀。瑞士出版的一本书用直截了当的语言表达了这一观点：提供信息是一项"微妙而棘手的事情"。这本书使用记忆术向胸怀大志的商人灌输了一种聪明的信息风格，帮助他们在法律上的谨慎用语和市民理想的谦逊言辞之间取得平衡。这本书的作者一再告诫读者，在他人查询第三方信息时，回答问题要十分谨慎，以免有损某人的名誉。因为良好的名誉被视为信用的证据，商人的支付能力被假设一直存在，直到正式宣布破产。而且，由于商人用别人的钱在世界各地开展业务，他们的信用在不断变化，要让商人用于偿还未了债务的所有资产大白于天下，只有强制破产才能做到。相比之下，立法者认为农村债务人与债权人有直接联系。农民用房地产对债务进行担保，这种财产对所有人都是可见的、固定的。在本地化的交换关系中，乡村家长里短的传言使债务人的财务状况尽人皆知，债权人更容易对债务人进行监视。然而，其他法学家批评了这种田园诗般透明的乡村假象，指出本土商业关系也是复杂、间接和不透明的。

总之，专家们以各种方式声称存在不同的经济领域，但这些领域通过交换相互联系。这促使历史学家去探究它们在经济交换系统中的不同地位。法律界人士认为，因为所有的经济部门都是相互交织的，盘根错节的现代经济本身就赋予了经济活动当事人不同的角色，因此，分别制定不同的、有针对性的规章是必要的。1880 年的经济危机强化了既有的经济差异概念。触目惊心的破产案例表明，破产会造成多方面的影响，这取决于破产企业有多大的规模和政治影响力。1878 年年初，瑞士国家铁路公司（Schweizerischen Nationalbahn）的崩溃产生了长远的影响，它使四个在该公司有大额投资的中等城市陷入破产的边缘，这件事迫使政府和市民面对一个问题，即自治市政府的破产程序究竟意味着什么，以及应该如何执行这些程序。竞争对手东北铁路公司

（Nordostbahn）也濒临破产。但在这个案件中，人脉广泛的金融大亨兼政客阿尔弗雷德·埃舍尔（Alfred Escher）利用自己的影响力进行谈判，要求延期付款。在众目睽睽下，这位大投资商居然有能力为其所持股份获得特殊待遇。早期的劳工运动组织要求在未来的联邦法律中保护小债务人，他们还呼吁对没有收入来源的生病的债务人予以个别救济，毕竟，东北铁路也获得了延期付款的待遇。

这些冲突很好地说明了经济关系和行业的特殊性已成为公众讨论的重要议题。精英阶层也强调了不同类型的交换和生产及其相应的时间节奏。支持联邦制的《新苏黎世报》（*Neue Zürcher Zeitung*）批评了这项对付款期限一刀切的法案，指摘它将同一模式适用于日内瓦的大商人和偏远的瓦莱河谷（Valais Valley）的小农，据称不这样做会在法律面前造成不平等。该报的评论员认为，针对经济不同行业制定不同的法律并不意味着恢复贵族特权。相反，这只意味着承认现代经济的现实复杂性。现代经济中，不同的生产、再生产和交换模式交织在一起，这些差异需要用适当的规则来区别对待，而不是采用一刀切的方法。一项法理学评估主张，在民事法律事务中，"现代立法者"不应片面强调法律的平等原则，而应将自己的任务看作是通过牺牲形式上的法律平等来消除某些实质性的法律不平等。一位支持政府立场的记者将区分商人和非商人的做法比作一条河流，它以自然力量冲开了所有人为的壁垒。从这个角度看，经济实践——而不是法律平等原则——构成了一个全面而又有区别的债务调控系统。

工商登记：一种新颖的文化技术

作为 1883 年商业法的一部分实施的工商登记制度，为 1889 年破产法确定两种程序的执行对象提供了框架，工商登记制度建立了一种纯粹形式上的区别。用一位重要的法学家的话来说，商人可以是任何人，只要他在工商登记中注册即可，是否属于工商登记的对象并不重要。换句话说，商人的身份不是根据其实际资格或资质来确定的，而是根据是否进行了工商登记来决定的。注册并不是记录已经存在的身份，而是创造一个身份。负责起草商业法的立法专家避免对商人作出实质性定义，而选择含糊其词，以适应商业世界不断变化的需求。毕竟，巴塞尔大学法学教授保罗·斯佩泽尔（Paul Speiser，1846—1935）认为，政府官员总是会任意划定谁是商人、谁不是商人；因此，最好的方式是把决定权留给商业自身。当然，对一定类别的商人和公司来说，注册是法定义务（尽管如后文所述，定义这个类别也面临难以克服的困难）。但除此之外，每个具备法律能力的人都有权自由地将自己的名字录入注册簿中。

遵循不限制"自由发展"的明确目的而设计的纯形式范畴的

法律管理，构成了自由主义治理的基石。自由主义治理并不排斥国家干预，相反，19 世纪的国家当局采取了积极措施，以确保他们认为的劳动力、商品和信息的自由流通。 物质环境和法律安排旨在促进特定商业行为的规范。历史学家在对 19 世纪末基础设施——柏油路、煤气表、给水系统、邮路等系统化的研究中阐明了这一观点。经济交换也越来越多地用基础设施的隐喻来加以描述，正如 19 世纪德语经济学中广泛使用的 Verkehr（交通）一词那样。通过实施工商登记来逐步规范商品和信息自由流动，是一个美好的愿景，但这一行为策略一再失败。将自由贸易作为一种治理技术的尝试和这种尝试的不稳定性，都在工商登记的实施中得到了体现。

借助最近在媒体研究中重新兴起的文化技术概念，可以帮助分析导致商人这一类别出现的注册和删除机制。文化技术的概念为组织文化的基本技术（如阅读、写作、绘画、计数和计算）提供了一种独特的视角。这一概念强调了媒体和事物的递归、过程性维度。用媒介理论家科妮莉亚·维斯曼（Cornelia Vismann，1961—2010）的话来说，文化技术给予行动以轮廓和定义，或者说它们为个体和社会行为提供了结构、框架和指导 。它们通过塑造主体来激活主权，这些主体的行动仍然由媒体和物质的操作组合所配置。因此，制作登记簿并将姓名录入其中的实践，可以说是一种卓越的文化技术。商业登记簿展示了行政写作是如何融合表述和生产的。它与财产登记簿的功能类比，有助于解释为什么自由主义法学家认为它们是对应物，因为两者都用于使公众知晓具有法律约束力的所有权关系。简而言之，登记簿不仅仅是保证特定的法律权利或地位，而是创造了这些东西本身。

主商业登记簿由两本册子组成：一本是条目形式的时间逻辑登记簿，另一本是表格形式的公司登记簿。每家公司在后者中都单独列为一页，补充了前者中的信息。另外还有一本特殊登记簿，列出了不需要在主登记簿中注册，但仍需申请备案的人员。

表格格式的登记簿用易于理解的格式记载个人行为，这些行为是从背景材料中提取出来的（如商业授权委托）。在当事人去世、迁走或申请破产时，就将它们从登记簿中删除；当公司所有者发生这类事件时，公司就会被删除。删除操作使用红色墨水标记。商业登记簿用划掉条目进行删除操作；如果条目类型是名称，则通过建立新条目来注销原条目。因此，删除不是擦除，而是新的标记。它们本身就是一种逐项记录的手段。预先规定禁止擦除，就像禁止所有其他编辑和边注一样，即使事后发现错误，也只能通过记录新的条目来进行更正。登记簿中最重要的信息之一就是删除信息，因为它们通常表示破产。在登记簿中，只能划掉，而不能擦除。

实际上，从整个欧洲来看，这类经济信息流的验证系统在19世纪70年代非常受欢迎。登记簿对公开可用信息的访问进行了规范。但商业登记簿并非新发明。在 13 世纪，意大利城市保留了各种类型的登记簿；后来，瑞士的贸易城市日内瓦（1698年）、圣加仑（1717 年）和巴塞尔（1719 年）推出了地方手册（Ragionenbücher）。在 18 世纪，城市政府将这类登记簿工具化，用于经济和财政政策，并越来越多地被用来回答责任问题和规范信贷体系。早期近代时期登记簿中列出的个人和公司被允许发行汇票。随着 19 世纪公司的组织形式越来越多样化，关于公司的一些基础事实变得更加重要。商业登记簿包含了与公司章程相同的一些信息：公司的所有者、法律结构和注册资本。作为一种信息系统，商业登记簿对其中列出的每个人都有精确的记录。当商业登记簿于 1883 年作为商业法的一部分实施时，75.7% 的企业都是以其所有者的名义进行登记的独资企业。《联邦债务执行与破产法》在一定程度上收紧了规定：它要求在商业登记簿上增加一个按字母排列的原始名单，专门用于注明是否应该对他们提起破产或资产扣押程序。工商登记作为一种具有强大的权威性和决定性力量的文化技术，通过管理姓名、冠以头衔、公布信息等方式来赋予当事人地位。

商人妻子的资产构成了他们企业资本的重要组成部分。关于这些资产地位的争议，生动地展示了商业登记簿是如何重新安排社会关系的。当商人申请破产时，其妻子的资产至少在理论上享有特权待遇。通过主张她有权索回自己的嫁妆，她参与同债权人的竞争。然而，在立法者的眼里，能够妨碍商业流动的特权尚不存在。有关嫁妆特殊待遇所引发的认识问题和权力问题，在第五章中有详细讨论；在这里，我只想简要提及与商业登记簿相关的问题。在一些地区，登记簿列出了所有实行独立财产婚姻制的商人，从而给潜在借款人提供了更准确的有关他们的流动性和未来偿还能力的情况。关于是否以及在多大程度上将家庭关系与商业关系分开，专家们各持己见。例如，对于无法偿还私人非业务债务的商人，应该采用破产程序还是资产扣押程序？在联邦政府看来，债务人作为一个人的法律地位是决定因素，而不是债务的性质。支持者的观点是，如果情况不是这样，私人债权可能优先于商业债权人，从而违反了前述流通自由的原则：

举例来说，如果一位裁缝或鞋匠可以从一位商人那里拿走糖果抵债，而这些糖果是商人从外国企业那里进的货，而且尚未付款，那么这将是一种难以想象的不公平行为。① 顺便一提，如果商人信誉良好，他总是可以获得信贷和资金。如果他甚至连支付一笔小额家庭债务的钱都凑不齐，那么就迫切需要立即对他启动破产程序，不必等到他的多笔债务同时逾期的那一天。

---

① 在这个例子里，商人对裁缝或鞋匠的债务是私人债务。如果私人债权人优先扣押商人的财物抵债，是一种不公平的做法。这里强调的是债权人的地位平等。——译者注

商业登记簿是特许从事商业活动的法律工具。它将某些人标识为商人并予以规范，有效地确立了商人作为特殊的法律主体的地位。将一个人标识为商人，以特别的方式重新配置了他们的社会关系；弱化某些关系，而强调其他关系。例如，妻子的权利被置于企业事务之下，公司业主的姓名被记录在登记簿上。将一个人的名字录入商业登记簿，就会生成一个称号，从而形成商人这个主体。但是，这种确认的形式是一种循环论证——即列入商业登记簿要依赖于商人的身份，而"任何人"都可以通过录入商业登记簿来获得商人的身份。要将瓦尔特·孟辛格简洁明了的文字在现实中践行，并没有那么简单容易。允许任何人注册，并没有解决应该明确要求谁注册的问题，如何提供更具体的业务资格定义，在制定联邦法规时，立法者存在分歧。有人建议以企业商品的流动性或是否发行债券作为标准。而有些人则试图避免这样的实质性定义。最终，联邦立法机构选择了一种开放式的表述，并授权州政府根据具体情况来决定这个问题。联邦委员会发布的一项通告很好地阐明了这一困境：关于在商业登记簿中注册的义务，我们收到了许多咨询，主要来自各行业的零售商、牲畜交易商、旅馆业主和餐厅经营者、手工艺人等，这使我们有机会指出在这个问题上不能作出普遍性的规定。即使在同一行业中，情况也可能差异很大，在某些情况下，人们有义务在登记簿中注册，而在其他情况下则没有义务。因此，根据情况，州政府应强制个人和公司在满足两个条件时注册为商人：①商人的业务在很大程度上依赖于信用、放贷和借贷；②有关企业债务和应收账款的准确信息需要可靠的簿记。

因此，定义商人的首要标准是他的信用。在这方面，19 世纪的法律与 18 世纪的实践保持一致，但有一个重大变化：那些只有通过会计账簿才能提供其他商人想要了解的信息的商业人士，被赋予了注册的义务。当然也可以将这种情况描述为通过簿记来展示业绩。一个为确定信用度而建立的知识体系加上现存的信用实践，就这样划定了领域的边界。然而，在商业法生效近 10 年后，关于这个问题仍然存在争议。一些商界人士，特别是瑞士行脚商人协会（Verein Schweizerischer Geschäftsreisenden），仍然抱怨规则过于模糊。他们提出了一个替代方案，提议使用营业额和商人商品的价值作为标准。在工商协会（Verein Handels und Industrieverein）的一位代表看来，当前的商品库存提供了一个实际的度量标准，因为如果商人没有持续可靠的账目，估算商品价值比计算营业额更容易。因此，在 1893 年，这个瑞士最重要的商业利益协会的一个代表建议，如果一个人的年收入超过一万瑞士法郎或仓库中存放的商品价值超过两千瑞士法郎，那么他们应被要求注册为商人。该代表对州政府官员希望保护小企业主不受僵硬的破产条件影响的愿望表示理解，自 1892 年以来，注册商人一直受制于这种条件。但是，他继续说，从实际的角度来看，作为商业和借贷方面的纪律，要求商人保持清楚的账目是一个很不错的进展，值得欢迎。

然而，如果注册会让商人本身受到影响，那么它所划定的界限则更是漏洞百出。除了循环论证的限制之外，注册的实际管理也举步维艰。在第一年，工商登记仅完成 31 470 个条目；10 年后，只有 42 719 个。此外，实际的记录保留实践并不完全透明。对瑞士商业中心苏黎世进行的一项调查显示，该市的公司注册处积压了 4 年以上的工作。1886 年，在工商登记在全国范围内实施大约 3 年后，工商协会观察到，商人对将自己的姓名和公司列入名册几乎不感兴趣，他们认为自己遵守这个体系烦琐的规则并不会给他们的信用评估带来什么实际好处。

换句话说，将工商登记作为一种文化技术构建，并不意味着它会被人们自觉使用。然而，媒介研究要求我们将官方脚本纳入考虑，科妮莉亚·维斯曼甚至断言，规定本身可以作为文化技术重要性的证据。例如，像工商登记这样的工具所表达的规则，本身就指向一种特定的实践。的确，关于知识实践（practices of knowledge）的准则和规范，可能是能够帮助我们理解媒介塑造和影响知识实践的背后机制和动力的有益线索。然而，一些媒介研究者容易高估官方脚本的社会意义。本书的目标不同，旨在建立物质结构与社会冲突之间的联系，因此本书分析债务关系中的文化技术，而不是将债务关系视为文化技术。有趣的是，矛盾不仅仅体现在文化技术本身的形式化、自我封闭的逻辑上，还体现在历史情境中。事实上，社会冲突与使用特定文化技术的制度是相互交织在一起的。下一节将讨论其中一个社会冲突，即保守派对《联邦债务执行与破产法》的反对意见。

保守派的反对和荣誉制裁

保守派发起了一项全民公投，目的是阻止后来成为 1889 年《联邦债务执行与破产法》的法案获得通过。保守派是一个异质的社会群体，其基础立足在中央瑞士的天主教农业州，以及西部的天主教州弗里堡州和伯尔尼农村等农村新教地区，他们在 1847 年的独立联盟战争（Sonderbundskrieg）中被击败了。此次公投是保守派对法律联邦化更广泛斗争的一部分，而自由派对这种操作进行了批评，将其称为"阻挠政治"（Obstruktionspolitik）。自从 1871 年联邦宪法确立了全民公投制度以来，他们一直坚持这一策略，直到 1891 年获得在联邦委员会中的代表席位为止。

因为涉及日常的法律行为，债务催收法的联邦化为保守派政治动员提供了机会。这场冲突关乎对经济交换合法规则的理解。保守派的言论围绕着商业道德的概念展开。本节将分析保守派对道德合规的商业这一概念的运用及其赋予的意义，他们在不同背景下灵活使用，并有效地运用它反驳法律联邦化支持者的论点。

这种策略在这个辩题上是合适的，因为辩手可以声称他们对破产或资产扣押的支持符合农村自治市的利益。他们之所以没有坚定支持某一种方式，是因为这两种程序在瑞士人的心目中均没有明确的含义。例如，在卢塞恩，拖欠的债务是通过破产程序进行追收的。影响力深远的报纸《父辈的土地》（Das Vaterland）创办于文化斗争（Kulturkampf）①期间，因此积极反对由联邦对财产扣押统一立法。伯尔尼大众党（Berner Volkspartei）主办的保守派新教报纸《伯尔尼大众报》（Berner Volkszeitung）也发表社论反对联邦法律，该报由伯尔尼州议会著名代表乌尔里希·杜尔雷马特（Ulrich Dürrenmatt）领导。尽管联邦政府的法律改革者认为农村经济简单明了，但保守派则反驳说它是复杂且难以理解的。他们声称农村经济将面临危险，并对联邦法官在财产扣押和破产之间划定界限的方式表示强烈不满。

保守派媒体认为，草拟的联邦法案在财产扣押和破产之间进行了严格的分割，这不切实际。他们的论点基于这样一个观察，即农村经济在多个时间轴上运作。他们写道，农村的商人与农民保持着紧密的联系，因此需要适应农业的货币节奏，而不是相反：在农业地区，商人和从他们那里购买商品的农民一样；他

---

① 1873—1887 年罗马天主教会和德国政府之间围绕教育和教职任命权进行的斗争。最终德国政府在斗争中失败，反天主教会的法令被逐步取消直至全部废除。——译者注

们是有钱的，但在某些时候，尤其是在夏季，他们的现金会出现短缺。他们批评的要点是，新法律让农村商人与工业和贸易密集地区的商人适用相同的程序，会导致小规模农村商人的消亡。题为《信任！观察！谁？》（*Trau! Schau! Wem?*）的小册子批驳了法律的支持者关于农村经济透明的观点，称其为胡说八道。它解释道，人们已不再生活在准确了解邻居的资产状况的时代。其作者指出，只有把严格的盘点列入破产程序，才能揭示债务人隐瞒的资产，这些资产可能在银行中，也许是列在其他人名下，也许是外国公司的股票。除了这种所谓的事实上的好处，保守派也很介意向债务人分别寄送催款通知的做法。他们抗议道：扣押农民的资产的提议，将对农民的信用产生惊人的负面影响。因为当追债人亲自前来搬走财物时，全村的人都会目睹到，这将引发谣言。即使债务人最终能够按时偿还债务，损害也无法挽回。这份小册子遗憾地指出，最终结果将是陷入困境的农民只好向阴险的高利贷者寻求救济。当动产被扣押时，法院的差役会到场——他不会带来好消息，这一点村民人尽皆知。村里的邻居们得知这一情况，很快便会谣言四起：某某正在上交他的东西，或者至少在被追讨债务。官方的债务催收人，他们的头衔是抵押品托管人（Pfandvogt）或者债务法警（Schuldenvogt），在保守派的口中被描述为一种干预村庄社会秩序的外来权威。在伯尔尼州，债务并非由官员收取，而是由私人代理人收取，这使得《伯尔尼大众报》担心联邦法律将招来代价高昂的联邦追债大军。因此，这部法案的保守派反对者指责起草者忽视了地方经济的特定、自我调节的逻辑，并断言这样做势必会侵犯已经被人们广泛接受的经济独立的理念。

道德合规的商业概念建立在妖魔化犹太人的反犹主义基础之上，这是当时保守派批评新法案的一个关键因素。在 19 世纪 80 年代，新形式的政治反犹主义开始在有产阶级中盛行起来。在 1893 年终于获得成功的禁止犹太宰割法（shehitah）的运动中，煽动者将"血祭诽谤"的陈词滥调与犹太放高利贷者（Jewish usurer）联系在一起，后者被描述为财产屠夫（Güterschlächter），以谋取私利为目的，罔顾他人或公众利益。1893 年，这项运动大获成功。在反犹太主义保守派的话语中，新的债务催收法将被放高利贷者、犹太人和投机商玩弄于股掌之中。一篇文章煞有介事地说，如果按照法案的规定，在强制拍卖中出价的资产必须立即以现金支付，那么这种情况对资本家、犹太人就很有利，而农民则处于不利地位。其他人则以反寡头主义的口吻抨击这项法案，称其为大工业和大商业的产物，资本家和投机者将是主要的受益人。因此，除了重复农村高利贷者的说辞外，他们也间接地、不那么露骨地运用了犹太金融的陈词滥调。反犹主义的恐吓也被用来包装对交换关系透明度（或缺乏透明度）的担忧。根据马克斯·霍克海默（Max Horkheimer，1895—1973）[1]、西奥多·阿多诺（Theodor Adorno，1903—1969）[2] 和利奥·洛文塔尔（Leo Löwenthal，1900—1993）[3] 的观点，对放高利贷者形象的构建或描述，可以解释为对现代性双重扭曲的表达。双重扭曲的原因在于：一方面，犹太放高利贷者被想象成了流通领域负责剥削这一虚幻观点的化身。在这种演绎中，放高利贷者象征着资本主义的不透明性和其追求纯利润的神秘要求。但另一方面，犹太放高利贷者也具有明显的前现代性，被用来比喻将匿名的市场力量重新转化为人身依附关系，被认为是旧时代的僵尸，与现代人的价值观和经济模式格格不入。

总而言之，保守派讥笑联邦法律本末倒置：伤害小债权人，却让狡猾的赖债者逍遥法外；穷困的债务人落得倾家荡产，而犹太人和投机者却获利不菲。保守派以怀有恶意的反犹太主义立场，将透明度和可理解性作为辩题，展开了关于债务催收立法的争论。保守派强调农村经济的不透明性，以支撑他们对这部法

---

[1] 德国哲学家，先后在法兰克福大学和法兰克福社会研究所担任教授。主要研究领域为发展认识论和批判理论的方法论。——译者注

[2] 德国哲学家、社会学家。法兰克福大学教授，批判理论学派的主要成员。主要从事黑格尔、马克思、弗洛伊德哲学的研究，对德国战后文化重建有重要贡献。——译者注

[3] 德国社会学家和哲学家，法兰克福学派核心创始人之一。先期在法兰克福社会研究所工作，希特勒上台后逃亡美国，先后在斯坦福大学、加州大学伯克利分校任教。——译者注

律案的反对立场，实际上是在争论农村经济是否构成一个紧密联系的"可知社区"（knowable community）。在这个意义上，他们对农村经济的观察又比倾向改革的联邦立法者更加细致入微。因此，他们得出的结论是，拟议中的联邦法案无法使债务催收和借贷实践在法律层面上具备所期望获得的合法性。这一观点将通过分析一个特别具有争议性的问题来加以说明，即与破产相关的荣誉制裁。

荣誉制裁广义上指的是对违反荣誉、道德或道义标准的个人或团体施加的纪律措施或处罚。这里用来特指对男性破产人施加的限制措施。这些措施在1889年的《联邦债务执行与破产法》中没有明确规定，所以各州在这个方面各行其是。在许多地方，随着新法律的通过，剥夺公民权利的现象变得越来越普遍。在伯尔尼州的州议会中，保守派的伯尔尼人民党试图通过立法来剥夺破产人的更多权利，相关法律经过第四轮投票才获得通过。伯尔尼州1898年的荣誉制裁法规定，破产人将失去公民权利6年，而那些扣押资产不足以偿还债务的人则为3年。此外，这些人的姓名将被公布在官方公报中。他们的权利可以由法官恢复，但前提是他们必须从当地市政府获得官方认证，证明他们的财务困难并非由其自身的过错所致。

联邦法律对破产和资产扣押之间的划分导致出现了新形式的不平等。在此之前，只有破产的商人才会受到荣誉制裁，但新的法律规定因无力偿债被扣押资产的所有人都同样适用荣誉制裁。于是，被剥夺公民权利的人数立即剧增。伯尔尼债务催收官员批评扩大荣誉制裁使现有的地方惯例更加严厉。他们担心法律使非商人处于比注册商人更为不利的境地，因为注册商人有更多时间整顿财务状况，他们的债权人必须明确要求对他们启动破产程序。与之针锋相对的则是，伯尔尼保守派声称对债务人太过宽容会鼓励奢侈浪费。最后，一份名为《瑞士破产人请愿书》的文稿抨击了伯尔尼州在官方公报上公布破产债务人姓名的做法（他们强调，该公报已分发给约 2 400 名店主），将其称为告密制度。一位署名为"大众之友"的作者指出，注册公司被允许在破产程序中与债权人达成和解，从而让名誉毫发无损，而非商人却不能享受这一优待。他补充说，一个拖欠手艺人或劳工债务的资本家可以滥用分期付款条款，从而让前者因资金链断裂而陷入财务困境。一个劳工和工匠协会组织呼吁伯尔尼州议会不要剥夺那些因不可抗力而陷入经济困境之人的公民权利。至于如何界定"因不可抗力而陷入经济困境"的同胞，他们的请愿书中没有提出办法。不过，他们认为法院应该有义务进行调查，自动对每个债务人的过错程度进行审查，而不仅仅是在债务人提出申请时才这样做。他们批判的另一种情况是，那些身处较贫穷阶层无力偿还债务的人将在丧失公民权利的情况下继续存在，要么是因为对法律无知，要么是因为他们担心复审程序的压力和费用。

　　"不可抗力"的语义有助于将名誉和罪责转化为法律术语，这借鉴了许多州债务人有过错破产和无过错破产之间的区别。这种论述在造成术语 Schuld（罪责、债务）产生多义性上发挥了重要作用，其基本论点是：那些由于不可抗力而陷入破产的债务人在道德上是无辜的。此外，尽力而为、在道德上无可指摘却仍然遭遇困境的债务人应被视为在法律上无过错。这个论点在本研究中会反复出现，并在不同的背景下呈现出不同的形式。其核心是对经济行为的正常化构想。

　　关于荣誉制裁的争论是经济活动和社会地位之间关系的一场大规模斗争的一部分。1889 年的《联邦债务执行与破产法》将债务催收策略和相关制裁统一起来，但由于将荣誉制裁的问题留给各州处理，从而引发了相当大的混乱。法学家阿尔弗雷德·布吕斯特林呼吁立法者对荣誉制裁采取温和态度，并仅在需要断绝与不值得信任的人的信贷联系时使用荣誉制裁。这将减少当事人在经济领域的声誉受损的程度，并符合现代观点，即债务执行针对的是资产而不是人身。但保守派拒绝接受这种将人身与其财产分离的观点，他们对国家如何处理破产债务人有不同的想法。荣誉制裁问题最终表明，国家强制追收拖欠债务所产生的经济影响与立法过程中伴随的道德讨论是密不可分的。

经济的客体

荣誉制裁的道德争议是使得债务管理辩论更为广泛的一个征兆。其核心是关于知识和经济交换的问题。1873 年的金融恐慌导致经济衰退，从而在 19 世纪 80 年代各个社会话语领域加强了对经济交换的关注。在这里简要地谈几点：19 世纪最后几十年兴起的边际主义政治经济学抛开了生产成本和劳动价值理论，将自己重新定义为一门形式化的主体间交换关系的科学。此外，在哈布斯堡王朝①、德意志帝国和瑞士的各个州，曾在几十年前废除的反高利贷法又重新生效。这些平行发展引发了政治反犹主义和社会科学专业知识之间的联盟，造成了严重的后果。面对日常经济中的城市化进程，小商业主在 19 世纪 80 年代组织起来，要求为债权人提供更强大的保护。1888 年，德国商业信贷服务机构"信贷改革"（Creditreform）在瑞士开设了分支机构，成为现有的瑞士行脚商人的新闻来源，并对伯尔尼信贷机构"机密"（Confidentia）提供了支持。这些机构发布了黑名单，将臭名昭

---

① 又称奥地利帝国、奥匈帝国，历史上的中欧国家实体，由哈布斯堡家族统治。该王朝在 16 世纪至 20 世纪初是欧洲最重要的王朝之一，领土范围覆盖了今天的奥地利、匈牙利、捷克、斯洛伐克、斯洛文尼亚、克罗地亚、波斯尼亚和黑塞哥维那、塞尔维亚、罗马尼亚、乌克兰、意大利北部、波兰南部以及其他一些地区。该帝国在第一次世界大战后解体。——译者注

著的债务人罗列其中，并代表他们的会员参与破产诉讼，要求市政府公布资产尚在扣押中的债务人的姓名。最后，关于期货交易的争论涉及金融在社会中所扮演的角色。对经济交换关系的高度关注，同时也提高了人们对经济生活日益分化的认识。经济学家开始将经济看作是高度专业化的生产和消费形式的复杂领域，由此得出的结论是，需要统一的规章制度和适应这些差异的交换途径。《联邦债务执行与破产法》是这种同质化和碎片化双重运动中的一个重要工具。

本章认为，这部联邦法旨在稳定交换关系。它通过进一步发展一种新的经济和法律主体——商人，来实现这一目标。商人和非商人之间的区分是由将知识塑造成专业化形式的技术建立起来的。在更为普遍的层面上，近代经济不仅受到这些技术的影响和塑造，还受到关于何为合法交换关系的社会冲突的影响和塑造，因为不同社会群体对于交换关系的定义和规范存在着争议。因此，本章分析了法律知识实践、媒体组织和社会冲突之间的联系。正如保守派对联邦法律的抗议所揭示的那样，破产和债务催收问题成为改革债务和贷款体系的焦点。保守派鄙视联邦法所规定的商人和非商人之间以及破产和资产扣押之间的区分。他们认为这种区分模糊了经济关系，而不是使其更加明晰。实际上，对于正确商业行为的争论是关于经济生活透明度的争论。从这个角度来看，知识媒介化技术和债务与信贷的社会冲突在每一步都是交织在一起的。联邦法律的作用是将两者联系在一起，从而消解了受这两者影响的各个领域和时间段之间的矛盾和冲突。

在联邦法律通过之前，这些矛盾和冲突是怎样的呢？引用一位联邦法官的话，规则和法规更多地扎根于当地背景和日常的基础上。下一章将探讨 1800 年至 1870 年债务执行的实践，彼时的法律结构与最终在近代经济崛起过程中编纂出来的法律结构大相径庭。

第二章

法律作为地方知识
（1800—1870年）

1800 年，苏黎世大教堂的大执事约翰内斯·托布勒（Johannes Tobler，1732—1808）[1] 吁请政治家关注一条能够防范潜在革命的"实用格言"："免我们的债，如同我们免了他人的债。"托布勒指出，一个良善的等级制度会通过这样的宽恕行为来将其发扬光大，但这种行为正变得越来越稀见。他认为，我们应该慈悲地对待那些欠我们钱、劳役、封建税、利息、什一税（Tithes）[2] 的人，根据具体情况，总是以慈善为准则——延期、减轻或免除债务。这位神学家以主流伦理观为依据，钟情于在商业领域推行一种家长般的责任管理制度。通过宽恕债务，一个人可以在某种意义上"赢得或曰收买人心。花费不多，但价值无算"。简言之，对统治者而言，债务减免所付出的物质成本要小于社会革命所带来的损失。托布勒的论文对社会中的债务和权力作了分析，对通过革命清算和通过减免债务建立社会纽带进行了对比。

---

[1]　瑞士神学家和牧师，同时也是一位翻译家和作家。1777 年起担任苏黎世大教堂大执事和教士。——译者注

[2]　是一种宗教税，指在一些宗教体系中，信徒向教会支付的一部分收入或产出。通常，什一税的比例是按照总收入或产出的十分之一计算的，用于支持教会事务和牧师的生活。——译者注

文本还将债务管理与危机诊断联系在一起。托布勒在一段动荡的革命时期提出了他的实用格言。这位大执事力图通过自己的谏言来保护等级制度，却还是难以逆转历史潮流 。在法国大革命爆发和拿破仑接管之间的几年内，等级制度土崩瓦解，平民运动和起义此起彼伏，法军横扫欧洲大陆，再加上瑞士作为欧洲战争前线的角色，迅速改变了统治者与他们的臣民之间的关系。新的赫尔维蒂（Helvetik）[1]政权在 1798 年至 1803 年首次对瑞士联邦实施了集中的宪政治理，但这个短命的共和国倒台后，托布勒所提出的实用格言又重新变得有价值。在个别债务人和债权人之间，以及在各州的法律中，延期、豁免和重组债务是常见的做法。托布勒所呼吁的良善等级制度，似乎与 89 年后在《联邦债务执行与破产法》中明确规定的近代经济体系相去甚远，因为这部法律对商人和非商人进行了明确区分。在这些规定定型为统一的联邦法律之前，瑞士债务催收的规范和实践又是什么样的呢？通过沿用已经建立的习俗和惯例，债务催收在国家的最小干预下进行，并受到一系列文件、条款、期限、宣示和不成文规则的影响，以下轶事很好地说明了这种情况。

　　1829 年 8 月，来自苏黎世州的农业自治市上威宁根（Ober-

---

[1]　是法国革命战争期间，法国在征服了瑞士后建立的一个附庸国。它包含了现代瑞士除日内瓦、纳沙泰尔和巴塞尔等地的大部分领土。它的建立标志着瑞士古老联邦的解体和旧制度的终结。——译者注

weningen）的8名妇女向州政府提出了请愿。因为丈夫破产，这些妇女被剥夺了获得基本供给品的权利。她们要求像正常人的家庭一样，有权从公共林地获取足量柴。然而，市议会只愿意给予她们及其家人一半配额的正常木材。这些妇女以自己的娘家姓签署了请愿书。丈夫的破产身份意味着失去了对妻子的性别监护权，当地政府跳过她们的丈夫，直接听取了她们的意见。妇女以娘家姓签署文件这一事实表明，财产分割制度在这里发挥了作用。在苏黎世州，丈夫对妻子的财产享有合法支配权，并可以随心所欲地处置这些财产。而一旦提交破产申请，共同财产的纽带即被解除，丈夫对自身财产的支配权也被剥夺，这就意味着妇女有机会破例提出正式申诉。上威宁根的妇女们在请愿书中直接指责州最高当局。她们写道，由于丈夫破产，家庭财务的重担被强加给她们：由于我们的丈夫破产，迫使我们要么接管丈夫拥有的财产（以及附带的沉重债务），要么重新购买我们的住房和家园（以便维持我们的家庭生计，带着骄傲的心情抚养我们的子女，不给社区和公共财政增加负担）。这些妇女将自己视为社区的全权公民。她们用自己的私房钱赎回了丈夫被公开拍卖的资产，以减轻丈夫破产带来的影响，她们在申诉中强调，这样做是为了拯救自己的家庭免于依赖贫困救济。然而，5年来，她们只被视作半个公民，甚至被削减了自己应得的公共林木份额。通过写一份正式的请愿书，这些妇女绕过了法定监护人这个实际权威，因为破产男人的妻子通常被置于政府指定的法定监护人的性别监护之下。尽管丈夫对妻子的监护制度在法律上是有约束力的，但这些约束在破产以后却被剥夺了。与丈夫不同，法定的第三方监护人必须记录被监护人的财务状况；然而，这些人通常几乎不识字。监督这些监护人的行政部门确认，他们在检查装有被监护人的本票和其他证券的盒子时，经常发现文书工作做得很草率。在请愿书中，这些妇女写道，公共林地是一个基本问题，因为没有多少人拥有林地。她们提醒阅件人，直到 1800 年，公共林木一直按需分配，每个人都得到相同的数量。但自从市政府在 1824 年砍伐并出售了大量橡树以来，破产家庭的配给量就减半了。

妇女们的请愿书惹恼了市议员。他们在写给州政府的答复函中，称这项投诉令他们愤怒不已，因为市政府之所以破天荒出售橡木，是为了平衡为破产家庭所开销的费用。此外，因为丈夫被剥夺自己的份额，破产家庭只能获得公共木材份额的一半，是自古以来的成法。这些市政当权者在回应中反驳妇女们的申辩，重申对享有全部权利和失去部分权利的社区成员应当区别对待，表示要维护前者的权益。他们坚持认为，有必要设置一个低门槛，在涉及享有公民特权的事项上，将普通家庭成员与破产人分开，以确保贫困潦倒、负债累累的公民不会恶意破产，同时脸上还带着嘲笑和明显的幸灾乐祸。市议员的复函指出，破产家庭给市政府的财政带来了压力，因为他们的破产，迫使市政府在强制拍卖时收购他们的抵押资产，然后再以较低的价格将这些资产回售给破产家庭。事实上，在19世纪20年代中期，市里的账目就已经开始出现赤字；一条备注解释说，1824—1825年，该市不得不接管一些破产的社区成员的家庭事务，以帮助他们走出困境。但州政府并不认同市政府的观点。它要求该市与上诉妇女达成妥协，并答应她们获得足够数量的木材。在发出批示函之前，州政府曾就此征求第三方机构——上威宁根所在的区管理局的意见，区管理局建议：双方都援引古老的习俗，然而，由于人口的大幅增加和森林的不断砍伐，这些习俗在长期以来已经发生了根本性的变化。区管理局认为，破产家庭必须得到他们应得的那份木材，否则他们将非法砍伐树木，从而破坏森林。

在贫困时期，公共林地经常成为社会冲突的场所。19世纪20年代下半叶，在苏黎世的乡村地区，农业危机创下新高。与苏黎世州的其他市镇不同，上威宁根没有正义（Gerechtigkeiten）或称公平分配制度，即按照所购股份对公共物品进行差异化分配，而是向所有社区成员划拨等量的木材。同时，在19世纪前30年，中央州 ① 当局开始更加严格地监管公共林地。受影响的市

---

① 也被称为"中央级州"或"核心州"。这些州位于瑞士的中心地带，具有重要的政治、经济和文化地位。有7个州被认为是中央州，分别是伯尔尼州、楚格州、弗里堡州、格拉鲁斯州、瑞士中部州、瑞士东北部州和索洛图恩州。——译者注

镇经常出售木材以填补因逐步废除封建税所产生的利息亏空[1]，他们对州政府的监管进行了激烈的抵制。然而，对我们来说，更重要的不是木材的多寡，而是它在归属权、公共林地权利的冲突中所起的作用，以及木材是否因为债务而减少了配给。区管理局声称，债务执行的实践是由古老的习俗所确定的，这些习俗超越了法律的字面意义。因破产受到官方制裁导致公民权利丧失，却产生了意想不到的后果：虽然"破产人"的权利被剥夺了，但他的妻子在整个过程中却获得了更重要的法律地位。自20世纪70年代以来，女性史学者已经证明了历史上妇女在家庭经济中所拥有的权力和能动性。这一见解清楚地表明，上威宁根的妇女们宣称自己是活跃的经济主体。实际上，债务催收程序本身产生了一系列权利受限的新型法律主体。在法理学领域，破产可能会引起扞格。它将女性置于必须捍卫自己生活必需品的地位，但也为她们开辟了一个有限的法律边缘空间。上威宁根的妇女们将自己描绘成社区的积极成员，而市政当权者也谈到了社区，尽管他们各自的角度不同。当政者通过排斥来定义归属感，认为破产家庭威胁到了市里的支付能力，因此破产人被降级到次要地位是合理的。此外，当政者还将财务问题与道德问题捆绑在一起：正如上面引用的那样，他们希望防止资不抵债的人"带着嘲笑和幸灾乐祸"

---

[1]　在大多数地区，市政府是管理封建税收的机构，承担着征收、管理和监督封建税收的义务，会有利息和手续费收入。——译者注

宣布破产。

19 世纪瑞士的借贷、债务和催收的结构不同于后来 1889 年联邦法律中的同质化。本章旨在表明，债务演变的轨迹并不遵循预定的路径。既定的地方惯例与自由治理之间的紧张关系产生了一种构建的连续性；破产法联邦化的关键部分是让长期存在的、地区特色鲜明的惯例适应联邦制度环境，这种组合产生了新的实践形式，而不是既定形式的一对一简单延伸。相反，这些实践在不同的领域进行测试时发生了变化。奉行自由主义的政府及其规范收债程序的计划并没有把自己作为一个外部力量强加于地方，而是让地方从社会内部的变化和矛盾中衍生出自己的实践。然而，传统地方实践与自由治理之间的关系并不融洽。充分分析这种关系及其引起的变化——哪怕是渐进性的变化——需要探讨它所产生的断层和冲突。仅从联邦法律的角度来解释这一切，将无法充分理解偶然性和特定经验所带来的决定在演变为统一规则时的机制，即它们最终如何形成统一规则，又为何被排除在外？我将沿着两条相关的问题线来解决这个难题。首先，债务产生了什么后果？它们引发了什么冲突？它们引发了什么样的文化实践？其次，是什么导致了债务的发生？哪些程序使债务成为一个有目共睹的现象？哪些空间、时间、物质资源和人生哲学的组合导致债务被概念化为一个法律问题？而且，或许更具有理论意义的是，债务是哪些技术的发展所造成的结果？

这两条问题线引导着我对法律和法律实践以地方知识的形式进行研究，本研究是将地方规范与依赖于情境的现实描述相结合的复合体。这种知识是实践性的，但并非土生土长的。对它来说，更合适的名称应该是洋泾浜知识（pidgin knowledge），这个概念是为了研究殖民和后殖民历史，以及殖民和后殖民交换关系中特有的中心边缘和边缘中心而创造的。在 19 世纪瑞士的债务执行实践中，早期近代时期的、受农业影响的习俗与近代自由治理形式相互交织。本章描绘了苏黎世州原始工业和农业并存状态下的既定实践和新实践及其相互作用的全景图。它探讨了国家强制债务催收的职能部门、时限和文书工作。最后一节则探讨了破产人在社会和政治想象中的形象，以及社会对债务的看法及其债务的社会合法性、法律合法性和道德合法性所经历的转变。为此，我将研究重点放在一个负责监督和调节具体债务执行的地方当局上。在这些资料中，法律机构作为请愿的受理者、上诉的倾听者和对公众负责的权威机构，可以让我们一窥债务执行的过程中的逻辑及其失灵的时刻。

简易判决和自由主义的谱系学

文件构成了债务执行的核心。证书、表格、登记簿和签名是债务执行的支撑，而截止日期则决定了债务执行过程的节奏。当苏黎世州的某人想要向拖欠债务的债务人收债时，他会指示收债官生成一份表格。在无须进一步核实债权人的主张的情况下，收债官将表格发送给法警，再由法警将表格交付给债务人。债务人有 14 天的时间来对索赔提出异议；如果他提出异议，那么这个案子就会进入地方法院院长的办公室。如果债务人未采取行动，则再过 21 天之后，他会收到一份抵押证书，这意味着法警会将债务人家中可扣押抵债的所有物品记录在案。如果债务人仍然未采取行动，则又过 21 天之后，他会收到最终警告，在债权人有意愿的情况下，债务人的资产将很快被强制拍卖变现。这就是小额债务执行的程序，该程序适用于不涉及房地产的索赔。小额款项可以由法警自己收取。根据 1858 年的一项统计预估，大多数索赔涉及 40 瑞士法郎以下的金额。然而，小额债务执行可能最终演变为大额债务执行，也就是破产程序。在苏黎世州，资产扣押和破产是结合在一起的；正如前一章所述，这两套体系是在 1889 年的联邦法律中明确分开的。涉及抵押房地产的债务及其所欠利息的索赔从一开始就触发了破产程序，因此直接进入大额债务执行程序。大额债务执行程序并不涉及财产的没收或抵押；相反，在一系列截止日期之后，会由一位官员对债务人的财产进行清查，并公布破产的详细信息，这一步骤被称为特征描述（Auffallsbeschreibung）。

　　重复性和例行性使得债务执行程序几乎不需要高层权力机

构的干预。从开始到结束，负责收取逾期债务的官员总揽一切；法官很少参与其中。当时的法学家们执着地认定债务执行是一件近乎行政化的事情。1858 年，苏黎世大学法学教授弗里德里希·冯·维斯（Friedrich von Wyß，1808—1879）认为瑞士的债务执行制度是最奇特和最专横的法律制度之一：对各种类型货币债权通常仅根据债权人的要求强制执行，无须法院的判决；甚至无须法院知情或事先许可，就由行政官员执行，整个过程司法并未参与。这种制度会让那些初次接触此类执行方式的法律专家们难以认同。然而，冯·维斯得出了出人意料的结论，这个制度在日常的法律程序中是一种非常有利并实用的工具。这些由非专业人士和初级行政官员执行的常规措施，具有普遍适用性，并构成债务执行程序的基础，其独特意义是逐案司法裁决所取代不了的。冯·维斯等法学家对这种债务催收方法的高效性感到惊讶，但实际上，该程序的基本构成部分自早期近代以来就已经存在了。苏黎世州规范市政和财产事务的法律早在 1715 年就已成书，并直到 19 世纪 50 年代才被苏黎世民法典的实施所取代。但在 19 世纪，由于传统法规随时代变迁在不断更新，这些法律的含义和实际表达也发生了变化。债务催收依赖于自我组织，在 19 世纪采用了鲜明的自由主义形式。

历史学家已经研究了瑞士共和传统与自由主义之间在各个方面上的相互关系，并揭示了地方自治传统如何吸收了以权利语言为根基的新政治文化。地方自治的持续重要性被认为是瑞士自由主义的一个关键特征。特别是在有关救助贫困的法律问题上，合作社的乡规民约和条例在瑞士联邦成立之后仍然具有约束力。自由主义并非一套连贯的思想，而是一种矛盾的流动状态，例如，受过良好教育的中产阶级妇女不断争取自由权利，但她们的诉求被一再拒绝。另一个研究政府治理的视角是将自由主义视为一种特定的治理技术，这种治理技术是在新形式的知识和专业经验的基础上发展起来的。在苏黎世州，1830年、1831年的自由主义的转向与日益专业化的行政人员结合在一起，创办了记录国家行为的新类型的出版物，例如高级法院年报和苏黎世法学期刊《苏黎世司法月刊》（ the Monatschronik der zürcherischen Rechtspflege ）。新形式的国家责任使行政实践具有前所未有的强度和重要性，并为新的监管机构奠定了基础。自由主义政府治理的合理性，要求权力的行使范围不能局限于单一的核心机构。它的指导原则是通过日常实践和有意识地塑造物质环境来调节和构建主体，同时将直接的国家干预保持在最低限度。 单调的行政形式取代了个人干预。因此，自由不仅仅意味着缺乏强制，而且作为一种治理技术，它要求和产生自我调节、反身性的主体。构成这种自由模式的一个要素，是对被视为不适合自我统治的人实施（常常是暴力的）限制。因此，普遍的自由主义公民主体是将有性别的女性、无财产的贫困人口和种族化的殖民主体等其他对象排除在外来构成的。

以自由权利为基础的排除对债务领域产生了实际后果。在破产程序中，妇女获得了一种新的、有限的法律独立地位，而男性则失去了他们的公民权利。对犹太债权人的排斥则更为严格。1804 年的法令禁止苏黎世州的犹太人参与一切与债务有关的业务，只准营商，并禁止他们访问所有登记和记录，包括产权登记簿。这意味着犹太债权人无法获得抵押财产的产权证书，被迫与债务人个别签订合同，以确保贷款以实物资产担保，这种情况使他们处于明显的不利地位。

自由主义的治理借鉴、修改并系统化了传统做法，并根据新的专业知识予以更新。这些更新在术语、习俗、文件和指令中得到了体现，债务执行由此初具轮廓。例如，在破产程序开始之前，向债权人发出的第三次警告，也就是最后通牒，被称为勒令函（Schreckzettel）。然后，在城市中，案件的具体细节会在公共广场上张贴；在乡村中，则是连续三个星期日在教堂中公开宣读。在第三次教堂公告（Kirchenruf）之后，债权人会集会商讨破产人的资产清单，这一事件在苏黎世州被称为清偿日（Verrechtfertigung），在伯尔尼和阿尔高（Aargau）州则被称为清算日（Geltstag）。为了避免这种情况，债务人可以承诺将今后收获的部分作物用作抵押，并通过向债权人提供一张花票（Blumenschein）来证明承诺的有效性。然而，以房地产担保债务的债权人在提取尚未收获的农作物的抵押品时具有优先权。在圣加仑州，债权人可以要求获得一张幸运票（Glücksschein），以确保在破产债务人获得继承或其他幸运的利益时能够从中得到偿还。已偿还债务的破产人向债权人申请一张解放票（liberation note），这是恢复公民权利所必需的。

教堂公告是旧制度时期（Ancien Régime）的一种媒介技术。那个时候，每周的面包价格会在教堂里宣读出来，而在布道后，一位官员会宣布破产人的名字。该程序意味着冻结债务人的资产，并禁止社区成员与他们进行金融交易。这对债务人来说是一种尴尬的事情，因为将自己的财务状况公之于众是很羞耻的。在卢塞恩（Lucerne）市，破产人会在周二和每周市场日被绑上鞭刑柱示众，为吸引众人注意，还会雇一个号手吹号。1848 年，这种做法被废止，一方面是因为当时会在报纸和官方公报上公布姓名，另一方面是因为这种荣誉制裁对那些并非由于"粗心"和欺诈所致而破产的人来说过于严厉。为了避免被当众羞辱，债务人通常选择逃离城镇。格雷戈里乌斯·艾米塞格（Gregorius Aemisegger，1815—1913）是一名推销员，他在一份保存至今的手稿中写下了自己的人生故事，他回忆说，1848 年，他的名字险些在教堂里被念出来：一个近亲给我寄来了一张扣押通知。我必须抵押我的家产。期限只有 24 小时，然后我的名字就会在教堂里被宣读出来，并在报纸上公布，同时也意味着今后两年内我将被禁止进入酒馆和客栈。他的朋友建议他搬家，然而在最后一刻，一个中彩票的邻居用一大笔现金帮助了他。艾米塞格的破产被加上了禁止进入酒吧的荣誉制裁，不仅仅是在圣加仑，在其他州如阿尔高州也有这样的规定，在艾米塞格看来，这是一条硬法律。同年，保守派作家约翰·雅各布·赖特哈德（Johann Jakob Reithard，1805—1857）以简洁的标题《瑞士乡村故事》发表了一篇小说，讲述了一位债务人害怕自己的名字在教堂里被宣读，计划逃离村庄，最后一刻获得了一份匿名礼物而得救的故事。

1805 年苏黎世的一项法律认为，债务人教堂和邻近教堂的惯例公告通常能够把信息传达给足够多的人，因此只有当被点名的债务人涉及值得注意的业务，如磨坊、贸易等时，才有必要在公共报纸上公布姓名。教堂钟声的声音半径标志着市镇的边界：这是一种传统而安稳的声音标志，在城市化的时代，这个声音预示着市镇社区间是和谐且紧密的。教堂的钟声提醒市民注意火灾等危险，并宣布结婚、洗礼和葬礼等仪式。从某种意义上说，教会公告完成了类似的任务，就相当于宣告破产进入新的法律阶段。至少在象征意义上，教堂钟声划定了市镇边界的功能也通过在教堂里宣读破产人的姓名而得以实现，因为后者是一种基于声音接近性的交流形式，只有在场的人才能听到。

然而，在接下来的几十年里，不断扩大的债务网络改变了这些边界。苏黎世在 1843 年颁布的对扣押物强制出售的法令规定，在仍然使用在教堂里宣读破产人姓名的地方，这种习俗应该由其他发布方式取代。1845 年，在工业化的苏黎世高地（Zürcher Oberland）出版的反对派报纸《乌斯特的使者》（Der Bote von Uster）上刊登了一篇文章，要求彻底废除这一传统。1852 年，韦齐孔（Wetzikon）市废除了这一做法，因为当时在高地成立了一家地区报纸，可以用来替代发布相关公告。报纸和官方公报的广泛发行创造了新的信息传播渠道，并最终扩大了参与债务催收的群体。

截止日期、节奏和权威

对债务执行程序中的截止日期加以审视，很好地说明了日常习惯和国家措施在经常相互冲突的同时又是如何交织在一起的。在法律停滞（Rechtsstillstand）期间，待决案件被暂时搁置。因为这些时段与宗教节日和农事季节相吻合。在 19 世纪 20 年代，这些时段是不确定的，并由地方自行确定；夏季停滞开始于希尔费尔德（Sihlfeld）特定地块上第一捆黑麦收割之日，秋季停滞则从葡萄收获开始一直持续到主教堂酒窖停止收购葡萄为止。除了这些收获休息期，还有复活节、五旬节（Pfingsten）、自 1832 年起的瑞士国庆日以及圣诞节，这些节日也会导致待决案件进程长时间的中断：从棕枝主日（Palmsonntag）前的星期四到慈悲节

（Misericordia）后的星期二，从五旬节前的星期三到五旬节后的星期四，从 12 月 21 日的托马斯日（Thomas-Tag）之后的星期四到所谓的"第二十天"（1 月 12 日）之后的第一个星期二。其他多天的休息期包括五旬节庆祝活动、五朔节（Maitag）、秋季集市（Herbstmesse）和圣马丁节（Martinstag，11 月 11 日）。因此，在一年当中，实际有超过三分之一的时间债务催收程序处于暂停状态。这些法定停滞期会在由行脚商人廉价销售、广泛分发的日历中注明。一本法学手册观察到，所谓恶意债务人会安排自己债务的截止日期与停滞期相吻合，从而为自己赢得相当长的额外时间来筹备偿还债务。

在 19 世纪 30 年代，截止日期固定，付款期限变得更短。1832 年，苏黎世的自由州政府通过新的债务执行法时，该州的农业市镇抱怨缩短的截止日期将使他们的日子更加艰难。苏黎世葡萄酒产区的乌维森（Uhwiesen）市议会在对该法律的初步辩论中已经表示，这些截止日期更适用于商人而非农民。该法律实施的前两年，当地有越来越多的人陷入贫困，市议会因此向州议会递交请愿书进行抗议。关于缩短的付款期限，他们发出了这样的警示：

如果我们在这个问题上得不到任何救济，我们的许多市民将别无选择，只能变成丢尽名誉的人，这不仅限于处于最低层次

的贫民，还包括那些仍然拥有不动产的人，因为缩短的债务追讨
期限经常被无情的债权人利用，以剥削那些处于绝望处境的债务
人，并阴险地霸占在破产条款中抵押给他们的财产。照此办理，
即便是有财产的人也可能陷入困境，失去荣誉。怎么办呢？如果
有一大批居民并没有做错什么，却变得穷困潦倒、一无所有，市
政当局该如何面对？

请愿书以微妙的语气警告道，州政府正在玩火，间接让一群
人变得一无所有。请愿书将那些并非因自己的过错而遭受不幸的
人与铁石心肠的债权人并为一列，详细地评价说，守法家庭陷入
债务，是因为多年的歉收和他们所收获的小农作物的销售不畅；
因此，这不是他们自己的错。当地政府对市镇的贫困救济能力感
到担忧，并要求延长付款期限以及为农民设立特殊的缓冲期，以
缓解危机。

在地方层面上，法外力量经常试图缓解压力。法警延迟执行
债权，并特别谨慎地避免清算抵押资产。在苏黎世的自由主义政
府推行新的记录保存形式和对法警的司法监督之后，业内充斥着
大量关于这些消极怠工的抱怨。州里新的文件记录规范使得偏离
常规的行为更加明显。在旧制度中，官员们也会在危机时期（如
1770年）通过正式宣布停止债务执行来延迟诉讼。事实上，这种
仁慈的做法，是大主教托布勒在18世纪末的实用格言中劝告政

府采纳的做法。然而，自由主义政府的本质是宣称这些习俗是过去时代的残余，应当扬弃，以推动社会的变革。但是法警并没有就此松动立场。在 19 世纪 40 年代，一份政府报告表明只有少数官员按照规定执行债务。他们延迟清算抵押资产，或声称找不到债务人因而无法执行，尤其在小型市镇中，这种情况更加严重。这引起了州政府的怀疑。从 1855 年开始，苏黎世要求 11 个区公布因玩忽职守而受到谴责的官员的统计数据。随后的一年，苏黎世州至少受理了 3 000 起投诉，其中在该州的西北农业地区投诉数量尤其多。但是地方法院很少对官员进行惩戒性罚款。安德尔芬根（Andelfingen）区最终只好另辟蹊径，对模范公务员实施奖金制度。

为何会出现这种顽固的拖延习惯？与秉持自由主义的州政府愿望相反，市镇法警坚持地方权威的逻辑，以地方利益为导向。拖延的诉讼使人们免于依赖贫困救济，而贫困救济恰恰又被视为市镇的财政负担。在上文讨论的上威宁根的 8 位妇女的案例中，市议会强调了市政府承担的破产成本。当 1849 年州政府就此问题询问法警时，他们的答复是：不拘泥于法律条文的要求清算抵押资产，更符合债权人的利益。因为债务人和债权人之间的和解通常会带来更好的结果。他们解释说，打破债务人脆弱的偿还关系网将引发连锁反应。接着，他们以 19 世纪 40 年代末的经济危机为例，宣称在许多情况下，如果法警不希望完全撤销债务人的信用，就不可能按照法律规定的方式清算资产，特别是在目前这样的时代背景下。对于不让债务人遭受信用损失这一点符合地方利益。但州政府看待这个问题的视角不同。为了州的信用体系，州政府坚持要迅速执行债权人的要求。州政府发现，强化稳定商业领域的个人自律，是增加州信用并对法律产生信任的关键，但前提是地方当局要谨慎和专业地行事，并严厉惩罚违反规定的官员。把维持稳定的交换关系设定为政策的首要目标，是该州坚守自由主义治理的关键原则之一。

收债官设定的最后期限，只有在与债务偿还通行的生活节奏相结合时才有意义。令人眼花缭乱的借贷关系对应着各种不同的支付方式。首先，有普遍适用的付款日期，比如圣马丁节、五朔节和年底，这是发放工资和兑现未付支票的日子，可以雇用信使来要求付款。在这些日子里，现金需求暴涨，在 1907 年瑞士国家银行成立之前，曾经引发货币供应问题。另外，每天发生的无保险消费者贷款构成了另一种债务形式。比如面包关系（bread nexus）① 受制于特殊条件。例如，1796 年的一本手册规定，已婚妇女对一年内因主要食品产生的债务负有直接责任，但期限为一

---

① 指的是 18 世纪出现的一种以面包为主要商品的经济关系。它与工业革命时期的"现金关系"相类似，但是受到了更多的道德和传统的约束。它反映了当时的农民对面包价格和供应的敏感性和不满，以及他们对新兴的资本主义和自由市场的抵制。——译者注

年，之后债务即告无效。19 世纪，法院重申已婚妇女可以举债以养家糊口。例如，1878 年，苏黎世州高等法院批准一项法令生效，要求丈夫支付妻子为满足正常日常需求所产生的债务。相比之下，与赌债类似，欠旅馆业主的债务就是特殊情况，具有不确定性，在苏黎世州没有法律对其进行调节。在伯尔尼，旅馆业主在追讨债务方面的法律手段也十分有限。债务可以通过非正式的书面形式达成协议，例如签署一份被称为保证书（Obligo）的借据（IOU）。然而，书面的支付承诺通常需要抵押资产作为担保，并且抵押品必须经过公证。苏黎世州最流行的信贷工具是债务证书（Schuldbrief），这是一种以房地产为后盾的抵押票据或担保文件。

信贷工具（如抵押票据）的转变和新金融机构的崛起，对债务催收产生了深远影响。抵押票据是中世纪居尔特（Gült，中世纪金融和税收中的一个历史术语。指中央瑞士农民将一块土地上的产出支付给领主作为税收、费用、抵押或租金）与瑞士法语区常见的以房地产作为担保品的抵押贷款的结合体。与居尔特相比，不能偿还债务的债务人不仅失去了抵押资产，还失去了所有资产；与简单的抵押贷款相比，抵押票据可以向第三方进行转让。债权人收到一份合同票据，承诺以最高 5% 的利率进行偿还。然而，由于资金大量供应，极少达到这一利率。抵押票据的法定期限为 6 年。期满后，债权人不能再要求全额偿还，只能将票据出售给第三方，或继续收取应计利息。从理论上讲，债务会永久存在。直到 19 世纪末，17 世纪发行的抵押票据仍在流通中。这些抵押票据被用作支付手段，被拍卖，用作担保以获取贷款。在 19 世纪 60 年代，苏黎世在争论是否成立一家州立银行时，一份委托编写的报告指出，抵押票据是当时农村地区最常见的金融工具。1853 年是一个分水岭。苏黎世抵押解约法（Aufkündigungsgesetz）使债权人和债务人都有权终止抵押票据合同。前者要求后者即时支付或免除其债务，后者则立即支付。这增加了抵押票据的流动性，大量激活了此前被锁定在其中的资金。与此同时，货币票据的种类和发行者范围也扩大了。抵押票据现在与铁路股票、银行债券以及罗伊银行（Bank Leu）发行的票据竞争。罗伊银行成立于旧制度时期，旨在促进资本输出和托管城市财政，1853 年解约法案通过后，罗伊银行成为抵押贷款行业的主要推力。作为股份制公司成立的商业银行，如苏黎世银行（1837年）和瑞士信贷银行（1856 年）都发行了债券。自从 1805 年第一家储蓄银行——苏黎世市储蓄银行（Sparkasse der Stadt Zuerich）在苏黎世州开业以来，债券和其他债务的交易一直在增长。但在一位经济历史学家看来，储蓄银行在 19 世纪 60 年代从慈善事业的工具转变成了理性的信贷机构。植根于房地产的个人贷款失去了长期以来在市场上的垄断地位，这就产生了新的推动力以强制履行支付义务。

渐渐地，金融成为政治争论的焦点。在 1869 年，一个由农业、小资产阶级和无产阶级力量组成的反对派团体发起了一场民主运动，并成功鼓动了苏黎世州在同年修改了州宪法。就像瑞士其他州的类似运动一样，这场运动具有地区性的特点。但这只是 19 世纪 60 年代全球形势的一部分，其中还包括美国内战造成的棉花短缺和世界范围内的民主动员浪潮。欧洲代议制民主的扩张和美国反对奴隶制的斗争是这一时期最令人印象深刻的事件。民主运动认为，将房地产以前所未有的便利转化为流动资产，符合有钱的新贵们的利益。民主运动的发起者和倡导者们认为可以通过建立一家公共州立银行来遏制这一趋势。尽管存在分歧，但各方有一个观点是一致的：新机构大大加快了支付期限的节奏。至于银行究竟有哪些新的手段来执行债权人的债权，以现有的资料还很难准确判断。圣加仑信贷协会（St. Gallen Credit Institute）致函圣加仑州政府，要求允许协会采取更强有力的措施来保护发放资产担保贷款（asset-guaranteed loans）的债权人权利，否则协会将宣布停止办理动产担保，这是银行抵制加强监管的证据。新型的零售企业也改变了日常债务的节奏。消费合作社是民主运动的一个重要机构，它坚持在商店里用现金付款。总的来说，金融领域在 19 世纪 60 年代显著膨胀，这体现在对新的付款期限更为严格的执行上。为了理解债权人和债务人之间的社会关系，了解债权人寻求支持的地方机构是很重要的。法警在债务催收事务上拥有较大自主权，对当地事务了解深入，因而在城镇和乡村拥有很大的权力。如约翰·雅各布·赖特哈德的虚构作品《瑞士乡村故事》（A Swiss Village Story）中，一名法警试图利用他掌握的债务人相关的内部情报获利。然而，很难确定负责催收债务的法警受到过何种程度的攻击。不过，1812 年的一项议会命令规定，侮辱或袭击法警的人将受到严厉惩处。这里引用的文献只包含袭击债务法警的一些个案，尽管在苏黎世州这样的情况似乎屡见不鲜。比如，在苏黎世附近的比尔门斯多夫（Birmensdorf）镇，法警前来扣押农民哈夫纳（Hafner）的财物，并出于谨慎带着一名治安警察作为保护性陪同人员，但哈夫纳的三个已成年的儿子竖在门前，威胁法警。官员们别无选择，只能撤退。当天晚些时候，这几个儿子又找到了债权人，并将其殴打。法警一般由市（镇）长（Gemeindeammänner）兼任并履行相应职责，这就是他们抵制承担新的责任的原因。相较之下，在 1800 年左右的时候，全职的收债官（Schuldenschreiber）在行政等级中属于较高职位，是获利丰厚的工作。收债官的收入主要来自债务人支付的费用，而且这些费用的金额非常高。正如 1830—1831 年反对与债务催收相关费用的请愿所证明的那样。这些费用必须由债务人自己支付。大多数申请成为收债官的人过往都担任过某种类型的政府职务：低级法官、法警、教师、市政文员等。而这个职位的申请资格要求，申请人必须展示他们在过往的公务工作中所获得的文书工作能力、工整的书写和档案保管知识，此外，还要具备公务员的品德，往往还伴随着批准申请人任职的请求，因为他们得养家糊口。中产阶级身份不仅是担任该职位的惯例，还是筹集支付高额保证金所需资金的经济要求。19 世纪中叶，任职所需的保证金为 12 000—16 000 瑞士法郎。

有关雇用的争议还表明，自由主义的治理不一定要依赖于中央集权，也可以包括分权化、地方自治或多元化的方式。随着 19 世纪的推进，瑞士各个辖区在地理和制度上的联系变得更加紧密，这些联系也成为政治辩论的话题。瑞士债务执行的空间组织符合自由主义治理的理论，即远程统治是自由主义治理的一个构成要素。在 1830—1831 年的自由转变之前，苏黎世的收债官还处于中心地位，在市内履行职责。1803 年的相关法律第一部分规定，债务执行应该是中心化的，应从首府辐射到全州。为此，需要雇用 1 名主管和 4 名行政人员。由中央统一管理收债官，是债务执行引发不满的主要原因。1832 年，新规则将收债官的权力下放给了该省的 11 个区，从而满足了 1830—1831 年政府变革期间发出的一系列请愿的要求。除了对高额费用的不满，收债官是否熟谙民情及是否便民也是许多请愿书中涉及的一个重要问题。1869 年由民主运动赢得的州宪法修正案将收债官的职责转交给了法警。其想法是让当地人任职，以便更加关注困难案件，并降低行政成本。在送交给修订州宪法的会议成员的 158 份请愿书中，以债务执行为主题的请愿书达到了 40 份，相当于总数量的四分之一。新的债务催收管辖范围的划分逻辑，是将地方视为自组织的单位，将中央权威降级为监督职能。1889 年《联邦债务执行与破产法》再次修订了新设立的债务催收机构的管辖权。债务执行的管辖权逐渐平均分布，最大限度削弱了中央权威的作用。最终，1889 年的联邦法律将远程统治与地方权力的价值相结合。联邦政府并不是与地方政府对抗，而是借助地方办事处来重新配置债务催收组织和赋予地方当局权力，以优化自由主义治理的国家机器。

破产人：危机的化身

1830 年多个州转向自由治理，1839—1841 年的抗议运动及其对宗教语言的使用①，1848 年瑞士联邦的建立，民主运动在 19 世纪 60 年代末发起的宪法修订：所有这些事件都代表了政府合理性中充满冲突的转折点。我已经提到了在这些时刻堆积如山的请愿书，现在我想更详细地分析一下这些请愿书是如何阐述债务和社会地位问题的。请愿书的话语重点放在破产人的形象上。破

---

① 指瑞士在 19 世纪 30 年代末发生的一系列政治运动。这些运动由自由主义者和民主主义者发起，他们反对当时的保守派政府。抗议者们使用了宗教语言来鼓舞士气，并将他们的运动描述为对上帝旨意的捍卫。——译者注

产人是危机的化身，具有两层含义：首先，在引发这些政治转变的经济危机期间，破产事件与日俱增。其次，从更为隐喻的含义上讲，破产人作为一个政治想象中的角色，凝聚了多种恐惧、诉求的意义，有助于我们更普遍地思考危机。破产人的形象寄托着来自各行各业人们的情感，可以激发人们对危机的关注和关心，并促使政治家把危机作为一个研究对象，以便更好地了解、应对和解决危机带来的问题。这一形象在各种背景下被用来诊断社会问题和唤醒政治能量。破产人作为边缘人物的隐喻使得我们能够对经济活动及其危机形成一种新颖的视角，这个视角超越了传统经济观念，处于通常被人忽略的位置。

在州宪法的文本中，破产人被置于债务人的对立面。在1830—1831 年向自由主义转型期间，共有 270 份请愿书送达苏黎世州政府，其中有 75 份讨论的是债务执行问题。苏黎世州议会鼓励市民提交这类请愿书，其议题清单通常由当地精英预先确定。一份来自韦齐孔市的请愿书指出，在债务催收过程中收取的费用，对穷人来说，是国家历年来强加给他们最沉重的负担之一。这份请愿书的作者接着写道：为了保持自己视为珍宝的公民荣誉，一个穷人必须竭尽全力。因此，他认为必须立即降低这些费用。失去公民荣誉的威胁是对"公民死亡"（bürgerlicher Tod）的诠释，这是对失去独立和权利的恐惧的有力隐喻。这种恐惧超越了公民参与政治的特权："公民死亡"意味着一种与中产阶级身份相对立的主体性形态。自近代早期以来，破产便一直与"公民死亡"挂钩。

18 世纪晚期盛行的对被活埋的恐惧也融入了这个隐喻中。法律地位与死亡的融合打开了另一个语义网络，即奴隶制度下的社会死亡（sozialen Tods）①。《拿破仑民法典》（napoleonic Code Civil）中最严厉的惩罚是民事死亡（mort civil）②，它与劳役奴隶（Galeerenstrafe）③制度有关，但鲜少使用。从更具象征性的意义上讲，"公民死亡"的隐喻讲述了在公民社会边缘经历的故事。它将经济和个人失败联系在一起，暗示破产人只剩下自杀这一个选项。反过来，自杀被赞誉为绝望的英勇行为，真正的死亡消除了象征性的"公民死亡"。上层阶级的破产人确实偶尔会自杀。例如，1829 年，在芬斯勒银行暨贸易公司破产后，市议员汉斯·雅各布·希尔泽尔（Hans Jakob Hirzel）被发现在苏黎世的乌特利贝格（Üetliberg）冻死，血液中含有吗啡。但除了这种少见的引人注目的行为外，"公民死亡"还被用作谴责被视为不可接受和不公正

① 指奴隶制度中奴隶被剥夺了作为人的基本权利和尊严，被视为社会上不存在或死亡的人。这不是一种制度，而是奥兰多·帕特森（Orlando Patterson）1982 年在《奴隶制与社会死亡：一项比较研究》（Slavery and Social Death: A Comparative Study）一书中提出的概念。——译者注
② 这是"公民死亡"的法语表达。——译者注
③ 指的是在一种在船上划桨的奴隶。这个词有两种不同的含义：一种是指罪犯被判处在船上服划桨的劳役，另一种是指一种失去人格的人，通常是战俘，被分配划桨的任务。——译者注

情况的修辞工具。一个生动的例子是来自大约 1868 年的一份匿名请愿书："苏黎世州的破产人在各个层面都已经死亡了。并非所有破产人都是不负责任或懒散的。大多数破产人都对这段艰难岁月感到痛苦。"作者强调了破产人如何尽最大努力继续照顾家人，并严厉谴责了破产所施加的法律惩罚。那些批评存在"公民死亡"的人试图表明，破产人采取了积极主动的步骤来挽救自己的处境，但法律限制却坚持将他们推回到被动的位置上。

自由主义法学家弗里德里希·路德维希·凯勒（Friedrich Ludwig Keller，1799—1860）努力弱化了强大且广为流传的"公民死亡"隐喻。他在 1833 年写道，毫无疑问，破产是一种对破产人的整个人生产生深远影响，且部分后果不可逆转的事件。他承认，虽然"公民死亡"的观念在某种程度上是有些真实的，但毋庸置疑的是破产人拥有他们的权利：瑞士法律不允许奴隶制，甚至不允许其作为一种惩罚形式。凯勒继续写道，例如，破产人可以获取和继承财产，积累财富，并承担债务。破产人做这些事情的资格与其他人相比，唯一的区别就是破产人的债权人始终可以动用他的资产。在这一点上，凯勒认为破产人的资产应该对所有人永久公开，并辩称这就是要禁止破产人将其不动产作为新贷款的担保品的原因。与犹太人类似，破产人无权查阅不动产登记簿。因此，尽管破产人保留了他们的公民权利和为自己作出法律决定的能力，但由于破产，他们牺牲了建立法律约束关系的许多能力。凯勒的文章支持详细记录破产人的资产和财务这一主张，以确保它们不被用于除支付债权人债权之外的其他目的。他强调，破产人生活在持续的不确定性中，因为债权人可能提出更为苛刻的新要求。用他的话来说，破产人在偿清债务前将一直用身体和财产来对债权人效忠。

破产人身上所体现的社会焦虑最明显的表现，是他丧失了对妻子的性别监护权。回想一下本章开头讨论的上威宁根市议会与破产男人的妻子之间的唇枪舌剑。由于性别等级被颠倒，破产人被冠以没有权利的家庭男人的称号，而他们的妻子则穿上了享有法定权利的长裤。政治请愿书涉及破产、公民身份和男子气概的关系。历史学家托比·迪茨（Toby Ditz）在她的研究中分析了早期美国商业精英中破产与不稳定男子气概之间的联系，在那个时代，丧失职业声誉被视为男性身份的剥夺。瑞士破产男性在请愿书中对公民身份的讨论也有类似的语调。这些文书通过男性对妻子和子女的统治来定义政治成熟的男性主体，暗示一个男人的主权源自他作为一家之主的地位。剥夺这种男性主权在象征性方面与实际权力的丧失密不可分。如前所述，在1840 年寄给州政府的一张传单里抗议称：对妻子财产的支配权被剥夺，并被置于由国家指定监护人的监护之下，这给他的妻子和孩子带来了惨痛的伤害。但是破产人却被禁止发表任何言论，因为他已经丧失了从宗教到世俗的所有权利，甚至他的公民权。丧失男性权威所导致的特殊情况引发了一些引人注目的事件，比如上威宁根的妇女们愤然向州政府请愿的案例，她们以女公民（Gemeindsbürgerinnen）的身份签署了请愿书。妻子结婚时带来的嫁妆是破产人财产分类最困难，也是争夺最激烈的项目之一（第五章将详细论述这个问题）。嫁妆也被称为妻子的财产（Frauengut），在富裕公民经历破产程序时的讨价还价中，也被用作讨价还价的筹码。1829 年，当与州政府有密切联系的苏黎世芬斯勒银行暨贸易公司宣告破产时，芬斯勒两兄弟试图与债权人达成庭外和解，提议所欠的每苏黎世盾债务偿还二十分。他们承诺，如果债权人接受这个"让步"，他们的妻子将放弃她们价值约六万苏黎世盾的嫁妆。兄弟俩威胁说，如果债权人不同意，他们的妻子将行使她们的法律特权，优先提取自己的一分财产，这样的话，债权人每盾债权最终只能拿到八分钱的微薄偿还。换句话说，嫁妆被用来向债权人提出了一个他们无法拒绝的交换条件。

对破产人形象的比喻不仅涉及婚姻等级制度，还涉及国家政治秩序的威胁层面。上文提到的 1840 年的传单就是一个例子，该传单是针对苏黎世新政府的。1839 年 9 月，乡村底层社会与保守派精英联盟迫使自由派政府下台。除了关于宗教在公共生活中的地位的争议——苏黎世政变是因备受争议的神学家大卫·弗里德里希·斯特劳斯（David Friedrich Strauss）被任命为苏黎世大学的教授而引起的——苏黎世高地的贫困工人要求赦免 1832

年在乌斯特烧毁一家工厂的卢德派①（Luddites）成员，这些人原本被判处铐在监狱墙上的刑罚。鉴于这种动荡，该请愿书表达了对新政府能够给予无辜破产人与乌斯特工厂纵火犯相同赦免的希望。这一请求对于新政府的共和主义态度是一个考验。请愿书指出，在许多君主制国家，那些不幸破产的人已经因失去财产而受到足够的惩罚，但他们仍享有与同胞相同的权利和自由：那么为何在自由的瑞士、自由的苏黎世不行呢？在1848年，经济危机和欧洲革命的紧要关头，另一份请愿书利用政府对本土动乱的恐惧，要求对道德上无过失的债务人实行债务暂缓。请愿书指出，如果这一要求不能得到满足，由于当今时代和主导思潮的影响，破产人的关切迟早会以严重的形式爆发出来。

　　破产人是被剥夺选举权的群体之一。在1848年瑞士联邦成立之前的几年里，要求恢复他们的选举权的请愿步步紧逼。这些请愿将经济地位视同社会等级，指出当前的制度使得破产纯粹因为贫困而被排除在政治生活之外。同时，这些请愿将债务问题与公民参与捆绑在一起，将辩题转移到了另外的领域，为抨击债务催收和现行破产法律找到了一条新的途径，并迫使人们对自由国家的公民身份含义进行更为广义的思考。这些请愿从日常经济意义的冲突转向公民身份的讨论，给破产人的要求赋予了新的话语

①　卢德派是19世纪初由英格兰的纺织工和织布工组成的激进组织，其名字可能来自一个神秘的领袖内德·卢德（Ned Ludd）。——编者注

力量，但这也增加了达成共识的机会，通过排除具有争议的经济话题，为达成新的解决方案开辟了空间。从这个意义上说，债务执行的冲突具有政治调和的效果。19 世纪 40 年代中期，约翰·雅各布·特里克勒（Johann Jakob Treichler，1822—1906）在苏黎世州的工作经历就是一个典型的例子。特里克勒是苏黎世州贫困高地（织布工和工厂工人密集的地区）的报纸《北兴报》（*Noth-und Hülfsblatt*）的编辑。当他举办有关社会主义的讲座时，有人造谣说他计划召开一个共产主义者大会。为了对抗镇压措施，他在 1846 年 2 月发表了一篇名为《政治原则》（*Politische Grundsätze*）的宣言。宣言的第一个要求便是赋予对于依赖救济和未因非法行为破产的破产人的投票权，这一主张的理论基础是没有人应该永久失去公民权利。宣言的另一部分回避了集体化和起义的呼声，仅仅呼吁所有人都应被允许参与国家事务。因此，破产人对于基于共识的程序性国家政治并不是绝对的他者，而是危机的化身，并有助于培养公民-主体的具体概念。这一点在1848 年瑞士联邦成立时变得显而易见。尽管新国家的首次选举宣布了男性享有普选权，但实际上，由于受到各州和市镇的居住规定限制，选举权分布不均。1854 年，即使是在联邦层面上，也有几乎 20% 的成年瑞士男性被禁止投票。公民具有荣誉能力、拥有财产所有权被有效地作为参与国家政治生活的条件。破产人争取政治参与权的运动对此进行了反击。在巴塞尔市，一个自发组织的破产人协会发起请愿，要求允许他们以特殊方式参加 1848 年 9 月批准联邦宪法的投票，他们慷慨激昂地宣称："破产人的心为祖国跳动，与全权公民的心一样热烈。"但他们未能成功。

在危机时期，经济不幸变成热门话题，这不足为奇。金融危机引发了讨论，一时间众声喧哗；但与此同时，这些言论也使危机的轮廓变得清晰可见。它确定了一个独立于个人行为或不当行为之外的广泛而特殊的情况。那些将局势描述为危机的人其基本假设是，稳定是一种常态，因此，他们倾向于在常态和危机之间划出明确的界限，并宣称这种区分是系统性的。危机的诊断融合了客观环境、主观行动和规范理念。国家行政机构提供的统计资料强化了这样一种说法，即危机及其影响超出了个人的影响，因此可能导致人们遭受"非自身过错造成的不幸"。从 1848 年至 19 世纪 60 年代末，从事社会调查的官方机构的数量有所增加。它们对经济波动的定量报告——例如改进的破产统计数据报表——成为一种新媒介，可用于政治目的。

早在 1848 年，请愿者就用已发布的信息支持他们的主张。例如，某一年的一份请愿书提到了"不断增加的大量破产案件令人恐惧，今天的官方公报统计的数量已经有 50 个。"历史学家一致认为，19 世纪 60 年代的民主运动，是通过新颖的媒介传播方式发起和组织的。这个运动利用新的行政记录保存技术，把债务明明白白摆到了世人面前，而首先是由于破产案件的绝对数量急剧增加，破产数字在他们修改苏黎世宪法的运动中发挥了关键作用。19 世纪 60 年代的经济危机发生在一个繁荣时期之后，许多农民负债累累。1867 年，苏黎世州高级法院编制的破产统计开始区分广义上的社会群体。历史学家马丁·沙夫纳（Martin Schaffner）在其对民主运动社会动力学的研究中揭示，破产同样影响了农民、成熟工人以及由工厂工人、雇佣工人、佣人和行脚工匠（Gesellen）组成的群体。这个群体在 1868 年的破产案例中占了总数的 9.6%，远远少于农民的 25.4% 和成熟工人的 26.2%，这可能是因为无技能劳动者的资产太少，无法证明破产程序的合理性。沙夫纳的分析有助于解释一个汇聚了所有不满的大众运动的崛起。此外，当时的破产统计被广泛视为衡量该州经济健康状况的晴雨表。简言之，统计数据将债务作为一个黑白分明的社会事实明确呈现了出来，使其成为一个显而易见的问题。1867 年，一家反对派的报纸宣称，它将把该州高级法院的最近 8 份统计报告整合成一张小图，以显示该州的社会福利是增加还是减少。该报用讽刺的口吻写道：

> 我们选取了每年的破产数量——只包括那些没有注销但已执行的破产案例作为图像的内容。如果大量的破产是一种幸运的标志，那么该州的财富在过去 8 年内应该增加了 6 倍；但是，当前我们会认为这是不行的标志，并从这些数字中看到该州身上一个令人严重不安的肿瘤。

通过选择性地呈现破产统计数据，该报对该州的普遍社会福利作出了评判。作者看来，该州的福利状况不佳是一个无可辩驳的事实，是该州身上一个令人严重不安的肿瘤，需要采取政治行动。将破产定位为对社会福利的威胁，有助于重新构建关于债务合法性的激烈辩论。毕竟，社会福利现在可以通过统计量化技术来衡量，这赋予了经济一定程度的事实性，使其超越了个别破产人的错误行为的影响。那些对破产人困境表示同情的人认为，如果经济构成了具有自己法则和力量的客观领域，那么至少个人道德的失败不能被视为某些破产的原因。然而，这一说法引发了一个相关问题：在什么情况下，无法克服的债务可以被视为债务人的过错？换句话说，自由派公民–主体应该何时承担责任？

道德的客观化

1848 年，瑞士联邦成立后不久，便有人呈上一封请愿书，借唤醒民族团结之名，为一大批"遭遇经济不幸的同胞发声"，只因他们被"摧残至无言之境地"。该请愿书对宪法中相关条款将所有受影响者划入同一类别感到惋惜。作者解释说，造成破产的原因有很多，并非都是债务人的过错，"因不幸事件而破产的商人，应该与那些因报复甚至恶意或因赌博而遭此报应的人，以及那些挥霍大笔资金或以其他愚蠢行为导致债权人损失数千盾的人区别对待"。债权人可能故意提出恶意索赔来伤害债务人，而品行高尚的商人也可能不幸遭受打击。该请愿书得出结论，政府应该完全废除"公民死亡"，并根据个人过错程度对破产人进行分类，区分那些没有过错的人、法律上无能力的人以及个人应当负责的人。这份请愿书表明，破产意味着一种高强度的社会分类过程，进一步的请愿敦促政府调整分类逻辑。然而，需要注意这些要求的有限性。我们的所有文献来源都没有要求为无力偿还债务的人实施普遍的暂停付款，也没有要求完全取消债务人的分类。相反，所有人都支持为那些因不可抗力遭受经济方面重创的个人提供个案救济。他们在论述中采用了与破产制度及其对债务人的法律和经济地位变动相一致的术语来阐明他们的观点，以使其更加符合现有的法律框架和制度 。他们推动改革的动力仅仅是为了获得更具差异化的待遇。

19 世纪 60 年代，民主运动的代表再次提出修改破产分类的要求。一份提交给宪法委员会的请愿书敦促通过新法律，使因逆境和困难时期而陷入破产的"家庭男人"更容易恢复公民权利及其对妻子的性别监护权。当一份彻底调查和盘点报告表明一个经济能力较低的商人不幸陷入这种境地的时候，那么这样一个家庭男人无疑比其他人更绝望、更悲惨。在这种情况下，请愿书提议债权人不应当无限制地对债务人的资产提出主张。可量化的盘点为救济充满感情色彩的家庭人士提供了充分的理由和依据。

　　个人对独立的经济体系的运作无能为力，这一概念日益成为一些论点的关键前提。这些论点认为，一些债务人陷入不幸，并非由于他们自己有错。一个人经济上失败可能不是自己的过错所致，这一观念并不新鲜。事实上，研究经济生活的历史学家已经在近代早期的文献中找到了相应的证据。然而，在自由主义情境下，它呈现出了一种新的形式。在对这个问题进行辩论后，苏黎世宪法委员会决定将剥夺破产人公民权利的期限设定在1—10年的时间内，具体期限取决于他们个人的过错程度。此前，只要还清全部债务就足以恢复公民权利。但立法者通过扩大可能失去权利的债务人群体的范围来平衡这一减刑措施，其中包括那些因与债权人达成庭外和解而被废除破产宣告的人。一位评论家认为这样做的目的，是防止人们过于轻易地摆脱债务造成的后果。有人认为，1869年新宪法的民主运动是在对抗以"铁路大亨"阿尔弗雷德·埃舍尔为首的强大金融利益集团，其目的是确保权贵阶层的成员不能通过幕后交易逃避责任。这一规定旨在建立债务人如何承担债务责任的普遍标准。法官现在负责确定破产人的过错程度。在他们对判断标准的讨论中，宪法委员会使用了欺诈、愚蠢、粗心、放荡和懒散等关键词。这是道德语言，也指导了贫困救助管理部门的决策。一方面，统计数据与社会的客观事实相关；另一方面，法官在个案评估时需要考虑个人情况和理由。总而言之，简化破产人恢复权利的过程并没有终结因经济失败而带来的荣誉制裁。相反，它将统计事实和个人责任原则综合起来，形成了越来越客观的道德评价形式。

这一观点与一些学者的观察相吻合，即在 19 世纪末，开始出现社会和社会福利的新类别和新形式。雅克·唐泽洛（Jacques Donzelot）认为，社会这一概念的兴起标志着政治理性的转变。这一概念开辟了一条中间道路，既将人民主权作为社会契约的关键部分，同时又通过正式承认社会不平等的存在来消除革命的可能性。社会这一范畴规定了改革而非革命，提供了通过去政治化（depoliticized）的政治手段化解冲突的途径。有关此事，弗朗索瓦·伊沃德（François Ewald）提出了类似的观点，他认为，"风险"的评估和管理成为保险业的核心概念，是福利法发展的决定性时刻。在新兴的福利国家中，保险是最显著的社会化媒介。克里斯蒂安·托帕洛夫（Christian Topalov）将失业者（chômeur）这一概念的发展，解释为分类的斗争的产物。在 1880 年后的几年里，各种冲突、方法、机构和项目都致力于以某种方式解决失业问题，失业成为当时规范化的工作形式——雇佣劳动的反义词。这三位作者的共同点是他们都关注统计学的认识维度，而本章正试图对此进行一些阐明。不过，关于债务执行和破产的统计数据与埃瓦尔和唐泽洛所讨论的总量、平均值和概率相比，存在明显的差异。

这些主张破产人权利的请愿书必须置于适当的历史背景下

来分析。虽然社会的构建根植于共享风险和分散责任的逻辑，但破产人无辜和不幸的概念并没有消除承当个人责任的道义义务。用埃瓦尔的话来说，无辜的破产人被困在了"自由主义的图示"中。呼吁为那些因无过失而破产的债务人提供救济的范围仅限于个人诊断，需要评估破产人的道德毅力，并给他们一个自证清白的机会。19 世纪末无可指摘的不幸的概念和社会客观化逐渐融合在一个经济这个客观、事实性的体系之中，超越了个人的影响。与托帕洛夫在他对自由派社会救助（包括劳动力健全的穷人）的研究中的发现类似，瑞士的破产规定也开始承认更广泛、更具差异化的破产原因，其中包括市场低迷等一些客观事件。尽管如此，判断一个人是否有错，根本上还是要根据具体的情境、动机、后果等因素来综合考虑，并没有一个固定的标准。分类的法典化系统、破产原因的确定，有助于个案的精确诊断；法官对个案的评估构成了破产程序的核心。区分客观原因与主观失误的过程是一出戏，自由主义自身概念中固有的矛盾和冲突在这出戏中得到淋漓尽致的表现。一方面，它承认在一个世俗化、高度分化的社会中的偶发事件；另一方面，它又坚持个人责任是一种不容抹杀的事实。

这就结束了神学家约翰内斯·托布勒的实用格言所开始的循环："免我们的债，如同我们免了人的债。"自由主义国家并非像一个家长式的债权人一样逐案宽恕债务，而是设立法官对债务人

的道德和财务进行逐案评估。在此，我的观点并不是要直接将其
与埃瓦尔和唐泽洛所分析的世纪末时期（fin-de-siècle period）①
共享风险的逻辑建立直接联系。事实上，托帕洛夫在讨论政府和
保险机构如何客观化特定社会关系时指出，对特定原因的认可在
不同权威机构之间的发展是不同步的。然而，值得注意的是，在
1880 年一封致卢塞恩州政府的请愿信中，请愿人在呼吁对破产
人进行分类时，不仅提到了不幸事件，还提到了偶发事件。请愿
人希望债务人能有机会证明他们确实因为不幸和与己无关的纠葛
才陷入破产的麻烦。而现行法律对于这种变故尚未给予足够的关
注：将破产人分类，可以保护那些因不可抗力而不幸破产或无力
偿债的人免受彻底的耻辱、不道德、堕落和贫穷的伤害。破产的
人们向政府呼吁赋予他们提供证据证明自己行为正常、经济稳健
和道德无可指摘的权利。这不是一个以统计数据为基础的保险体
系的政治理性。相反，破产人及其辩护人自己也认为个人的行为
是合理归责的基础。但是，那些呼吁政府对不同类型的破产人进
行分类的请愿书指出了另一个不可忽视的因素，即存在一个被称
为"经济"的客观事实体系。他们认为，政府应该考虑经济因素
对个体的财务状况的影响，以更好地理解和应对破产问题。这个

---

① 通常用来特指 19 世纪末和 20 世纪初的一段时期，尤其是指法国和欧洲
　　在这个时期的文化、社会和艺术氛围。它被视为一个充满变革、探索和
　　反思的时代，对欧洲文化和思想产生了深远的影响。——译者注

将个体与大众联系起来的特殊桥梁，改变了人们对待债务纠纷的方式和看待债务纠纷的视角，为第一章中讨论的抵押品扣押和破产之间的区别铺平了道路。最终，这一区别被编入了 1889 年的《联邦债务执行与破产法》。然而，导致这一区别的过程并没有事先设定。债务执行的历史遵循了一个广泛的模式，早期的习俗与自由治理原则相结合，催生了新的程序。

第三章

理论插曲：债务人类学

"社会悖论"

债务自其诞生之日就给社会理论带来了一个难题。1887 年，斐迪南·滕尼斯（Ferdinand Tönnies，1855—1936）[①] 将一种名为"契约"的金融工具称为"社会的悖论"。在德国社会学的奠基之作《共同体与社会》（*Gemeinschaft und Gesellschaft*）中，滕尼斯认为，社会存在两种截然不同的聚合状态：共同体和社会。他以家庭、家园和村庄为例，将"Gemeinschaft"（礼俗社会）或"共同体"定义为初始的纽带，将个体成员联结为一个整体；而"Gesellschaft"（法理社会）或"社会"则完全不同：个人与个人之间的关系被不断地复制。如果说"共同体"是一个有机体，那么"社会"则是一种人造物。滕尼斯的结论是，货币流通和商品交换是社会的主要特征，其成员只通过点对点的契约进行互动。社会仅仅由交换组成，信用制度，即用现在的钱换取未来的钱，是社会的强化表达。在他看来，"契约"集中体现了商品交易中的全部关系，将两个个体的需求和欲望的交汇从短暂的邂逅转化为

---

① 德国社会学家。——译者注

持久的关系。信用契约的持久性构成了"超越礼俗社会的某种东西"。在契约中，"创造了一种持久的'纽带'，与礼俗社会的概念完全相矛盾——这个'纽带'将人与人联系在一起，而非物与人"。这意味着在滕尼斯的"社会"理论中，一个结论颠覆了另一个结论，便产生了一个"悖论"：依赖取代了无拘无束的交换，人与人之间的纽带取代了人与物之间的纽带，交易由法律规定而不是金钱的自由流动决定。

我并不完全赞同滕尼斯的理论，只是将其作为一个更广泛的历史趋势的例证，即 19 世纪 80 年代对经济交换关系的关注日益增加。这一点在第一章末尾已经有所提及。滕尼斯在对社区和社会概念作出区分的时候，"经济"是一个客观存在的复杂体系，而经济受其自身法则支配的观点已被普遍接受。正如我在第二章的结尾所解释的，破产债务人越来越多地将经济视为客观存在。为了把迄今为止的论点联系起来，本章借鉴了文化人类学的一些理论。我首先要回顾马塞尔·莫斯于 1923/1924 年出版的《礼物》（*The Gift*）一书，这本书在滕尼斯的著作出版了近 40 年之后才问世。在选读了莫斯的作品后，我会接着探讨"道德经济"的概念，并在最后谈谈这些理论如何影响本书其余部分的实证分析。理论为历史叙述提供了指导，并为解开滕尼斯在债务关系中所观察到的"社会悖论"提供了工具。因此，本章主要起过渡作用，引领我们进入最后三章，探讨债务世界中的主体化、分类和人与物之间的关系问题。

《礼物》及其影响

马塞尔·莫斯关于礼物的文本，为我们构建了一种将债务视为社会关系的理论框架。我对莫斯观点的解读结合了在本书引言中引用的马克思的语录，即债务构成了一种人的"道德的存在、社会的存在"所牵涉到的关系。莫斯的文本是典型的悖论，他的论点既复杂又简单。他以澳大利亚、美洲西北部和中世纪冰岛社会的仪式、古代印度和共和罗马的史诗和法律文献为例，证明了这种模式的普遍性。送礼、收礼和回礼的义务构成了一连串的交易，莫斯称为"总服务系统"或"总社会事实"，因为它们融合了法律、道德、宗教、经济、家庭和审美关系。莫斯从他在各种不同背景中反复观察到的送礼、收礼和回礼的规范中得出结论，这些活动构成了社会关系的基础。在莫斯的理论中，礼物是一种从根本上关联权利和义务的工具。而义务的一面则使礼物经济转变为债务经济。按照他的观点，这个原则在慷慨的仪式和世界各地的冲突、西方的社会保险制度和波利尼西亚的交换中都保持着有效性。

莫斯的《礼物》至少可以有两种解释。第一种解释侧重于互惠（这个词在莫斯自己的文本中并不存在）。在这种解读中，送礼和回礼形成了一种对称模式，一个没有溢出的系统统一体。克洛德·列维-斯特劳斯（Claude Lévi-Strauss，1908—2009）认为，送礼、收礼和回礼这个三元体系，构成了一个既包含又超越这三种组成行为的结构，他解释说，礼尚往来的各种模式和交换对象无穷无尽的多样性，都"可以还原为更基本的形式。"在结构主义者看来，莫斯发现了现象之间的"恒定关系"（constant relation），这是一个功能网络，它先于个体对意义的归因以及经验形式和行为。这意味着在莫斯看来，社会现象之间存在着一种内在的、先于个体经验的结构关系。列维-斯特劳斯的解读将莫斯定位为他自己的结构人类学项目的鼻祖，并从三步送礼交换中推演出社会本身的通用原理。这种解读产生的观念是，一个社会通过其实践的统一来重现其自身的统一，即送礼、收礼和回礼这个三元体系构成一个整体。利用这种启发式的方法，列维-斯特劳斯得以与那些和他一样对重复感兴趣的历史学家进行对话。例如，历史学家吉尔·波斯泰尔-维纳（Gilles Postel-Vinay）将人类学理论用于研究广泛存在的储蓄、借贷和消费储蓄实践，这些实践在整个生命周期中定义了农村借贷体系中债权人和债务人之间的关系。列维-斯特劳斯的观点还得到了埃米尔·本韦尼斯特（Émile Benveniste，1902—1976）语言学研究著作的支持，本韦尼斯特的著作描述了在不同语系中，"借"、"贷"和"债"等词总是成对出现，并追溯到一个不同的、上位的语义范畴，即恩惠和义务的范畴。因此，最终这些词都与"权力"的概念有瓜葛。"借贷是同一交易的两个方面，是对给定金额的预付和偿还，没有利息"，它们"通过它们的相斥相吸有机地联系在一起。"19世纪的德国语言学家也注意到了"暂借"（borgen）和"借"（leihen）这两个词之间的类似之处。《格里姆德语词典》（*Deutsches Wörterbuch*）解释说，"borgen表示债权人和债务人之间的相互义务关系……borgen和leihen都既表示借入（mutuum sumere），也表示借出（mutuum dare）"，具体想要表达哪个意思是由语境决定的。对于莫斯来说，他也认为在经济中，物品、人和行动是"同音词和同义词"，并得出结论说"总体而言，都是一样的"。因此，这些观点也将礼尚往来视为一个统一的、普遍的结构。

在交换关系中，人、物和行动之间的不断混淆形成了第二种解读的侧重点，这种解读较少关注"相同"的方面。莫斯这位法国学院派人类学家将解读提升到研究方法的层面，使得这种解读变得合理。莫斯的翻译更像是转述：有时他会将一段原文提炼成一句引文，用来更有效地佐证自己观点；为了强调文化背景或凸显某种意象，有时他会在译文中插入一句魔法咒语；有时他抱怨《埃达》（*Edda*，古北欧神话集）中某一段落的翻译，为的是不让自己因为不懂古北欧语而妨碍阅读文献。他意在将五花八门的多样性来源压缩到一个理论框架中，导致他排斥了其他潜在可行的解释，但他确实不知疲倦地努力整合和阐明不同的新来源。"不断变化"不仅可以用来形容他的方法，也可用来形容他所研究的对象本身。

首先，礼物模糊了人与物之间的界限；它代表了"一种交融"，赋予物体生命，而将人物化。受赠人接受礼物成为义务，因此被迫处于一种特定的位置。为了解释物品的自主性，莫斯指出了毛利语中的词"hau"，它表示与有价值的（物质或非物质）物品或"汤加"（taonga）①相关的力量。［列维–斯特劳斯批评莫斯接受了原住民的理论，从而屈服于"神秘感"，这种污染对《野性的思维》（*Savage Mind*）的作者来说显然是不可接受的。］其次，莫斯将物品本身视为由各种异质关系构成的复合物。礼物不仅建立了一种联系，被交易的物品本身也体现了一种关系："送礼并承诺的物品本身，凭借其自身的力量，成为一种纽带。"在送出一件礼品时，"信物"上残留了经手人的"气"，礼物的收受者也承诺了他们的荣誉。因此，莫斯观察到，与其形成一种结构，收礼和回礼、人与他者之间的划分是不稳定的，并没有构建成一个结构。从这个角度来看，礼物总是被下过毒的（poisoned）。法语中的"礼物"（le don）与英语中的"剂量"（dose）一词也有些神似。混合起来看，一件礼物似乎也暗喻着"一剂，一剂毒药"

---

① 毛利语单词，指的是毛利文化中的宝贵财产。——译者注

（dose, dose of poison）之意。

莫斯对物品的矛盾性质的论述强调了环境和程序的重要性。尽管莫斯倾向于在他在每个地方看到的都是"同音词和同义词"，但从其著作丰富多样的来源证明，与礼物相关的表达和实践存在多样性。19世纪好奇心旺盛的人们也对词语的不同含义有所了解。尽管格里姆兄弟在他们的词典里对动词"borgen"和"leihen"作了辨析，但他们也作出了限定：

> 在新高地德语中，动词"leihen"占主导地位，但在这两个词之间存在差异。"borgen"只涉及可移动的东西，而不是不动产；人们说"ein gut leihen"（借出一项财产）……租借房屋、土地，不使用"borgen"；相反，借钱、借衣服、借马与"borgen"的意思相同。但"borgen"还带有未付款或所欠的额外含义，而"leihen"则暗含偿还之意；因此，"leihen"、"entleihen"、"lehnen"比"borgen"更高贵。

作为一个通用词，"leihen"可以用来指代不动产和动产，而更具体的"borgen"只能用于指代动产。由于"borgen"使人联想起"应付款"这个概念，格里姆兄弟将其排到更低级的位置。因此，可移动性/不可移动性这对概念体现在每个不同的术语中，而这些评价也证明了文化习俗的存在。

对人与物之间的纠葛进行分析，需要对语境和配置保持敏感。玛丽莲·斯特瑞恩（Marilyn Strathern）在她的著作《礼物的性别》（*The Gender of the Gift*）中，利用她在巴布亚新几内亚高地的田野调查展示了诸如"女人"、"男人"和"物品"等分类只在特定情境中出现，并指出对物品、人和身体部分进行性别归属也是如此。因此，对于哈根山（Mount Hagen）的居民来说，就像身体是相互关系的记录一样，物品也只有通过互动才成为物品；否则，它就缺乏实质内容。整合人与物相互作用的各种情境、环境和情况进行整合和考察，以全面了解它们相互影响和塑造的方式，也有助于我们理解将资产变为抵押品并规定债务人责任的法律程序，就像本书第六章所分析的那样。根据斯特瑞恩的研究，礼尚往来的对象只有在送礼者和受赠者之间的关系中才能得以形成。债务不是由所有权或无所有权形成的。相反，债务的形成是参与方对待物品的不同观点将其塑造成具有特定品质的可以交换的东西。送礼者将礼物强加给受赠者，将其转化为一种债务的义务，这使得送礼者更加优越，因为他们让渡了自己的一部分。债权人或送礼者的优越性反过来给受赠者留下了一种不足：礼物在到达时撕开了一个洞。它是负债的表现形式。从这个角度来看，债务并不是一个派生现象，而是具有自身积极性的东西；债务产生了一种不对等、非互惠的关系，在其存在期间保持不稳定。对《礼物》的这种解读及其含义可以归纳为三点。首先，礼物赋予物体生命，而将人物化；其次，这一过程是由参与者所记录的，引发了价值判断；最后，礼尚往来这个过程本身使得对象处于不稳定、冲突和压力状态，因为它将礼物的地位与可转让 / 不可转让、动产 / 不动产等二元对立运作紧密联系起来。

莫斯在将礼物所创造的关系作为社会的基本组成部分方面付出了相当大的努力。如果我们将礼物解释为不是可以在纯粹的先验形式中孤立存在的东西，而是一种总是与特定背景和实践紧密相连的现象，那么在分析上，传统互惠与现代工业资本主义的功利主义之间的区别就不再那么严格。换句话说，如果我们将礼物视为一种在特定社会背景和实践中形成的社会现象，那么礼尚往来不再是简单的对等回报，也不再是纯粹的经济利益交换。这种社会现象涉及人际关系、社会身份、道德义务等多个层面，具有深层的社会和文化含义。莫斯的这种观点打破了传统上对礼尚往来的简化和功利主义的理解，强调了其复杂性和社会性的紧密联系。历史学家和人类学家已经证明，在近代早期的欧洲，送礼不仅是一种文化现象，在资本主义经济中也具有同样的重要意义。另外有研究证实，与传统认知相反，伴随资本主义和殖民主义兴起，相互送礼的现象非但没有减少，反而增加了。19 世纪欧洲的消费信贷实践也被置于礼品交换和商品交换之间的连续体上。礼尚往来并没有作为过去的遗迹被抛在身后，而是随着时间的推移发生了转变。在一篇具有影响力的文章中，乔纳森·帕里

（Jonathan Parry）提出，只有将"社会"和"经济"视为两个独立的社会领域，才能发展出纯粹礼物的意识形态。正如关于新自由主义下慈善组织及其对社会的道德化研究所显示的那样，在不断扩大的市场中，送礼也扮演着更重要的角色。简而言之，在资本主义中，经济交易的深层象征意义并没有消失。

我这里选读《礼物》以及受到莫斯文本影响的其他人的作品，并不是为了标榜送礼是一个超越历史的结构。恰恰相反，礼物为历史学家提供了一个启发性的剧本，用于理解债务这种复杂的、多维的关系。这个启发性剧本揭示了莫斯（考察原始社会交换的学者）和马克思之间的一些相似之处。商品和礼物并不相同（通常被视为相互对立的剧本），债务的历史最好不要匆忙跳入商品理论的历史之中。换言之，我们不应该过于仓促地将债务的历史与商品理论的历史混为一谈。

然而，上述在莫斯的论述中提到的两个基本假设，在马克思那里也可以找到，尽管它们处于不同的背景之下，即资本主义、世界市场、工厂制度下的劳动分工，以及以抽象为基础的社会实践的发展。第一个假设是存在一个普遍性结构，它囊括并调节着个体之间的交换关系，而本身并没有固有的意义。从这个角度看，人们的行为不能简单地归结为在相互关系中的重要性或实用性；相反，它们是由个体在结构中的位置所决定的。因此，结构只能通过其效果来察觉，它并不是一种从"外部"影响关系的力量。第二个共同的假设是，交换的对称关系将根本不可比较的元素聚集在一起，因此包含着根本的不对称性。根据对马克思的一种特殊解读，这是劳动作为一个抽象范畴对活着的工人的实际劳动的支配，是资本的死劳动对活劳动的支配。正是这种不对称性，使得社会关系对于当事人而言呈现为物化的形式。人的物化和物的人格化所带来的困惑和冲突，是资本主义社会关系中的固有问题。本研究的特定目标是追溯系统性调节的历史，应该将下面两种假设联系起来：一种涉及结构与其个体表述之间关系的假设，另一种是关于背景、混乱和冲突中的情境性的假设。

道德经济和对抗的逻辑

聚焦于冲突问题可以更好地理解历史事件当事人对待债务问题的看法和态度，以便更清晰地将不同观念进行对比。莫斯关于债务作为复杂关系的理论可以帮助我们解开债务中涉及的各种价值。人类学家珍妮特·罗伊特曼（Janet Roitman）在她对中非地区债务的价值判断进行解析的项目中探讨了"债务如何成为确认或否定社交能力的方式"。在对债务价值判断的相关分析中，社会学家乌特·特尔曼（Ute Tellmann）采用了道德经济的概念，这个概念目前在多个学科中正在经历复兴。特尔曼关注的是人们在不同情境中评估债务及其意义时，如何混合使用异质的评价和衡量类别。"道德经济"是一个极具启发性的概念，旨在为经济提供新的视角。此外，"道德经济"是历史学家创造的少数几个在其他学科中引起共鸣的概念之一。我们可以通过分析债务纠纷中各方如何合法化他们的行为，来揭示其中的利益冲突和权力斗争。这有助于我们更好地理解当事人为了维护自己的权益而采取的合法化策略。

在 1971 年关于"穷人的道德经济"的文章中，E. P. 汤普森反对将 18 世纪英格兰的粮食骚乱简单化为"肚皮的叛乱"。相反，汤普森试图证明，骚乱是因农村的穷人认为受到了不公正和非法的待遇而引发的。在一个仅部分存在雇佣劳动的社会中（用汤普森的话来说，城市工业的特点是"现金关系"，农村的特点是"面包关系"），粮食骚乱似乎是一个"总体性社会事实"（total social fact）。穷人用各种策略和手段来证明他们的抗议行动的正当性，力争赢得公众的支持和同情。他们有选择性地支持面包的文化意义，与口味和健康有关的概念，以及传统的食物供应政治手段。在对抗和共识的相互作用下，社会阶级之间的复杂关系中体现了规范和责任的因素，其中冲突的维度和行为表演的参与尤为引人注目。穷人的道德经济不能庸俗化为对家长制度的呼吁。相反，提出诉求的动态过程引发了其自身独特的逻辑，证明了一个更普遍的观点，即类似"粮食骚乱"（food riots）的风潮中表达的"另一种社会构型的道德假设"具有历史特定性。因此，许多人（有时是出于否定目的）在汤普森的著作中看到了对"过去的美好时光"——即在道德上"嵌入"经济关系的浪漫描绘。人们不需要认同这种观点，就能质疑道德经济的概念是否属于近代早期一个特定的规范体系。在后来的一篇文章中，汤普森澄清了他所写的并不是与市场脱钩的经济，而是简单地试图捕捉普通民众的期望和想法与食品市场的具体条件之间的碰撞效应。事实上，研究这些对抗时刻如何展开自己的逻辑，比将预设的概念如"道德"和"政治"经济对立起来更有益。阿尔里希·迈耶（Ahlrich Meyer）将汤普森的概念应用于研究沃尔梅尔茨时期（Vormärz period）的雇佣劳工斗争，他指出，当底层阶级开始用自己的话语谈论既有的权利时，资本的积累和价值评估就会发生转变，这导致了将渴求生存的权利转化为革命性的要求。这就是当传统的做法和习俗经历突然的更新时，资本主义发展中的"不均衡性"的例子之一。出乎意料、不可预测的行动会从这种对抗中爆发出来，但它们不一定像骚乱那样引人注目。因此，"道德经济"的概念已经扩展到适用于日常的抵抗实践，并被用来表示在特定的物质场景（material contexts）① 中何为"公正"或"适当"的概念。在对自汤普森于 1971 年发表该文章以来的概念历史进行调查后，人类学家迪迪埃·法桑（Didier Fassin）主张应使用"道德经济"

① 这里的"物质场景"指的是具体的社会、经济和文化条件，以及与这些条件相关的社会实践和行为。——译者注

来研究不同情感、价值观、规范和义务系统之间的冲突。他认为
这个概念可以从现代早期底层阶级的激荡中提取出来，用于揭示
特定社会的各种道德经济，但同时也不能忽视政治冲突。因此，
对道德主张的批判性人类学可以分析具有历史特定性的定性价值
观，评估在某一社会权利与义务体系中"什么是好的"以及分类
规范"什么是适当的"。这种观点不将道德评判作为研究的主要
目标或准则，而是更关注历史的实际情况和行动者的实际动机，
重点在于描述不同群体的不同道德词语之间发生冲突的情况。通
过这种对道德经济概念的理解，历史学家可以借以分析历史冲突
中的认知行为，群体之间公共或对立的认知方式，以及赋予这些
认知方式力量的集体价值观。接下来的章节强调物质冲突的重要
性，这个问题有时会因对"经济"一词进行更具隐喻性的使用而
被忽视了。我对那些仅仅强调道德观点之间冲突的模型不太感兴
趣。道德经济作为一个启发性概念，通过识别物质供给体系的不
同观点，并分析这些观点在社会紧张时刻的表达方式，把经济引
入了讨论。

主体化、分类、人与物

本书通过对构成债务的特定系统性规则进行历史分析，剖析
了 19 世纪瑞士债务的含义。债务执行将多种常常相互矛盾的实

践和观念放到一起。迄今为止，对债务的辩论展现出了不协调的社会立场，包括在 1889 年《联邦债务执行与破产法》中明确规定的商人法律类别；联邦法律出台之前的时期，各种各样的个人身份和破产程序，当时道德家倡导"免我们的债，如同我们免了人的债"这句格言；在教堂宣布债务人姓名等媒介技术的空间范围；以及法学家的论点，认为破产人不能被视为"公民死亡"，因为在瑞士不存在奴隶制度。本章的理论思考强调了三个一直存在的问题，它们统一了迄今讨论的各种事实的多样性。

第一个问题是主体化。道德经济的概念最初是为了描述集体行动而发展起来的。然而，债务影响却是针对个体的，并且将受影响的个体从集体交流的空间中排斥出去。因此，将债务作为道德经济来研究，并不意味着将其作为一种均质的主体化形式来对待；相反，重点是确定定义债务关系的需求和义务的特定方面。债务的道德经济生成了一系列呼吁和辩解，但它极少上升到集体阶级斗争的高度。自由主义治理通过将债务人的经济困境视为个人能力不足的结果来主体化债务人。最近的民族志研究表明，债务所涉及的责任和期望是多样且复杂的，无法简单地归纳为一个统一的清单，因为每个债务人的需求、抱怨和经历都是独特而个体化的。此外，穷人的"临时经济"并不与制度脱节，因为市场以各种方式整合和满足他们的需求、社会网络和文化实践。正如莫斯的《礼物》一书所阐述的那样，债务具有约束力。在历史和当代的情况下，制度已经把这种力调和成一种对劳动力施加控制的机制，开辟了一种强制性行动的范围，避开了自由和奴役的简单二元归纳。回顾"拜物教性质"的债务，迈克尔·陶塞格（Michael Taussig）一针见血地写道："回答关于是什么使一个人成为男人这个问题时，信手拈来的答案就是他的债务。"简而言之，历史告诉我们，债务并没有凝结为一种均质的经历。然而，无论历史背景如何，债务人都要按照普遍规则受到法律程序的约束，这些规则赋予当事人不同的法律地位，而这些法律地位可能导致债务人在法律上的权益、义务和责任等方面都有所差异。因此，在瑞士，破产人向法官和其他官员申诉，要求制订和定义这一地位的统一方案，详见第二章。他们声称自己的命运是由更高层次的经济体系——尤其是其危机所导致的，并引用自由主义国家的统计数据作为证据。因此，可以提出一个有说服力的假设，即债务对债务人产生了某种统一的影响。然而，正如第四章将展示的那样，在个体主体的层面上，权力的行使并没有呈现出一种普遍的模式。

第二个问题是分类。对莫斯的一种解读表明，礼物将人们置于一个体系中，因为它产生的义务将社会的所有成员联系在一起，他们通过回馈不断地再生产礼物结构。债务的执行也有一个系统。破产程序是一种"人的配置（making up people）过程"，正如伊恩·哈金（Ian Hacking，1936—2023）对现代社会中"统计衍生实体"发明的描述。在 19 世纪，国家以前所未有的方式扩大和完善了人口分类制度，并通过这种制度将各类人等分配到明确位置。通过给一个人贴上破产人或商人的标签，将其归入分类系统，意味着切断他们的一些关系，然后安置到新的关系之中。

历史学家已经详细分析了使这种分类行为成为可能的概念工具。它们的基本类别和操作构成了特定形式的知识，可以用历史认识论的方法进行研究。知识历史学家汉斯－约格·莱因伯格（Hans-Jörg Rheinberger）将其定义为研究"将事物转化为知识对象的条件和手段"。因此，它侧重于生成科学知识的过程以及它的启动和维持方式。其他学者，如安·斯托勒（Ann Stoler），对历史认识论采取了更加"世俗"的方法，超越了对科学知识的历史形式的正式理论化。与破产有关的经济不确定性的局限可以被理解为资本主义认识实践的典范。因为债务执行连接了各种社会知识的范畴，在破产程序中应用的道德判断获得了认识论上的意义，详见第五章。

第三个问题涉及人和物的地位。虽然礼物赋予物体生命，而将人物化，但法律在建构这种交错关系的同时，又以同等的力度混淆两者之间的边界，它创造了人和物，并使二者相互替代。关押债务人是将人转化为抵押品的一种特别引人注目的方法，而扣押资产则给物品注入了生命。正如我将在第六章所讨论的那样，两者都对自由主义的想象及其自由和财产所有权的基本原则提出了难以解决的问题。此外，将物品转化为抵押资产或促进交易的"代币"，它的价值和用途可能会发生改变，导致其在不同环境下具有不一致的地位或角色。在这种转化中，物品的可移动性和不可移动性以及个人对其进行转让的能力，是通过协商来确定的。抵押资产将整个社会关系凝聚成物品，同时也将物品转化为社会关系。抵押物并不一定是商品，但商品和抵押品一样，始终是物品。在所谓的"债务"这种特殊商品中，斐迪南·滕尼斯观察到一种力量，这种力量也具有抵押品资产的特征，是一种"'联结'，它将人联系在一起，而不是物体"，通尼斯认为这种联结构成了"社会的悖论"。下一章我们将讨论关于19世纪瑞士债务义务的一些书面叙述，以及它们所见证的常常令人难以承受的经历。

第四章

叙事中的债务与主体化

叙事与主体化通过债务紧密相连。叙事与债务有着共同的特点：就像叙事一样，借款和贷款开启了它们自己的时间视野；就像悲剧情节一样，强制执行是失败的余震；就像所有文学作品一样，债务与书写系统相互交织。或许更值得注意的是，想象力对改变债务这种力量关系间的游戏规则产生了革命性的影响。它提出了逃离和解决方案，提供了保障和方向。在时间和压力的混合物中添加想象力，将其沉淀成一幕主体化的场景。本章旨在展示19世纪主体化可能采取的捉摸不定的路径。

长期以来，债务与写作之间的联系一直是历史分析的研究对象。一些研究聚焦于适应符合经济理性的主流观念实践的习惯化，将主体化视为将规范性话语转化为行动的过程。其他研究则专注于自我技术（technologies of the self）① 和训练。本章采取了不同的方法。它并不否认某些约定俗成的债务关系规范的主导地位。相反，它进一步深入上一章所提到的问题中：由于缺乏清晰

---

① 自我技术是福柯提出的一个概念。指的是个人通过自己的努力或他人的帮助，在自己的身体、灵魂、思想、行为和生活方式上进行一系列操作，以便改变自己，以达到某种幸福、纯洁、智慧、完美或永恒的状态。——译者注

的证据或不同当事人对债务的理解和解释不同，确定债务与人的关系，并评估这些债务的含义往往是不明确且有争议的过程。我对主体化的理解集中在不可预测的环境中，权力的间歇性冲击和个体对此的反应。我对形成一致身份的过程不太感兴趣，因为在一次又一次的债务执行过程中，人们可能经历到与自己所认同的身份相背离的时刻。主体化是指一个人在社会中按照特定规则被赋予特定身份的过程，这个过程会影响一个人的自我认知和行为方式，其后果可能超出我们的预期和经验，难以预见，两者之间的差距体现了主体化的复杂性和不确定性。

本章分析了三个例子：流行作家、曾经的小屋织工（cottage weaver）雅各布·斯图茨（Jakob Stutz，1801—1877）的日记，戈特弗里德·凯勒的小说以及社会主义者威廉·魏特林的政论。这里并不追求统计学上的代表性，但这些例子也不是随机选择的。从某种意义上说，它们是典型的例子，表达了一种特殊的主体性形式，这种主体性形式是由 19 世纪中叶苏黎世及其周边社会的一系列因素所组合而成的。再次强调：本章的目标不是代表性，而是追溯某种独特的东西；不是它引人注目或闻所未闻，而是它被特定的社会、文化和历史条件所塑造。因此，本章的方法遵循微观历史（microhistory）的冲动（尽管不完全等同于方法），根据这样一个原则进行工作："任何文献，即使是最异常的文献，都可以插入一个文献系列中。此外，如果经过适当分析，仍然可以将其与其他文件连接起来，从而为更广泛的文献系列提供启示。"

在 19 世纪，新形式的借贷（lending）和信贷（credit）的发展与经济主题的新写作形式齐头并进。经济新闻、浪漫文学、钞票：这些新的专业样式的出现，帮助人们适应了一种以市场为中心的新型价值观。另一类不胜枚举的例子是有关说教的故事，就像在文学流派"生理学"中所发现的那样。在城市社会报道作为一种流派确立的同时，像雅各布·斯图茨这样的"人民之子"向资产阶级观众展示了他们的"另一面"。"生理学"这一文学流派讽刺了新经济的原型。1842 年，巴黎作家莫里斯·阿尔豪（Maurice Alhoy，1802—1856）在《债权人和债务人生理学》（*Physiologie du Créancier et du Débiteur*）中呈现了现代大都市及其经济关系的全貌，包括不可靠的债务人、不择手段的债权人，以及一个真正的债务催收地下产业，它把收债官变成了一位真正的花花公子。这本富有启示性的都市讽刺作品熟谙老练的经济主体的策略和习惯。而耶雷米亚斯·戈特赫尔夫（Jeremias Gotthelf，1797—1854）的乡村故事则以类似的宣传冲动创作而成。1846 年，他在《清算日或者新型经济》（*Der Geltstag oder die Wirthschaft nach der neuen Mode*）中，以一对客栈老板夫妻为道德谴责的对象，不仅因为客栈通常被视为喜欢煽风点火之人的聚集之所，也因为经营客栈的经济活动与供应商和顾客之间的借贷和债务安排紧密相关。反现代主义的戈特赫尔夫以一则关于破产的故事概括了他对乡村状态的判断。而洛桑创作的短篇小说《我们偿还了债务吗？》（*Avons-nous Payés Nos Dettes?*）则再次揭示了借贷经济的日常。在其中一则故事中，一对夫妇（一名劳工和一名女裁缝）因为女裁缝被顾客拖欠款项而破产。优雅的夫人们可以拖欠社会地位低贱的裁缝的债务，而一位贫穷的邻居却必须把孩子的衣物藏起来，以躲避执行官来扣押她所有的东西。一对年轻的中产阶级夫妇不得不学会理财和削减奢侈的晚餐[①]。这本小册子一再用寓言的手法暗示，按时还债与预算的美德紧密相关。这样的作品鼓励读者学习性别特定的自我行为模式。在 19世纪中期后，这类指南和读物还扩展到了少儿读物领域。

日记是研究债务关系的另一个重要来源。早期写作学者得出的结论是，这个时代的私人日记和会计日记几乎没有区别，而且经济交易经常被详细描述为社交事件。然而，在早期近代时期之后，日记写作发生了变化。大约在 1800 年，随着更稳定的借贷和信贷网络被制度化，自主自我的概念开始渗透到各个学科中，这种自我私密的写作被用来确认他的身份，并将他与社会的外部世界区分开来。在自由主义理念中，自我与社会形成对比。虽然自由主义对地位和声望的重视程度不及旧秩序，但债务人的品

---

① 在当时的欧洲，晚餐是重要的社交场合，主妇们常常相互攀比。——译者注

格在当时人们的想象中变得更加重要。从这个意义上说，自由主义痴迷于内省的特征在日记的自我观察中找到了表达。研究自传文献的学者们认为，这种"亲密自我"的概念不是人的"内在本质"的真实表达，而是一种历史上特定的关于"成为一个人意味着什么"的概念，它是通过写作实践来培养的。换句话说，人们通过写作来塑造和理解自己的内心世界，而不是直接表达他们内在的真实本质。

关于破产和债务的自传性文本提供了另一个洞察人们如何陷入债务罗网的来源。事后回想起来，破产往往是"传记幻觉"（biographical illusion）①的一个关键转折点。其中一个例子是苏黎世银行家古斯塔夫·安东·舒尔特斯·冯·雷奇伯格（Gustav Anton Schulthess von Rechberg，1815—1891）的自传。在1883年，他为自己的子女写了一篇回忆录，其中提到了他的银行在1865年的倒闭。作为保持虔诚派（Pietist）传统中的一名新教徒，舒尔特斯使用了宗教的语言来为自己的经济失败开脱。一方面，破产案被公之于众，但5个月后又被撤销，并达成了支付30%的协议，这对他来说是对信仰的考验；另一方面，舒尔特斯将他的基督徒美德与商业世界的原则进行了对比，他将自己的经济垮台

---

① 是法国社会学家皮埃尔·布迪（Pierre Bourdieu）提出的一个概念。指的是人们在撰写自传或描述自己的生活历程时，往往会将生活看作一个连贯、有目的的整体，而忽略了生活中的复杂性和不确定性。——译者注

描述为不愿从事无情的商业行为，以及不愿耗费时间参与志愿者活动的结果。在某种程度上，这是对伯纳德·曼德维尔（Bernard Mandeville，1670—1733）在《蜜蜂寓言》中的格言的反转，曼德维尔认为私人的恶习可以产生公共的利益，而根据舒尔特斯的陈述，他因自己过于丰富的私人美德导致了破产的公共危机。

在 19 世纪，债务的讨论和描述不再仅仅是对经济和法律层面的分析，而是更多地涉及个人的经历和感受。通过写作，人们试图将债务这种社会关系转化为个人的经验，用个人的语言和视角来表达和理解债务的含义。在债权人和债务人之间的关系中，预测收款前景，制定期望，预期反应，双方都采取了一系列行动。毕竟，债权人也受到规则的约束。下一部分将讨论债权人所面临的困局：是对债务人表示同情和宽恕，还是对他们施以压力和恐吓，以迫使他们还钱？

压力下的债权人

到 1852 年 3 月，当雅各布·斯图茨的侄媳恳求他帮助偿还债务时，亲戚之间的金钱关系已经变得让人左右为难。正如他的日记所表明的那样，斯图茨对侄子和姐夫进行了毫不留情的指责：

今天早晨，在最猛烈的暴风雨期间，安娜丽丝从马特那里来找我们，请求我借给他们 50 苏黎世盾，这样他们就可以与债权人结清债务。她说她在费拉尔特多夫的姐姐巴布和我姐姐安娜各自答应出 25 苏黎世盾，以便她能够摆脱债务的强制执行，并挽救她 400 苏黎世盾的嫁妆。我以书面形式向她确认了我将支付的金额。我还能做些什么呢？然而，我几乎不知道要从哪里才能弄到这笔钱。最让我痛心的是，可以肯定这笔钱要打水漂了，在家务事上，我的侄子和其他人总是恶习难改。除此之外，他们还欠着超过 300 苏黎世盾的利息和日常开支，这还不包括欠我的 200 苏黎世盾。

斯图茨的侄媳安娜丽丝·拉特曼（Annalise Lattmann）为达成一项与债权人的"和解协议"利用了家族关系。她似乎打算收回她抵押的嫁妆，以偿还她丈夫的债务。无论导致她向斯图茨求助的事件是什么，关键是要"摆脱债务的强制执行"。她开口要借的钱数目不菲：在瑞士引入法郎作为货币单位的那一年，50 苏黎世盾相当于 116.65 瑞士法郎。相比之下，在苏黎世高地，一个平纹丝织工 6 口之家每周的收入约为 14 瑞士法郎：他们的孩子还太小不能工作，两位织造白棉布的父母每周的收入约为 7 瑞士法郎，根据贫困救济机构的标准，他们还"不能被视为贫困"。雅各布·斯图茨没有太多钱，但他单身。如果将他 1853 年的收入分解开来，他每周的收入约为 9.41 瑞士法郎，略高于纺纱厂工人的收入水平。

但是雅各布·斯图茨认为他别无选择，只能对安娜丽丝·拉特曼施以援手。这一态度在他的反问中表达了出来："我还能做些什么呢？"尽管他觉得自己有义务帮助她，但他对此表示不太情愿，甚至认为这样做是毫无意义的，是拿钱"打水漂"。向亲戚转账同时也对他们在处理家务事方面"恶习难改"作出价值判断。最终，斯图茨竭力计算他侄子所欠债务的确切金额。他是否成功算出我们不得而知，但显然他致力于密切关注亲戚的财务状况。那么，这些交易的背景是什么，使得对他人行为的解读成了最核心的问题？

雅各布·斯图茨曾是一名教师、小屋织工和家庭佣工，他是苏黎世高地小屋工人中的所谓"民间诗人"。他曾一度是个相对著名的作家，当时还有传言称他是同性恋者。1842年在搬到斯特恩堡（Sternenberg）之前，他丢掉了苏黎世和阿彭策尔（Appenzell）的工作，并因性取向被逮捕过一次。1856年，他再次被判刑并被驱逐出该州。在斯特内贝格，斯图茨过着边缘化的简朴生活，但他并不与小城社区隔绝。一些渴望接受教育的年轻人聚集在他周围。其中最著名的无疑是备受欢迎的作家雅各布·森恩（Jakob Senn，1824—1879），他的弟弟海因里希·森恩（Heinrich Senn，1827—1915）自1850年以来的日记幸运地得以传世。斯图茨自己的日记是本项分析所依据的资料，其中包含了 1846 年到 1856 年的内容，它见证了这个地方贫困化的过程，记载了这个地方棉纺织行业崩溃的亲身经历。

位于工业化程度较高的苏黎世高地的斯特恩堡经历过一次原始工业的繁荣，但当 19 世纪 40 年代近代工厂逐渐建立起来后又逐渐衰退。19 世纪 40 年代末的经济危机和饥荒给这座城市的棺材钉上了最后一颗钉子，斯特恩贝格的人口急剧流失。流动的劳动力开始往外迁徙，这是前工业时代底层社会的悠久传统，却与 19 世纪的工业化趋势和以民族国家为单位的人口定居方式相冲突，从而引发了当局的焦虑。一些人留下来寻找新的工作，比如从事丝绸和草编，而其他人则搬到了周边的工厂附近居住。大多数人因为消费品价格上涨和他们手工制品价格下跌的双重打击而背负债务。

在 19 世纪初的几十年间，出现了一系列教人们如何正确管理金钱的教程。这些教程旨在引导人们如何合理预算，形成了一套新的与金钱打交道的知识体系。其中很多内容基于经验和理想，但也融入了新的制度框架。与此同时，贫穷的道德化议题在金钱话语中占据了一席之地。正如瑞士储蓄银行运动的主要人物在一篇关于苏黎世高地的文章中所说，贫困是"全方位的贫穷，带有极强的道德堕落倾向"。

储蓄银行是资产阶级慈善事业中备受喜爱的项目。这些机构迫使人们服从市场经济的期望，因此在社会问题上起到了明确的自由主义解决方案的作用。它们的存款主要来源是教父母给新生儿的礼金以及家庭佣工的零星积蓄。儿童储蓄账户培养儿童具有着眼未来、专注个人利益的心态，这点与自由主义的愿望相契合。但最重要的是，储蓄银行成为不同阶级之间接触的场所。

斯图茨的大众教育计划将长久以来的禁欲主义理念移植到了新的机构中。他创办了一家儿童储蓄银行和一个涉及储蓄、贷款和批发采购的合作社，而这个地区的借贷经济长期以来以延期付款、分摊资产、租赁和抵押为特征。作为"人民诗人"，雅各布·斯图茨吸引了一群中产阶级读者的兴趣，而这个读者群的社会、文化和政治意识形态正在发展和演变，也开始关注和接纳"人民"这个概念。作为两个阶级的调和者，斯图茨获得了资产阶级人物和慈善组织的认可，并在他的小城中获得了声望。斯图茨组织的教育协会和地方金融机构成为中产阶级集中精力关注"人民"的场所。斯图茨争取认可的努力也对他自己提供贷款和援助的能力产生了实际影响；毕竟，与债务人一样，债权人也必须遵守一套特定的规范。

1846 年年初，斯图茨创立了"一个名为'先令协会'（Schillingverein）的组织，旨在在经济和教育方面发挥作用"。会员们每周必须存入一先令；一年后，就可以在这个消费合作社开始购买商品。这个金融协会的额外好处是为作者争取到了读者，因为每周的会面"可以将人们与读书圈联系起来，让这些朴实的人也能得到一些精神滋养", 实际上就是指斯图茨"向他们朗读一些东西"。此外, 先令协会也充当了借贷银行的角色,"可以帮助其中某些人摆脱困境"。斯图茨还设立了一个慈善基金会, 作为儿童储蓄银行的基石。在1848年, 这个基金会获得了更多的机构认可: 教师、市议会和救济机构开始为其募捐; 一位被聘来重组破产的斯特恩贝格市的牧师加入其中并担任主任; 整个业务被纳入地区储蓄银行, 并由学校管理。"成立仪式"在一所学校进行, 斯图茨与小城的尊贵人物平起平坐, 同时也为他的事业赢得了官方的祝福。斯图茨的金融手段与追求象征性权力(symbolic power)① 相互交织, 他的日记旨在记录他的社会资本和经济资本。例如, 年底时, 斯图茨会汇总他寄出和收到的信件数量, 并描述他在那一年的节俭生活方式。在没有自觉反思的同时, 斯图茨却以系统的严谨性努力使自己成为小城社区中不可或缺的成员。其中一个方面就是他努力塑造自己作为家庭节俭榜样的形象。他的月刊刊登了如《我们人民生活中严肃和欢快的场景》(*Ernste und heitere Bilder aus dem Leben unseres Volkes*) 这类有关储蓄银行成功的故事, 以及像《在困难时期, 富人和穷人如何约束自己》(*Auf welche Weise manch' reiche und arme Leute zur bösen Zeit sich einschränken wollen*) 这样的教化故事。在斯图茨创建的青年俱乐

---

① 由皮埃尔·布迪提出的社会学概念, 指一种通过象征性的方式来实施或维持统治的能力。——译者注

部中，举行了题为《何为贫困，谁是穷人？》（*Was heißt Armuth und wer ist arm?*）的演讲。斯图茨一再强调节俭的美德，因而在小城中脱颖而出。

乡村社会和家庭关系强化了一套期望的体系；他们偏爱的交流方式——谣言和闲谈——对于 19 世纪声誉和记录的建构起到了决定性的作用。谣言是一种不同版本的对话，许多传播者都在其中试探真相。通过社交互动，它们产生了表面上的事实：谁对哪些谣言有何反应，谁试图为自己辩解、提供新的事实，或者记录不同的观点——所有这些问题最终为事件的官方版本提供了依据。

在本项研究的资料中，尽管诽谤通常没有达到民事诉讼的程度，但它仍然产生了强大的影响力。因为声誉是在街坊的谣言和闲谈中形成和确认的，因而小城闲话对一个人的信用具有难以置信的影响。由于一个人的声誉对他的信用至关重要，任何对声誉的损害都可能导致致命的社会孤立和财务孤立。谣言不可预测，不仅会影响债务人和他们的信用，也可能会给债权人带来麻烦。小城里的谣言制造厂向四面八方进行无差别攻击，斯图茨亲身经历之后才明白了这一点。

"当然，他们首先找到我，因为善良的人们总是认为我有很多钱。"斯图茨在 1846 年 3 月写道。他一个在奥格斯堡（Augsburg）的亲戚生病了，向他筹借路费，尽管斯图茨犹豫了很长时间，最终还是答应了这个请求。在这篇记录中，斯图茨回忆起 20 年前，他已经借给他们 100 苏黎世盾，收到的利息不到一半，最终不得不减免了部分债务。现在又要求他再借出 30 苏黎世盾。如果要求他先还清已经拖欠的债务，那个亲戚只会"以诅咒和责骂来回报他"。他的侄媳安娜丽丝·拉特曼的求助，正如前文所述，是另一个复杂的问题。谣言指责他对待侄媳"冷酷无情"。这种指责似乎已经严重到斯图茨认为有必要向市政府保释官解释自己的行为。然而，事情发展的结果是，保释官和债务人——斯图茨的侄子和教子汉斯·雅各布·拉特曼（Hans Jakob Lattmann）将斯图茨的解释解读为要求安娜丽丝·拉特曼按照书面承诺归还给他 50 苏黎世盾。汉斯·雅各布·拉特曼和另一个亲戚立即写信给斯图茨，认为他不应该在这个关口逼债。总而言之，这是一个误解，但确实引发了更多的谣言并加剧了持续的冲突。

因同性恋而被判有罪，恶意谣言对斯图茨也更具杀伤力。1852 年，汉斯·雅各布·拉特曼对他进行了敲诈，而 1856 年斯图茨再次被判有罪后，他坚称自己曾受到勒索。1853 年春天，他去探望住在汤加州旺吉（Wängi）的妹妹时，妹妹对他态度冷淡，因为亲戚散布了一个谣言，声称斯图茨对偏爱的学生慷慨解囊，却对自己的家人不闻不问。他回到斯特南堡后，思考他放债的问题以及对他的社会关系的影响：

我觉得一些不愉快的事情会影响到我，并且我相信这是因为我不得不对我堂兄拉特曼启动债务追收程序，他欠了马特（Matt）的先令协会一笔钱。现在他肯定会对我恶言相向，就像他在斯特南巴赫（Sternenbach）的亲戚弗勒（Furrer）一样，他要求我借给他 25 瑞士法郎，但实际上我没有那么多钱，即使我能给他，我也肯定永远拿不回来，因为他的理财方式极为落后。

他作为自己所创办的合作社的负责人，面临着"不愉快的事情"，因为当有人欠先令协会钱时，他就是那个必须申请追债的人。然而，在这样做的过程中，他面临着被诽谤的风险。之所以拒绝借钱给亲戚弗勒，也是同样的道理。他根据自己对良好预算的标准衡量了弗勒的家庭经济状况，以评判自己是否能够拿回自己的钱。

的确，对家庭的理想看法为斯图茨提供了他评估周围环境的标准。他创立了"先令协会"这样的小规模金融组织，虽然这个组织给他带来了象征性的满足，但也有一个反面，那就是他现在不断被要求给人"礼物"。他这个倡导节俭和禁欲的人可能会被指责为吝啬鬼。斯图茨也散布过有关他人的谣言。周围的人密切关注着他贬低他人的言论和拒绝借钱的行为，而任何得罪了他的人也很可能被其他人割席。因此，拉特曼抱怨说他无法从任何人那里借钱，因为斯图茨"到处诋毁他的信用"，正如斯图茨在

1853 年夏天所记录的那样。因此，名誉和谣言也统治着亲戚之间的实际交往。

从根本上讲，斯图茨的冲突源于家庭和小城社区中的权力关系。财产的转移在这里扮演了关键角色。汉斯·雅各布·拉特曼试图在家庭成员之间来回转移负债累累的房产。这个故事延续了两代人。1843 年，汉斯·雅各布的父亲破产了。他的妻子，斯图茨的妹妹伊丽莎白用她 300 苏黎世盾的嫁妆购买了这处房产，使得一家人能够继续居住在这里；然而，在这次行动中，她承担了大约 2 400 苏黎世盾的债务责任。其中，600 苏黎世盾是斯图茨在 1836 年亲自借出的。因此，除了破产的事实外，一切又都回到了从前，债权人不再打扰年长的拉特曼。这与地方当局的策略完全一致，他们竭尽全力不分割家族的财产，以免家庭成员转而依赖公共财政。1849 年，斯图茨的妹妹伊丽莎白去世时，她的儿子汉斯·雅各布继承了这处房产以及关联的债务。斯图茨认为汉斯·雅各布·拉特曼"几乎无法逃脱破产"。在给斯图茨寄去了一系列要求帮助的信件，并附上了"否则……"这样的恫吓之后，拉特曼分割拍卖了负债累累的房产①，这使他得以逃避破产。斯图茨也是其中的买家之一，他购买了一块草地。然而，几

---

① 这是当时瑞士一种特殊的房产制度，叫作"分割所有权"（fractional ownership），它允许将一套房子或一块土地的各个部分分拆，分属不同所有权人。——译者注

天后，拉特曼又购回了房产的大部分。斯图茨当时并没有完全理解，在购买这块草地时，他也同时承担了整个财产的债务法律责任。如果拉特曼破产，而其他买家无法支付与房产关联的债务未清利息，那么斯图茨将不得不介入并亲自支付。这种情况给斯图茨带来的财务责任让他更加愤怒，尤其是在拉特曼离开小城后。拉特曼只消失了一周，一开始他声称自己在外面跑销售，后又声称他要去那不勒斯参军。他设法找到了一个愿意购买房产的人，然后返回瑞士。通过再次出售房产，拉特曼第二次逃避了破产，他和家人搬进了一套出租房。但即使搬家后，他仍然不停地要求斯图茨给予他经济援助。他曾多次突然出现在斯图茨的门前（据斯图茨估计，他应该是喝醉了），向斯图茨要钱，并威胁他。

亲友之间欠债可能给双方关系带来相当大的压力，而突如其来的意外事件可能会使关系陷入混乱。1856 年 8 月，当斯图茨被关在监狱里等待审判时，他也违反了债务人和债权人之间的传统规范，向他的前学生雅各布·森恩发出最后通牒，要求他立即偿还一笔贷款。更有甚者，他要求森恩还给他的金额是他一年前借给森恩的两倍：100 瑞士法郎而不是 50 瑞士法郎。斯图茨委托一位法务助理起草了收款信函。他一举毁掉了雅各布和海因里希·森恩兄弟对他的信任。雅各布·森恩将这笔过高的金额视为敲诈行为，因为如果他将昔日的老师告上法庭，"全世界"都会得知他与被监禁的同性恋斯图茨之间"错综复杂的关系"。他回信斥责了斯图茨（这封信没有保存下来）。不久之后，受斯图茨委托的法务助理写信给森恩，称索要还款是出于误解。几天后，斯图茨给雅各布·森恩写了一封信，只是顺便提及了这个问题，称其为误会。但森恩兄弟却轻蔑地说，这封信是"骗子写的"。

这一事件在海因里希·森恩的日记中有详细记录，他以极其准确的方式描述了整个过程，似乎急于证明其可靠性。他逐字逐句地抄写了斯图茨的信件和法务助理的两封正式信函，而一份"解释性的引言"则试图给这些抄录增添真实性。1855 年 6 月的条目还记录了债务的起源：雅各布·斯图茨从他在菲舍恩塔尔（Fischenthal）的家中前往斯特恩贝格，在那里，斯图茨同意了借给他 50 瑞士法郎，这笔借款用一张简单签署的、非担保的借据来证明。海因里希·森恩是这样解释这件事的："雅各布（森恩）想避免在这个地区借钱。债权人总是在自己眼前游走，并不会让人愉快，特别是如果债权人既不可信赖，又不懂得人情世故和保守机密。"因此，雅各布·森恩希望在他的社交圈之外借款，因为他遵循避免与债权人日常接触的一般原则，同时让他的债务能够鲜为人知。此外，海因里希提出了对债权人的复杂要求：保密性、对债务人情况的理解以及不过分严格期限的意愿。只有通过实际行动展现出这些品质，债权人斯图茨才能证明自己"有能力并值得信赖"。

海因里希·森恩将对某人的债务描述为亲密的个人关系和不

平等的权利关系。他认为，一个理智的人只有在评估了贷款人对逾期或无力还款的反应之后，才会与他们建立依赖关系。即使在贷款发生时，斯图茨也并未完全通过这个考验。回想起来，海因里希·森恩将斯图茨对雅各布·森恩说的一句话形容为"令人目瞪口呆"，后来他以方言逐字逐句写了下来：

"是的，我会给你钱，你可以像其他人一样给我利息。" ［Ja fryli, eu gib ich scho Geld, ihr chönd mer jo s' Zeisli (d. Zins) devo ge wie en andere.］^① 这个声明给我们当时留下了不好的印象，而后来的事件证明，斯图茨对我们并没有比对"其他人"更好，尽管他总是以为亲戚、朋友和敌人做了许多愿意和不愿意的牺牲而自豪。

当时的森恩兄弟本期望得到更友好的待遇，而不仅仅被视为"普通人"。事后看来，被坚持要求按时付息似乎对债务人是一种侮辱，尤其是在斯图茨自己错误地要求双倍偿还债务后。斯图茨自诩是债权人中的行善者，这种不加区分的商业处理方式显得特别不适当。雅各布·森恩（或者更确切地说是他兄弟海因里希，事件的报道者）运用"信任"的语义来表达他们与自己选定的债权人之间的关系核心。而斯图茨突然让一名法律助理要求"尽快

---

① 括号中使用的是瑞士德语。——译者注

偿还"则有违兄弟俩的期望。

因此，债权人也受到观察和评估。关于借贷和信贷的研究表明，当乡下借款人需要借更大的款项时，他们会珍视城市的匿名性。在早期近代时期，借款人会向多个债权人借取较小的债务，以掩盖他们的债务规模。在 19 世纪，新的金融机构以一种新的方式使债务脱离个人化，这符合债务人和债权人的利益：在他们之间的权力关系中，双方都试图利用人际关系获得利益，同时避免依赖性。

总而言之，我们要如何将斯图茨的金融关系及其引发的依赖关系"纳入一个系列之中"？债务人和债权人都在互相观察，这是一个复杂的过程，充满了不可预料的因素。在此叙述的面对面关系中，斯图茨的债务人通常有一些回旋的余地，他们也会加以利用。因同性恋被定罪，斯图茨很容易受到勒索，他是一个独特的债权人，但他的亲戚们所遵循的规范却被广泛接受。亲戚们用家族团结这一核心价值观不断敲打斯图茨，明确期望他恪守自己的社会义务。另外，斯图茨使用经济效益的语言与亲戚们交流，通过转移话题，试图与困扰他的家庭保持距离，以避免直接面对无法调和的冲突。因此，参与其中的人以不同的方式使他们的行为合法化，而并不是遵循单一的传统脚本。在写日记的过程中，人们试图将他们的金融关系理解为社会关系。海因里希·森恩关于他兄弟向斯图茨借钱的流水账成为一种记录事件发生顺序的方法，而斯图茨的日记似乎是他从亲戚们的要求中摆脱出来的手段。

然而，每台戏剧都有各自的场景。斯特恩贝格的小城，有自我意识的人民诗人和早期工业的危机，所有这些都融合在一起，酿成了一个在别处不可能发生的故事。在债务人和债权人之间的"捆绑和撤退的博弈"中，前者试图摆脱后者的控制；但同时，后者也试图摆脱自己的负担。债务人对斯图茨的影响是由他的个人状况引起的，而在新的现代金融机构中，这种影响将会消失。然而，机构贷款和个人贷款之间的界限很模糊，机构往往以人际关系为基础。小城市紧密的社会关系和无法渗透的权力关系对机关来说并不一定是问题，反而还有可能有利。斯图茨与储蓄银行的合作，只是当地私人关系与非个人金融机构之间相互关联的一个例子。1856 年夏天，当斯图茨被监禁时，通过他的慈善事业积累的象征资本变成了负债，因为有传言称他私自使用了基金会的慈善账户。斯图茨在牢房里写给雅各布·森恩的一封信中解释说，他正在整理他最大的慈善家和捐助者的名单，希望能证明自己的清白，从而试图用过往记忆的证据来反驳小城谣言制造厂制造证据的方式。

影子的幽灵王国：重读《塞尔德维拉的人们》

《塞尔德维拉的人们》（*Die Leute von Seldwyla*）是瑞士作家凯勒的一部小说集，也是他的代表作之一。小说以塞尔德维拉这个虚构的小镇为背景，描绘了小镇上各种滑稽可笑的人物和情节。以幽默讽刺的手法反映了社会、经济和道德议题。

当"混混潘克拉兹（Pankraz）"——小说中的主人公回到塞尔德维拉，坐下来讲述他在海外的 15 年人生经历时，他的听众是一群"破产的老家伙"：

正所谓物以类聚，他的邻居们围着他聚集在一起。潘克拉兹因此发现自己被一群好奇而安逸的破产人包围，就像一名在地下世界里被逼近的黑影包围的古代英雄一样。

将这些"破产人"描述为困在小镇经济的深渊中的幽灵，戈特弗里德·凯勒这部小说集的第一个故事以叙事的形式刻画了在第二章中讨论的"公民死亡"的形象，在将"公民死亡"的法律地位转化为真实的社会经验中起到了积极的作用。戈特弗里德·凯勒是一位备受官方推崇的瑞士作家，生前就被奉为"民族诗人"，逝世后人们对他的尊崇与日俱增。他的作品被解读为19 世纪中产阶级身份基本脚本的紧凑表达，描绘了这个阶级对新兴企业的浓厚兴趣，以及对潜在的失败和破产而感到的忧心忡忡。尽管"公民死亡"的隐喻起源于现代早期，早于自由主义的自我概念，但对失去独立和地位的担忧在自由主义中具有独特的力量。在破产制度的阴影下，中产阶级男性主体的自主权岌岌可危。一个自主的自我，是建立在财产所有权的基础之上的，一旦破产，这种自主权就会土崩瓦解。债务带来的不确定性为文学想象提供了丰富的素材。然而，正如我所试图展示的那样，凯勒作为一个中产阶级现实主义作家，他的作品以多样的视角阐释了中产阶级主体性不适合单一同质模式这个观念，因此为历史学家提供了一个令人信服的来源，以理解当时的人们对债务和破产的感受和看法。

其中，凯勒本人的传记也使他对负债有了深刻的了解。小说集《塞尔德维拉的人们》的诞生史，反映了一位初出茅庐的外国作家在柏林文学市场中努力谋生的艰难历程。凯勒在德国的生活是依靠津贴维持的。1855 年，凯勒完成了他的处女作《绿衣亨利》（ Der grüne Heinrich ），他最初是计划写一部短篇小说集。但当他与出版商爱德华·费韦格（Eduard Vieweg，1797—1869）以及其他竞争的出版商接洽，希望能够得到出版这本书的预付款时，他的津贴早已用尽。凯勒首先同另一位出版商达成了协议，但他收到的预付款不是现金，而是有严格约束条件的汇票，他毅然中断了合作。他取消了合同，回到费韦格那里，这意味着他必须偿还最初收到的 300 塔勒（Taler）① 预付款。在给一位赞助人的信中，他写道，他只有两个选择，要么因无法偿还债务而坐牢，要么再

① 或译为泰勒，是一种 16 世纪以后在几乎整个欧洲使用了 400 多年的银币名称及货币单位。——译者注

次以承诺而不是真正的进展来应对赞助人。他还补充说，费韦格"像个犹太人一样撒谎"。然而，在 1855 年年末，正值《塞尔维拉的人们》下印时，凯勒提议向费韦格提交第二部书稿，以筹集他返回家乡的费用，他打算根据"真实事件"来写作这本书。凯勒将现实主义叙事作为谈判筹码，却没能赢得费韦格的青睐。凯勒的母亲寄给他约 600 塔勒，他回到苏黎世后又借了 1 200 瑞士法郎，撤销了对费韦格的提议，并寻找其他出版商来出版计划中的第二部。1856 年 12 月，他签订了合同，但直到 18 年后另一家出版商在才最终出版了这一部。凯勒的讨价还价和他提供的基于档案研究的现实主义故事，并不应被天真地（naïvely）视为解释债务现象的主要信息或证据。凯勒的现实主义并非纪实性的，而是依靠创造"指代性错觉"（referential illusion）[1]的细节来营造文本与外部世界之间的联系。他同意以高风险的票据作为报酬，私下恳请允许延期付款，悄然离开城市，并计划取消合同以争取让步，所有这些做法将叙事文本、图书市场和作者读者的经历联系在一起。从这个角度来看，"社会能量循环"（circulation of social energy）[2]在文学文本内外创造了一系列关联，这些关联在塞尔德

---

[1] 指错误地将现实状态归因于虚构或发明的东西。——译者注

[2] 文学评论家斯蒂芬·格林布拉特（Stephen Greenblatt）在他的同题文章提出的概念，指死亡文化的已故作者创作的文学作品通过"社会参与"形成历史后果，而这个历史后果又在文化行动和变革的过程中吸收社会能量，不断更新，在今天仍然具有现实意义。——译者注

维拉的故事中得到了主题化，并在读者中产生了共鸣。

破产在凯勒的最后一部小说《马丁·萨兰德》（*Martin Salander*，1886）中最为突出，虽然本节重点讨论的是《塞尔德维拉的人们》，但最后会以对这部小说的讨论结束。这部小说对启发《塞尔德维拉的人们》的世纪中期问题提供了回顾性视角。与《马丁·萨兰德》相比，《塞尔德维拉的人们》第一部在融合语言和金融元素方面显得更加生硬突兀。

《塞尔德维拉的人们》是凯勒1856年出版的第一本小说集，其中包括5部中篇小说，讲述了一个"位于瑞士某处"的虚构城市中发生的故事。这些故事讲述了各种不同的角色和事件：前面提到的冒险家潘克拉兹；一对年轻夫妇，他们是两个宿敌农民的儿女；一个聪明的母亲在她破产的丈夫离家时抚养儿子；三个朋友向同一个女人求婚；还有一篇被标注为"童话"，讲述了一只猫将邪恶的魔法咒语反弹回施法者身上的故事。所有故事关注的都是人物与城市经济系统的互动。塞尔德维拉是一个没有物质支持、汇票自由流通的世界。这种现代的符号系统只指向其他符号，与城市的布局形成了对比：城墙仍然环绕，城市守旧而乏味，既热闹又单调，在迅速的变化中，一切都保持不变。在"作者前言"中，它被描述为一个人们"喜欢改变意见，甚至原则"的地方，这是由周期性的"货币短缺"所推动的。该市的经济推动力是一个"年轻的贵族"，他们"仅仅是靠自己的职业就造就了一个令人钦佩的债务收缩"。在塞尔德维拉，靠投机而生活创造了一个矛盾的局面，"社区富裕，而市民贫穷……确切地说，没有人知道他们在过去几百年中靠什么过活"。一旦年轻的精英成员变老，他就会破产，然后"作为一个被驱逐出信用天堂的衰弱者留在自己的故乡"，或者像潘克拉兹一样，"他会到外国军队服役"。不再年轻又被驱逐出信用天堂的破产人被迫"从事某种营生"，他们是"最忙碌的人"，也是塞尔德维拉唯一从事生产性工作的人。

在塞尔德维拉，无论是经济价值还是其他价值，都没有实质，也没有人希望它们有实质。不断变动的治理模式使居民陷入"对公共事务的厌倦和厌恶的最后阶段"。这种感觉促使他们组建了一个"老年人的'休息和感谢上帝'类型的管理机构……他们在大约三十年前失败了，然后悄悄地重新就业"，他们唯一的资格是受雇于教会的贫困救济事务。1874 年第二部的前言勾勒出了一个"更乏味、更单调"的商业形象："塞尔德维拉人以往装着小额债券和票据臃肿而笨重的钱包，现在已经被优雅的小笔记本取而代之，里面简要记录他们的股票、债券、棉花或丝绸订单"。"过去流行的懒散和快乐的破产现在已经过时了，现在时兴与杰出的外国债权人达成体面的和解。"

城市的金融系统变得更加先进，记录债务所需的语言被简化为抽象的数学符号，抽离了其背后的实质。后来现实世界中债务业务符号流行兑现了小说中的虚构。小说《塞尔德维拉的人们》就是由"仿佛发生在债权人和债务人之间的一些鸡零狗碎的琐事、荒谬的笑话和恶作剧组成"。而交易成了细枝末节，只需要"简单地记下"，叙述也"更加平淡和简单化"。

《塞尔德维拉的人们》讲述了超越破产和"公民死亡"二元对立的债务人的故事。尽管这些负债人可能在一天之内失去财产，但他们积极参与虚构城市的经济生活；尽管他们的权利并非公开地恢复，但是通过一种不庄重的行为，他们还是被选为官员。每篇短篇小说都动摇了"经济规则遵循明确而独立的原则"的观念。这与对 19 世纪中叶的小说观察相吻合，这一时期，特别是关于商人的新型小说，进行了"经济思想的扩展"。经济人的冲动不是受贪婪驱使，他们以自利为视角来感知一切，并将它们转化为各种类型的货币。货币和资产的增殖，无论是文字上的还是隐喻上的，都给评估物品的价值带来了问题，区分货币及其不同的价值尺度（或学会如何区分）的能力是《塞尔德维拉的人们》对知识的批判的核心所在。

《三个正派的梳子匠》（ *Die drei gerechten Kammacher* ）与其他道德故事相比，更注重道德准则。故事讲述了三个行脚工匠，他们无论是于财于情都只关心自己能得到的好处。故事开宗明义告诉我们，他们的问题在于"空洞的正义"削弱了"免我们的债，如同我们免了人的债"这一原则的内涵。他们的正直是"空洞的"，因为他们无法接受债务的概念，从不负债。这种立场将约翰内斯·托布勒所倡导的道德观转化为一种小商人的狡黠。三个梳子匠目标明确，但缺乏快乐。他们节省，并努力从工商登记到婚姻登记的全部领域来增加收入和利润。三个人中最年轻的一位看到洗衣女工的女儿茨斯·本茨琳（Züs Bünzlin）继承了一笔遗产，便有了向她求婚的想法，其他两人也动了同样的心思。茨斯·本茨琳组织了一场竞争，因为每个人"都有资格赢得我"。当然，首先必须是了解何为最终价值的人，才配赢得她。本茨琳让他们坐在草地上，并对他们进行心理测试。她要他们每个人想象她与三个男人中每一个人结婚的情景，"这样我就有了九倍程度的存在，他们都饱含深情地看着你，并强烈渴望地拥有你。"这场游戏被精确地计算着：当迪特里希（Dietrich）表示，"我确实希望看到你不是成为三倍，而是成为一百倍，用充满爱意的眼神看着我，并给我一千个吻"时，她立刻斥责他言不由衷。拥有她将是有利的，因为"她拥有不容置疑的 700 弗罗林（Florin）的抵押财产"。

　　她把这张贵重的纸保存在一只漆得极亮的箱子里。在那里，她还有积攒的利息钱，她的受洗证书，她的公证书，还有一个上漆、镀金的复活节彩蛋；除此之外，她还在里面保存了半打银汤匙，用金色字母印在透明玻璃上的主祷文（尽管她相信那是人皮制成的），还有一块樱桃石，上面刻着耶稣受难像，还有一个衬着红缎子的小象牙盒子，里面藏着一面小镜子和一个银顶针。

茨斯·本茨琳的财产是有形的物品，并不完全是一纸抽象的数字总和。她不是一个资本家，而是一个类型特殊的囤积者。她的珍宝并不是有价值的物品，相反，许多都是她从以前的情人和负债顾客那里得到的典当物。简言之，它们是物化的个人关系的表达方式。

但她也无法区分不同类型的价值。因为她的财产，正如冗长的清单所夸张地强调的那样，只是一堆废品。最终，要想摆脱茨斯及其追求者面前的僵局，就需要理解不同价值体系之间的差异。因此，免除债务的必要性表明，通过将社会关系与其他形式的价值区分开来，必须确保社会关系的连续性。梳匠们的"空洞的正义"恰恰是他们没有能力做到这一点：他们在茨斯身上看到的，就像在其他任何事情上的一样，只有金钱的价值，而茨斯则充分揭露了他们愚笨的一面。换句话说，她按照自己的"家族传统"养育儿子，完全不符合塞尔德维拉的风格。她深深地影响了儿子弗里茨（Fritz）的性格：在一个故事情节中，他穿着女装参加了一群粗枝大叶的女人的聚会，她们背负着"一堆不为人知的债务"。在另一则故事中，他参与了一个名为"自由部队行动"的活动，这是一个在骚乱不断的 19 世纪 40 年代对邻近的州施以暴行的武装团伙。他因此被投入监狱，他的母亲不得不为他支付保释金。最终，在解决了他们的经济问题后，母亲送他去参加一次竞选集会，他在集会上谴责连任的市长"是个破产人，是一具政治僵尸"。这一宣告让市长如五雷轰顶，他表情尴尬，就像"一个被埋藏了一千年又复活了的人"。弗里茨的正直，纯粹得益于他从小就没有受过父亲管教，这也最终为代际和解铺平了道路。他父亲带着一小笔积攒的财富从美国回来时，受到了妻子和儿子的热烈欢迎，而雷古拉·阿姆雷因（Regula Amrain）的"血脉"在她去世后"枝繁叶茂"。

法律框架和规则保障了中产阶级社会的稳定性。然而，小说却聚焦于它们如何分裂一个人的自我意识。凯勒的作品通过描述契约与角色命运之间的关系，敏锐地剖析了这个问题。他的叙事揭示了虚构的构造，如契约如何填补角色知识的贫乏，从而指导他们的行动。然而，当角色在叙事的真实世界中因为无法验证事物而陷入困境时，每份契约的真相变得明显起来，它们都比字面上看到的要复杂得多。《乡村的罗密欧与朱丽叶》（*Romeo und Julia auf dem Dorfe*）这篇故事就围绕着这个问题展开。这是一个典型的通常被称为"同人小说"的故事，它将一篇殉情自杀的报纸新闻借莎士比亚的著名悲剧演绎为一段乡村野史。两名农夫——曼茨（Manz）和马尔蒂（Marti）的子女相爱，两家是邻居，结怨已久。这场恩怨源于他们各自的产业之间有闲置土地，两人在耕作时逐渐蚕食这块土地，并将靠近自己的一侧占为己有。曼茨在拍卖会上购买了马尔蒂已经部分犁过的那一侧。后来发现，这块土地一直有个主人——"黑色小提琴手"，然而他缺乏接管遗产所必需的洗礼证明文件。这个文件的缺失是整个故事的发生原因，但是在故事中，两名农夫在彼此眼中都像是"邪恶的化身"。

这场民事诉讼演变成了一场世仇，两位农夫"不肯善罢甘休，直到两人彻底破产"。当他们再次在钓鱼时相遇，曼茨"孤独地站在上游，像哈迪斯（Hades）[①] 愤怒的阴影。"马尔蒂最终陷入贫困，因为他的财产"被法院一块又一块没收了"，直到他最终去世。在塞尔德维拉，那些破产的人活成了阴影，而守法的产权所有者却被官司缠身所害。这部中篇小说集不仅将通向"公民死亡"的门槛描绘为一个布满陷阱的地方，而且将其视为法律领域本身一块千疮百孔的飞地。

《塞尔德维拉的人们》比凯勒明确以金融为主题的小说《马丁·萨兰德》（*Martin Salander*，1886）更加深入地探索了金融世界。《马丁·萨兰德》这部小说被解读为揭示了 19 世纪 80 年代自由主义危机，以及对"投机游戏"中无拘无束的资本主义的疏离感的表达。我想换一个不同的角度，来证明这部小说更多地涉

---

① 古希腊宗教和神话中的死亡之神，也是冥界的国王。——译者注

及传统的交换方式，而不是一个杂乱无章的金融故事。这部小说讲述了一个曾经是教师的人在巴西成为一名成功的商人，然后两次失去一切——先是因为个人担保，再是因为一张失败的汇票。他回到巴西，解决问题，重新崛起，荣归瑞士，成为备受喜爱的政治家。他不情愿地允许他的女儿嫁给一对双胞胎兄弟，他们是律师，后来被证明是骗子，最后逃离了这个国家。不幸的婚姻最终结束，而萨兰德的生意则由他颇具眼光的儿子接手。

在一次社交晚会上，马丁·萨兰德为他的老朋友、银行家路易斯·沃尔文德（Louis Wohlwend）担保了一笔贷款。这个决定只是基于他与沃尔文德的社交关系，但后来他才发现这笔交易很棘手：按照惯例，萨兰德必须保持冷静和节制，但既然别人夸奖他的慷慨，他也需要作出回应。担保贷款的行为基于男性荣誉的观念，因此可以看作是传统的，但同时代的观察者将其与现代银行联系起来。到了 19 世纪 80 年代，担保成了令人相当担忧的问题。在《公益杂志》（*Zeitschrift für Gemeinnützigkeit*）的一篇文章中，文章作者认为这个问题"已经达到了前所未见的程度"，因为新银行经常要求有担保人作为贷款的额外保证。作为文学与非文学世界之间不断对话的证据，这篇文章将当时的新小说《马丁·萨兰德》视为这个现实社会问题最具代表性的例子。在这部小说中，妻子的家庭经济不得不弥补由男性荣誉经济带来的损失，因为"突然之间，穷困就像冷酷的信使一样到来了"。在马丁不在家的时候，他的妻子玛丽·萨兰德经营着一家客栈，并凭借她的节俭声誉赊账购买面包。

嫁妆，一种看似传统的资产形式，推动了小说的情节发展。玛丽拿出了自己的私房钱，帮助丈夫在不宣布破产的情况下清算生意。未来的婆婆阿玛莉·韦德利赫（Amalie Weidelich）夸口说，萨兰德的每个女儿都"价值连城"。当女儿们得知此事后，她们抗议说自己不是"在市场上叫卖的商品！"破产发生时，名义上享有特权的嫁妆成为争议的对象，催生了其他交易。例如，沃尔文德通过将可能用于偿还债务的资产宣称为配偶的嫁妆，欺骗债权人。女婿们希望老婆每天都穿豪华的衣服，"就像是东方的女奴一样"，这侵蚀了嫁妆的价值。当双胞胎因欺诈而被捕后，萨兰德的父母试图从女儿的嫁妆中收回剩下的动产；然而，现金已经被挥霍一空。因此，在两条情节线中，嫁妆和家庭经济支撑着男性化的商业世界。

然而，这些商业手法在多大程度上属于现代投机性质的活动呢？萨兰德的企业通过在巴西的种植园利用奴隶劳工（在小说中看不见）从第一次崩塌中恢复过来。种植园生产诸如"一袋袋的咖啡""雪茄"和"巴拉圭茶"等实物商品。与此同时，沃尔文德的公司沙登米勒银行（Schadenmüller & Comp.）在破产时却只剩下一间"空办公室"，没有信用。银行也被描绘成空壳，就像有个同事问萨兰德他在哪儿兑现了一张汇票："肯定是在'大箱子'吧？或者是'旧箱子'？又或是'新箱子'？这是我们银行的最新绰号。"然而，将这部小说简单地归结为一个自立的金融领域与"没有进行投机"的实体经济之间的黑白对立却是过于简单了。这不仅因为《马丁·萨兰德》这部小说并没有进行这种批判，而是这种批判成了对19世纪80年代引发经济危机的原因的一种普遍解释。而正如凯勒明确指责的"纸上推销"一样，他也确实进行了这种批评。但他的揭露并不止于此。

在《马丁·萨兰德》中，除了沃尔文德的欺诈行为外，主要的犯罪行为并非发生在证券交易所，而是通过操纵农村财产记录来实施的。平淡无奇的房地产市场——而不是失控的股票价格——成为女婿们进行双重破产和债务催收的舞台。伊西多尔和朱利安通过转售过期的抵押票据欺骗他人。在一个农村地区，房地产系统进行了全面改革，删除了旧的记录，并颁发了新的产权证书。作为律师的伊西多尔使得这场改革中涉及的成千上万的财产要流经他的手。他利用这种情况"通过花大笔钱进行投机在股票交易所尝试运气"。但这种骗局的核心在于操纵产权登记簿。这种腐败行为在整个19世纪的农村房地产市场上时有发生，并且其主要特征与高度金融化无关。

这部小说的洞察力在于阐明了这种长期存在的地方层面的计划与全球金融世界之间的联系。对经济周期感兴趣的历史学家在《马丁·萨兰德》中读到了19世纪80年代社会迷失感的表达。

这种迷失感在 19 世纪 80 年代席卷了整个社会。其他人将其解释为早期对现代性的批评，这种批评探讨了经济中的分离、半自治领域的破坏性后果。还有人将凯勒的批评描述为一种"资产阶级的倒退"，因为他们用道德的语言来描述资本主义的系统性危机。这个观点当然是站得住脚的，但它也引出了一个问题，即凯勒的道德虚无的确切来源是什么。面对价值观的侵蚀而缺乏方向感是问题的本质。因为小说叙述了一个人在一个对他变得不透明的世界中的磨难。然而，小说倾向于将这种方向感和透明度的缺失归咎于金融业的打劫，而不是父权的崩溃。腐败、欺诈和国家权力的颠覆才是威胁，而不是帝国主义全球化本身（毕竟，后者使萨兰德两次成为富翁）。《马丁·萨兰德》中对金融的批评并没有比《塞尔德维拉的人们》更加有力。塞尔德维拉中活跃的破产人并不是"公民死亡"的低谷，而是重新谈判的可能性，这种可能性随时存在，因为在该镇的纸上经济中，一切都在不断变化。甚至《马丁·萨兰德》中的无赖路易斯·沃尔文德从法律角度来说也是"一个有趣的对象"。在这两个文本中，破产并不意味着价值和意义的终结，而是一种新事物的滥觞，既不是一张白纸，也不仅仅是旧事物的延续。简而言之，凯勒将破产描绘为偶发事件的催化剂。

就像《塞尔德维拉的人们》的序言为中篇小说开辟了舞台一样，债务的符号学也为小说的舞台打开了门户，不承担债务或没有债务的人会阻碍叙事的发展。然而，债务和负债的符号指向其所表达的社会关系。主体必须有能力和意愿识别和尊重不同类型的价值观，并将它们置于适当的位置；将金钱的货币价值与爱的货币价值简化为同一问题是不妥当的行为。然而，能够做到这一点需要对自己所处社会空间的定位和对自己在其中的位置的了解。《塞尔维拉的人们》中的漫画式讽刺的东西，在《马丁·萨兰德》中被幻灭的现实主义描述为"骗局"。

瓦尔特·本雅明（Walter Benjamin，1892—1940）认为在凯勒的自由主义中，通过幽默的方式传达了对民法的尊重，以此过滤了对其缺点的认识。他写道，在凯勒的作品中，幽默"本身就是一种司法制度"，一个"没有判决的强制执行的世界，一个判决和赦免都通过笑声来表达的世界"。债务执行也遵循"没有判决的执行"原则：这是一个纯粹的行政程序，不需要法官的介入。在凯勒的自由主义中，这种标准化的措施可以成功防止灾难的发生。它们还为开放式的情节奠定了基础：在凯勒的文学作品中，事物有其自然发展的过程，但从来不会有绝对的结局。然而，角色们始终需要准备好在与他人的互动中对事物进行评估。虽然凯勒并不要求他的角色作出绝对的存在决策，但他展示了他们被迫不断适应当前的情况。凯勒的自由主义根植于这样一个观念：在合法债务和非法债务之间划清界限并不容易。但即便如此，这条界限也并没有消失。相反，他将判断的任务交给了个人。当然，"投机游戏"和"欺诈"可以用来替代明智地判断，但不是因为主体被某种外部力量欺骗，而是因为他们自己在令人眩晕的迷乱中失去了方向感。

债务即剥夺：贫困理论

当凯勒追踪渐进的变化时，威廉·魏特林将"'思想'作为事件"的概念付诸实践。魏特林是来自马格德堡（Magdeburg）的一位裁缝，通常被描述为"乌托邦主义者"或"工匠共产主义者"（Handwerkerkommunist）。他于 1837 年加入了巴黎的"公正联盟"（Bund der Gerechten），并于 1841—1843 年在瑞士写下了他的主要作品。这些作品中阐述的贫困理论，旨在理解早期工业无产阶级的不稳定处境，这一群体的日常生存严重依赖于借贷和典当等非正式经济。在这种临时经济体系中，债务及其重要性的评估起着重要作用，而这种经济体系没有任何固定的基准点。与早期社会主义的其他版本不同，魏特林既不推崇劳动，也不专注于货币形式。他对生产、再生产、消费和流通有着同样的兴趣。他对财产的思考将无产阶级的贫困形态视为更基本的形式。

魏特林的著作不应该被神圣化为对贫困生活的真实表达，而应该被视为对社会理论的真正贡献。作为一个千禧年的思想家，魏特林为他的政治观点赋予了一种特定的时间性，将不同的时间制度碰撞在一起：对他来说，共产主义的实现必须是当下就要进行的。他不是做着详细规划的乌托邦梦想者，而是一种"乌托邦冲动"的载体，渴望打破现状。在这种特殊的乌托邦时间理论中，债务占据了重要地位。

在魏特林的《贫苦罪人的福音》（*Evangelium eines armen Sünders*，1843）中，受压迫和不幸的人们登上了舞台。例如，一个母亲"叹息"着说："我又空着篮子、空着肚子回来了……邻居太太不肯借给我任何东西，面包师傅不愿给我赊账，典当行看到这些破烂不肯借钱给我……亲爱的上帝，怜悯一下我们这些可怜的人吧，请派一个仁慈的天使来拯救我们脱离这种穷困吧。"然而，叙述者的插话在书的前几页反复出现，通过断言"我们这些贫苦的罪人不会等待"来对这个祈祷作出反击。与等待拯救的事件不同，这些"贫苦的罪人""希望"有一天会到来，那时"没有人需要向邻居借东西，不再需要典当行，房东也不再收租"。威廉·魏特林的论著通过"罪人"（指债务人）的视角，将他的悲惨主义（miserabilism）——对社会底层悲惨境况的生动描绘与反抗性的参与相结合。

应当把魏特林的思想与当时其他社会主义观念进行比较和对照。信用体系是许多早期社会主义乌托邦的关键组成部分，它们将信用视为组织劳动和社会的工具。在法国七月革命之后，宣传新型借贷形式的小册子数量激增。在巴黎，1848 年短暂的共和国协助组织了一些项目，并暂时获得了国家的支持。在 19 世纪 40 年代的瑞士德语区，由于积极强硬的国家镇压和薄弱的财务支持，这类倡议失败了；但是 19 世纪 50 年代出现了第一个合作社。然而，魏特林的目标并不是信用，而是债务；他关注的是当前正在实施的政策，而不是对未来的投机幻想。他的革命热情源于对社会的对抗性分析。他认为债务就是偷窃，他对债务的概念使他的作品对于研究债务如何使个体主体化变得有意思。

瑞士是行脚工匠拜师和过路的热门地区，在 1840 年，大约有一万名德国行脚工匠居住在各个州。这些行脚工匠在经济上依赖于乞讨和借贷，同时通过机构化的礼物模式进行官方交流。德国行脚工匠在瑞士建立了一个规模较小、波动性很大、语言和政治上独立的工会，他们与当局不断发生冲突，并且经常面临被逮捕和驱逐的威胁。1836 年夏天，一波驱逐行动冲击了这个工会，迫使行脚工匠组织转移到不那么受压制的西部州活动。到 1841 年，瑞士法语区的这类工会成员数量为 300 人，受到魏特林影响的成员数量可能翻了一番；瑞士德语区的估计另有两三百名成员。

魏特林早在 1838 年年底或 1839 年年初就在巴黎就出版了小册子《人类的现状和应有的状态》（*Die Menschheit wie sie ist und wie sie sein sollte*），随后他在罗曼底（Romandy）编辑了报纸《德国青年的呼声》（*Der Hülferuf der deutschen Jugend*，1841）

和《年轻一代》（*Die junge Generation*，1842/1843）。这些报纸的发行量约为一千份，其中大约有一半流向巴黎和伦敦。1842 年，魏特林最具影响力的小册子《和谐与自由的保证》（*Garantien der Harmonie und Freiheit*）在瑞士沃韦（Vevey）印刷出版；和之前的小册子一样，它是通过订阅和赠阅的渠道来发行的。1843 年春季，魏特林前往苏黎世，在那里为一位裁缝工作，并与持有瑞士公民身份的德国流亡出版商朱利叶斯·弗洛贝尔（Julius Fröbel，1805—1893）建立了联系。在苏黎世，魏特林的宣传活动与德国文化组织"和睦"（Eintracht）竞争，该组织有大约 24 名成员加入了"公正联盟"。在苏黎世期间，魏特林写下了《贫苦罪人的福音》，并于 6 月初因这篇煽动性的文章被捕。他在苏黎世的监狱中度过了将近一年的时间。政府阁员约翰·卡斯帕·布伦奇利（Johann Caspar Bluntschli，1808—1881）送给他保守作家耶雷米亚斯·戈特赫尔夫的小说，例如《仆人乌利如何变得幸福》（*Wie Uli der Knecht glücklich wird*），并强迫他抄写各种文稿。他回忆说，用这种方式分散思维的效果比体力劳动更好："做裁缝或鞋匠对于自由的思想来说更好；人们可以一边做事一边交谈、唱歌和思考。"1844 年 5 月底，魏特林被驱逐到普鲁士，然后经过汉堡前往伦敦旅行。

　　魏特林的著作反复批评了对人进行分类的方式以及执行这些分类的机构；居留许可、护照检查以及尤其是"徒步旅行书"

（Wanderbuch，行脚工匠的特殊护照）都成为他愤怒声讨的对象。行脚工匠的护照记录了持有人在工作中的行为、前科记录和债务情况，必须随时接受当局核验，并且可以通过没收护照来禁止流动工人继续旅行。这种控制工具延续了其在行会中的原始功能，并成为新兴民族国家的护照制度的特色之一。1828 年，魏特林自己设法获得了汉堡发放的行脚工匠护照，使他能够自由旅行并逃避兵役。魏特林对社会中平庸的纪律和控制机制感到愤慨，这一点他在《年轻一代》上写的一篇文章中进行了详细阐述。该文章列举了对人类有益和有害的事物。他认为有害的事物有监狱，还有"外国官员办公室，以及它们的档案、护照和'徒步旅行书'；法院和市政厅的档案馆、税务登记、遗嘱和证书；商人、店主、士兵、旅店老板、放贷人、仆人、海关官员、法院执行官等人的所有劳作"。他的主要理论著作《和谐与自由的保证》要求立即宣布"所有的债券、本票和汇票"为"无效"。他主张："将来会迎来一个时代，人们将不再乞求，而是要求。当这个时代来临时，人们将把钞票、汇票、证书、税单、租金和租约以及债券付之一炬"。纸张的毁灭象征着废除记录、控制、社会地位和从属关系等与阶级社会再生产相关实践的愿望。魏特林的言论表达极端。《年轻一代》定期刊登来自瑞士的报道，将它们描述为社会冲突的"前线"。例如，一篇来自苏黎世的文章报道了一幅严酷的画面："在湖畔的城市里，困难咆哮着露出獠牙。人们到处都听到这样的说法：再过两年这种情况就难以为继了。"一篇来自阿尔高的报道说："贫困在这里逐渐占据上风。从未有过如此之多的破产案件，监狱里挤满了人，令人惊讶的是，里面都是穷人，一个富人也找不到。"

当代社会的"高利贷制度"中，"正直的人必须乞求面包"，这种当代社会的特征包括不透明的"货币和商品行骗"。与"基本商品价格上涨和工资下降"同样令人憎恶的是"伪劣产品"。在劳工运动的早期阶段，普遍存在这样的信念，即商人是中间人，他们把自己以剥削的方式插在生产和消费之间。尽管魏特林也持有这种观点，但他并不认为商业活动值得进行特殊的理论反思。与其他劳工运动的思想家相比，金融在他的社会批判中并没有特殊的地位。他对投机和金融的兴趣不大，认为归根结底，投机只是将劳动力的剥削通过利息的形式推向了极端，将"抢劫"的行为扩大了一些，从而为自身获取了一部分利益。他并没有将困境归咎于金融，也没有试图将生产劳动与无所作为的金融家对立起来。他在著作中写道，在"货币体系"中，财产是掠夺原则的具体体现，而商品和货币在一个地方的积累会导致另一个地方产生缺乏和贫困。它通过占有劳动力的工作和使穷人无法获得他们所需的东西，带来了不对称的关系。在魏特林的理论中，这个"货币体系"是一个零和博弈。不平等的分配使穷人的辛勤劳动得不到回报，因为"贫困是一种缺乏，富足是一种过剩；富足通过不断耙走贫困的劳动者所创造的一切来产生并维持自身"。

"耙走"这个隐喻让人联想起在第三章中有关玛丽莲·斯特雷恩在债务关系方面的研究，这些研究表明债务导致债务人的时间、精力和物品被攫取。魏特林关于贫困的理论主要成就在于将债务描述为财富的反面，而财富本身总是与贫困的形成和持续密切相关。作为财富的反面，债务自身就具有积极性。一篇标题为《当今货币系统中的价值伪造》(*Die Werthfälschung im heutigen Geldsystem*)的文章将货币视为分隔劳动与消费的"金属栅栏"，魏特林将这种分隔视为财富积累的可能条件，一方面是财富的积累，另一方面则是贫困的缺乏：

> 因此，我们把货币系统变成了金属栅栏，一道将劳动和消费分开的隔离器。穷人，全体民众，匍匐在金属栅栏前，一刻不停地忙活，当他们聚集了一小堆财富的时候，金属栅栏打开了，富人伸手将其攫走，并堆放在一起；对于工人们，则给他们留下了一条小裂缝，他们可以伸进两根手指，取回一点他们的劳动成果。如果有人抱怨，金属栅栏会立刻在他面前关闭，然后被更有耐心的工人挤到一边。

掠夺造成的资金缺乏使债务成为唯一的选项。因此，魏特林得出结论，债务是金钱的主观表现。债务将金钱的权力关系强加于个人，并通过这种权力关系的缺失加强了金钱的网络。作为一般等价物的货币延续了负债，并形成了一种"只有到了天堂才能清偿的债务"。另一篇署名"萨菲尔"（Saphir）的关于"何为金钱"的文章以一个更加新颖的问题作为总结，作者问道："但是，何为没有钱？""没有钱是一种可以填满所有空荡荡口袋的东西，每个手中无一物的人都可以伸手抓住它。没有钱是大自然的静默召唤，鼓励积累债务，并大声呼吁不要偿还。"空荡荡的口袋中没有钱的空虚被描绘为一种实实在在的存在，一种具有自身可塑性的社会关系，迫使那些拥有金钱的人必须承担债务而不予偿还。魏特林反复讨论的盗窃和掠夺比他所写的其他任何事情都更让评论家感到震惊。他在对盗窃的刑事起诉中看到了矛盾之处：当因为饥饿而行窃的小偷被扔进监狱时，他争辩说，法律面前的形式平等催生了实际的不平等，因为富人永远不会犯那些因为饥饿而犯下的罪行，罚款对他们也几乎没有任何影响。魏特林未能看到"放高利贷和盗窃之间的区别，流浪和懒散之间的区别"。他坚称，盗窃罪是通过私有财产制度而产生的，而且他认为债务通过扣押财产和破产来进行强制执行的事实证明了法律对盗窃定义的武断性："那个闯入我家抢走我东西的人，他难道不是个小偷吗？"

　　魏特林将财产视为盗窃的批评理论，同蒲鲁东（Pierre-

Joseph Proudhon，1809—1865)[1]在1840年经常引用的口号[2]如出一辙，但这只是魏特林理论的一方面。他的著作还广泛探讨了将盗窃作为底层阶级的对抗策略。例如，魏特林观察到"在最底层的阶级中，盗窃被视为一种勇敢的行为；一个人可以通过盗窃而变得伟大，就如同我们的年轻人成功欺骗了放高利贷者一样"。在魏特林的报纸上，一些"战线上的场景"也描述了一些盗贼团伙的戏剧性故事。魏特林的言论招致读者纷纷来信，其中一连串信件被政府成员布鲁恩施利（Bluntschli，1808—1881）没收，激起了人们强烈的反应：在这些信件中，一些对魏特林表示同情的人呼吁他在下一篇文章中不要宣称盗窃是一项革命原则。

应该如何驯服货币体系?《人类的现状和理想》明确反对社会主义提议的国有银行，认为即使国有银行拥有商业部门，它们也将是财务上的失败，并且更重要的是，它们永远无法超越"高利贷精神"。魏特林采取了一个以阶级为基础的立场，最大限度地倡导平等，与查尔斯·傅立叶（Charles Fourier，1772—1837）的方法形成对比。傅立叶对废除不平等不太关心，而更关注确保

---

① 法国自由社会主义者和记者，"无政府主义之父"。他的学说成为后来的激进主义和无政府主义理论的基础。——译者注
② 指蒲鲁东在《什么是所有权》一书中提出的论断"财产即盗窃"（Property is theft!）。这句话后来成为无政府主义标志性口号，被广泛引用。——译者注

一定程度的普遍福利。大约十年后，傅立叶的著作在瑞士的社会主义倡议中变得流行起来。例如，苏黎世社会主义者卡尔·比尔克利（Karl Bürkli，1823—1901）① 翻译了傅立叶的一本小册子，并在 1851 年发起了一场建立傅立叶模式银行的运动。尽管魏特林钦佩傅立叶，但他抛弃了傅立叶的提议。在他对法国一些发行可在合作市场兑换的纸币的项目考察中，魏特林指责傅立叶的追随者默许了"当局和金融界的认可"。毕竟，建造一个被称为傅立叶乌托邦宫殿的淬炼营（phalanstère）② 要花费很多钱。按照他的说法，傅立叶主义者"只有一个体系，但没有原则，至少没有激进的原则"。他们完善了他们特定类型的组织，但这是以牺牲平等为代价的。同样，魏特林对储蓄银行也不感兴趣，他驳斥了储蓄银行的主要原则，即个体追求财富，认为这会造成工人分裂，而不是促进团结。魏特林认为他拒绝资产阶级慈善事业工具的做法是正确的，因为这些工具自身的计划证实了他的观点。正如一本在苏黎世出版的小册子《祈祷和工作》（Bete und arbeite）所表达的，储蓄银行的目的是防止他们的客户陷入"共产主义的疯狂想法"。在魏特林所构想的"正义者"社区中，个人需求和

---

① 瑞士早期社会主义者和消费合作社的创始人之一。——译者注
② 早期乌托邦社会主义者设计的一种建筑类型，是一个自给自足的乌托邦社区，理想情况下可容纳 500—2 000 人，共同为互利而工作。这个词是傅立叶创造的，是古希腊军事单位与修道院的结合。——译者注

舒适的琐事将成为过去。他在《贫苦罪人们的福音》中写道："不要为未来存钱"，因为"每 14 天至少使另一个人接受共同财产原则"[①] 是"最好的储蓄银行"。

魏特林的公共化政治着重于当下。尽管傅立叶等社会主义信贷系统建立在理性化未来的模式上，魏特林将乌托邦视为"在此刻可实现的"，只是通过对未来的推测来获得"一个定向点，一个超越常规事件轨迹的外在参照物，它在那里警觉准备迈出飞跃。"《贫苦罪人的福音》中反复出现"我们这些贫苦的罪人不会等待"的句子，概括了魏特林作品的时间性。以平等为由废除私有财产是这种对当下的需求的实质。这是魏特林共产主义概念的核心，即作为社区成员共同体的公社（communion）。他认为共享公共财产应该具有优先权，因此，他试图避免慈善事业所特有的微妙的优越感及其象征性的交换行为。慈善被拒绝，因为穷人没有什么能给予的，无法实践；而富人的救济则被视为对穷人的嘲弄。实现平等关系比重演宽宏大量和感激涕零的旧的不平等要困难得多，他解释道，有一种风险无处不在，如果其他人听说了谁接受了谁的救济，"善意的支持可能会变成对朋友的恶意"。因此，不但要尽量避免向志同道合的人借东西，而且应该从他们的眼神中读出他们的痛苦，并主动提供帮助。

---

① 这是早期空想社会主义者设想的模式，即公共财产在公民中轮流使用，以 14 天为一个循环周期。——译者注

然而，他也警告不要过分索取他人的慷慨。尽管这种警告根植于社区成员所处的经济不稳定状况，但它源于对慷慨所产生的压迫和不平等的根本意愿。在魏特林的"宣传期"（他对已经被说服的共产主义者组成的小团体的称呼）的12条规则中，有4条涉及借贷问题。其中一条规定了成员应该请正在经历"困境"的朋友喝一轮酒。另一条规则概括了主要思想——"如果你借给别人东西，不要想着还回来"，并补充了对债务人的要求——"如果有人借给你东西，要时常向他提起，表示你并没有忘记"。最后，成员们必须防止向社区其他成员借贷过多，最好的方法是"尽可能将你的困境强加给我们的敌人，以免耗尽我们的精力"。对于那些拒绝受慷慨毒害的人来说，避免社区纠纷是最重要的，这意味着在需要时可以利用资产阶级的慈善行为，而不是依赖慷慨。总而言之，魏特林对交换的理解赋予了社区成员相当大的责任，将个体行动与社会关系和大规模的慷慨解囊相结合，并相信其他人在索求方面会保持节制。

尽管魏特林认为共产主义者应该摆脱互惠的期望，但在整个社会生活层面上，交换和给予的组织仍涉及等价物。魏特林试图用"商业时间"（Kommerzstunden）取代金钱，即社区每天6小时工作时间之外的劳动时间。这种额外的工作将以"每个人的最大自由"作为补偿。因此，在魏特林的理论中，经济平等作为自然法则的要求，并不与个体性相矛盾。社区的每个成员可以利用他们积累的"商业时间"来获取满足个人"欲望"的商品。
"价格"遵循供求关系的变动，举个例子，"一条金项链"相当于
"50—100 个工时，一瓶香槟相当于 12—18 个工时"。

每个社区成员将携带一本个性化的账簿，其中包含四种类型
的记录：账簿所有者加班的"商业时间"，他们正常工作的小时
数，他们的健康状况，以及在对页上，他们用额外时间"购买"
的物品。钞票和类似的交换票据可以被囤积起来，并成为投机
对象。相比之下，这本个性化的账簿——第一页上有照片和描述
可以识别所有者——必须"尽管进行交换，但始终留在所有者手
中，同时充当他欲望和能力的日记。"这本"日记"可以在旅馆
盖章，就像用现金支付或赊账一样简单。这种账簿可以充当"护
照、洗礼证书、居住证明、资格证书、学徒证书、汇票、收据、
交易记录、日记、学校成绩单、入场券、推荐信、奉献盘、货币
市场、日历；它反映了个人的所有精神和生理需求，是他们的肖
像、简历——简而言之，是个人完整的自我表达，前所未有"。
这个宏大的理性主义幻想将乌托邦的信用体系描绘成了一个巨大
的知识库，用于管理主体性、经济和社会规划。因此，魏特林在
其他情境中批评过的行脚工匠护照等工具在他构想的社会中重新
出现。魏特林将信用和债务概念化为可描述的社会关系的方式最
引人注目：他的系统取消了作为一般等价物的货币，一切都被书
写下来。这种记账制度描绘了一个"个体的形象"，仿佛一个人

可以通过书中整理的信息来概括。这个知识库不仅巨大无比，而且每个人都应该学会如何解读它并按照它的指导生活。因此，它构成了一个完全的主体化工具，通过记录直接的交换关系而具体化。魏特林充分满足了一般等价物的需求，但他剥夺了货币所特有的匿名性。实际上，共产主义者的乌托邦理论既是对 19 世纪临时经济的社会内容的反映，也是对它的评论。

在魏特林离开瑞士后，债务和信用仍然是他关注的焦点。在与"正义同盟"（不久后更名为"共产主义同盟"）发生争执后，他于 1846 年离开，在美国生活了一年，然后在 1848 闹革命的这一年回到了德国。在柏林，普鲁士议会正在讨论一项关于房地产欠款的暂停支付措施，这项提案最终未能通过。在经济危机的推动下，该提案旨在保护债务人在三年内免遭驱逐，或者在一个妥协后的版本中，在债务人收到通知时确保获得国家援助。考虑到租户的利益，魏特林向立法者请愿，将援助扩大到"无产者"。此外，他断言由于民主国家与人民是一致的，它们可以充当"中央商人"，"从资本的陷阱中解救所有收入来源"。当然，正是这种思考方式引导魏特林首次设计他自己的信用体系。魏特林认为，结合革命民主国家的力量，金钱——"整个政治和社会国家机器的轴心"——构成了一种对抗资本家及其公司的手段。然而，反革命占了上风。1849 年，魏特林接受了一个工会的邀请返回纽约，随后出版了《劳工共和国》（*Republik der Arbeiter*）报纸，并与一个"劳工协会"合作。尽管在 1848 年，德国有可能建立民主国家，这使魏特林改变了对国有银行和国家社会主义货币的看法，但他将自己的精力集中在了美国的自组织合作社上。

1850 年，这个劳工协会开始构思一个交易银行的方案，但从未超出过规划阶段。这个项目间接地将美国货币改革者的理论与左派的李嘉图主义欧文派的理论结合在一起。该银行的目标是向其会员（即劳工和小企业主）分发交换票据，这些票据将作为一种平行货币，并通过建立一个兼具市场和仓库功能的综合场所来集中贸易，会员可以在此交付和出售他们的产品。计划是将该银行转交给国家，并将交换票据转化为由国家支持的纸币。1847 年成立的艾奥瓦州的科穆尼亚（Communia）公社承担了主要的财务支出，到了 1851 年，该项目的组织者开始将其视为该银行的关键支柱。工人协会投资了科穆尼亚公社。当公社内部出现冲突时，关于债务的争执成为主要的争议焦点。1856 年 6 月，科穆尼亚公社正式解散。

债务对未来的侵蚀潜力在魏特林自己的人生中得到了鲜明的说明。在纽约期间，魏特林开始为他与裁缝妻子多萝西·卡洛琳·路易斯·特德（Dorothea Caroline Louise Tödt，二人于 1854 年结婚）的孩子们写一本回忆录。1855 年，他们的第一个孩子王安石·魏特林（Wanganschi Weitling，以一位 11 世纪中国改革家的名字命名）出生。1858 年，这对夫妇开始记录王安石·魏特林和他们的其他五个孩子的成长，并反思魏特林在天文学方面的学习进展。但在 19 世纪 60 年代，突出的债务记录不断累积。这个家庭开始做起了生产背心的小生意，但支付完房租、孩子的学费和其他开支后，他们每个月只剩下大约 77 美元可以用来偿还约 3 400 美元的债务。魏特林为一种缝纫钮孔机费尽心血，但申请专利失败，耗尽了他们的资金。而且，在一家人搬进了一套更便宜的公寓后不久，他们就面临着被驱逐的威胁。为了努力创造更好的未来而借的债，最终侵蚀了当下。这本书以针对新住所的"肮脏的犹太邻居"的愤怒以及对自己被劳工运动遗忘的不满而结束。

魏特林的经历应该放在赤贫的背景下加以解读。赤贫是一个将大规模贫困与道德不安的词语纠缠在一起的概念；它是"道德败坏的贫困"，是"作为一种行为类型的贫困"。它将乞丐定位为绝对被抛弃的形象，被法律和理性拒之门外，从而构成了一种独特的人类学观点。1817 年是饥荒之年，一位牧师的记述提供了一个早期的例子。苏黎世高地的牧师萨洛蒙·辛茨（Salomon Schinz）描述了乞丐和工厂工人这个"人类阶级"，他们是真正的"乞丐种族"，不再"习惯于艰苦劳动和粗犷"，从而在"种族"和"阶级"的术语之间进行了转换。他将这些人的显著特征归咎于他们背负了无法用农业收成偿还的债务，只能通过"纺车或织布机"来偿还。因此，乞丐的道德缺陷不仅仅是因为他们缺乏财产，更重要的是因为他们一直处于永久负债的状态。这种权宜之计的经济体系，由低级别的交换驱动，如买衣服时常被批评的信用购买，缺乏像辛茨这样的人所重视的结构。因此，他要求禁止无产者结婚，直到1874年在某些地方才得以实施。

有多种方式可以挑战对贫困的诊断。魏特林的阶级政治试图将共产主义的社会范围扩展到包括工匠在内的人群，也包括没有技能的劳工。唱着早期工业阶层的穷人之歌是出于对基本需求的斗争。魏特林通过将贫困的道德语言转化为自己的目的来抨击它。他拒绝将物质与象征分离，他对道德的批判导致他提出了相反的道德观念，从而促成了《贫苦罪人们的福音》的创作。他对苦难和艰辛的描述不仅仅是点燃政治之火的导火索，还构成了一种新颖的认识论策略，承诺产生独特的知识。换句话说，魏特林文本的情感冲击源于一种对立的观点。因此，他的著作的悲惨性既不应被描述为虚构，对亲眼所见的事物现状的自然主义描述也不应被赞扬。他对苦难的关注产生了与像"富有的哲学家马尔萨斯"以及像辛茨牧师等人的主流真理相悖的知识。

宗教作为道德的第一媒介，提供了一种叙事方式，魏特林利用它来描绘一个矛盾的社会，这个社会未能实践它所宣扬的东西。魏特林本人对基督教是漠不关心的。他把"使徒共融"（communion of the apostles）看作是他自己的世俗社区的典范，而把宗教看作是打破霸权规范和释放"解释学矛盾"的手段。所以魏特林的理论将贫困视为一种情结的表达力量。从这个角度来看，他将债务定义为盗窃，将各种社会问题浓缩成一个单一的联系。在他看来，"货币体系"在债务中达到了顶峰，因此必须废除。与此同时，魏特林的理想社会形象保留了某种意义上保留债务的交换和记录保存制度。因此，"商业时间"的劳动货币与其说是货币的替代品，不如说是一种描述日常经济中的社会关系的尝试。

关于债务的写作

雅各布·斯图茨的日记、戈特弗里德·凯勒的文学作品和威廉·魏特林的贫困理论提供了一系列不同的视角。斯图茨卷入的财务问题揭示了债务是一种开放式的力量关系。放贷人斯图茨甚至没有办法强迫他的家人还钱，他也未必是出于只考虑家族团结的传统规范。斯图茨的家人在向他寻求帮助时总是强调规范，但这最终导致了监视和反监视、传谣和辟谣的一系列操作，并千方百计地操纵社会规则，使其有利于自己。凯勒的《塞尔德维拉的人们》没有把破产描绘成谷底，而是将其视为一种需要不断重新谈判的东西。债务可能被演绎成一段故事。但是当人们在交换中追求自身利益时，他们需要明确区分不同的情况和利益，并在不同情境中作出适当的选择和决策。每个人都必须区分好债和坏账，这是一项带有道德色彩的任务。

魏特林把债务看作是一种主观的"货币体系"，或者是缺失的积极体现，其基础是下层阶级的借贷经济。攻击债务意味着捍卫生存的权利，这就是为什么在魏特林看来，由债务引燃的主体化过程播下了反抗的种子。凯勒和魏特林的反犹谩骂将债务的困难投射到一个恶魔身上，从而证明了这种剧本的持续存在，他们匆忙参与这种谩骂，表明人们可以多么迅速地被这种扭曲所吸引。本章中的三个例子是个别的，也许是特殊的情况，在统计意义上不具有代表性：日记中的原始工业关系复合体、民族诗人的虚构、共产主义理论及其对起义的推动，这些社会经验并排放在一起，就无法轻易归类。我的目的是阐明主体化过程中的实例，而不是对诸如资产阶级主体的起源、经济人的起源，或者最近的"企业家自我"等更大的结构进行分析。破产人从来都不是一个时代的象征，但破产人也不是 19 世纪快速增长的经济中的废物。通过债务带来的主体化的过程并不是简单明确的，它涉及更多复杂的层面和微妙的变化。我绝没有号称这三个例子代表了所有的可能性，但它们的内涵仍然很丰富。也许这些特殊的案例表明，虚构的、第一人称的和理论性的写作不应该一开始就被排除在外，而应该成为史学的一部分。无论如何，我想描述的个别经历并不一定引人注目，可能很多人都有类似的经历。在下一章中，我将通过深入探讨债务人的具体分类来探讨这个问题，以便更准确地理解债务强制执行的分类和身份认同制度。

第五章

破产与社会分类

"破产人"（Falliten）①地位由什么组成？临时工鲁道夫·洪齐克尔（Rudolf Hunziker）在这个问题上发表了尖锐的意见。1854年9月，他向巴塞尔市市长请愿，请求恢复他的公民权。他在请愿信中写道："自从我离开了一家知名公司，很快就陷入了艰难的处境。由于破产，我还失去了我的公民权和荣誉。我就这样过了6年。"在信中，他详细回顾了自己为摆脱破产人地位所做的努力。在持续"四个月没有面包"之后，他在城里的一家大商店里"辛勤地"做日工，"经常通宵达旦工作"。后来，他赢得了上级的"信任和尊重"。这位36岁的工人强调他已经还清了全部债主的债，并且从来没有依赖社会救济养家糊口。"但现在，市长先生、尊敬的先生们，"洪齐克尔悲壮地写道，"一个污点仍然在折磨着我的内心，并且挡住了我通往未来的路——那就是我丧失了公民权。"

在巴塞尔，所有无力偿还债务的人（不限于商人）都要按破产程序处理，破产人就会被当局称为"破产状态"（Fallitstand）

---

① 在德语中，"Falliten"是指破产的人或公司。它是"Fall"（破产）的复数形式。——译者注

或贴上"破产人"的标签。1854 年，巴塞尔大约三分之二的城市人口都不是本地公民，他们因此面临失去居留许可的风险。巴塞尔民事法院的任务，是就每个案件向政府发送一份简报，并编制一份债权清单（Konkurskollokation），上面按优先顺序排列债权人的主张。而政府行政部门通常会下令警方讯问相关涉案人。为了恢复公民权，破产人必须证明他们已经还清了所欠的全部债务。但是，一些特殊债务允许例外，其中包括债务人对其家庭的义务。比如鲁道夫·洪齐克尔，他从三个孩子的洗礼礼金中"借用"的钱一直没有还上。然而，行政官方关于恢复他公民权的建议指出，这种家庭内部债务"通常与其他债权人的主张属于不同的类别"。并不是所有的主张都一概而论。

鲁道夫·洪齐克尔谈到了外在的苦难和内心深处的痛苦，他提到了一个外在的"污点"折磨着他的"内心深处"。他清楚地认识到"公民死亡"是破产的主要后果，他全力以赴恢复他的公民荣誉，重新成为具备完全民事行为能力的人，加入社区活动。这种外部和内部的相互作用也出现在马克思对债务的分析中，他认为债务关系渗透到人的"道德的存在、社会的存在、人自己的内在生命。"但是，洪齐克尔的表达是否代表了一套有广泛共识的规范？1857 年警方讯问鞋匠鲁道夫·维斯特（Rudolf Vest）的记录有另一套说法。由于其情况的特殊性，这里有必要以较大篇幅加以引用：

第 2 问：你的名字似乎还登过几次报？

答：几次？

第 3 问：是的，几次。

答：啊对，两次。

第 4 问：最近有登过报吗？

答：没有。

第 5 问：但是你已经破产了。

答：现在不一样了；你错了。

第 6 问：民事法院写信给市政府，说你欠你的债权人 852 瑞士法郎，我们受委托向你了解此事。现在，如果我们提到鞋匠鲁道夫·维斯特，那么我们说的就是坐在对面的你，因为没有其他鞋匠叫鲁道夫·维斯特。你能告诉我们你是如何破产的吗？

答：之前有人问过我这个问题，但上次除了拉罗什先生，没有人和我联系过。

第 7 问：因为他们知道他们不会得到任何东西。

答：你不能这么说。至少议员先生就得到了他想要的。

第 8 问：那你为什么破产？

答：因为我生了好几次病，也因为失业。

第 9 问：把手伸出来！

答：（伸手）。

第 10 问：显然这双手很长时间没有做过鞋了，没有任何迹象表明你在做任何工作。所以，你似乎什么也没做；你什么都不做自然就什么都赚不到，这是理所当然的。

答：有生意的时候，我就工作。我的主顾是受人尊敬的志愿消防员，用肮脏的手交付任务是不合适的。

第 11 问：你肯定不会否认自己只不过是个懒汉。

答：当然不是这样的。我现在有生意。

第 12 问：给谁做的？从什么时候开始？

答：给冈腾先生做靴子……从上周开始。

第 13 问：如果你愿意工作的话，他应该已经拿到了。

答：首先我得有钱买皮革才行。

与洪齐克尔相比，鲁道夫·维斯特对官方的指控提出了抗辩。他对警方讯问持抗拒的态度。他甚至否认自己破产了——虽然这是一个明确的行政事实。但其中的内幕显然不止如此，他的坚持不懈有更多的含义。与洪齐克尔情形类似，警官指责维斯特缺德，这个不实指控与维斯特看起来干净的双手有关。但维斯特对此予以否认。警官在对这位破产人进行讯问时几乎没有什么情报可以作为证据，这种两眼一抹黑的情况凸显了破产状态本身的不确定性。结果，这次讯问偏离了正确的方向。官员训斥维斯特推卸责任，并埋怨民事法院行政部门提供的初步报告太过简陋，而民事法院行政部门只是一个负责以简易程序审理破产案件的即决机构。

洪齐克尔所讨论的内外交织，以及维斯特所回避的问题，是通过社会分类进行主体化过程的重要组成部分。前一章节探讨了三个个体通过债务和破产实现主体化的实例，本章则分析他人对破产人赋予的特质与这些破产人自我审视之间的关系。通过这种方法，来揭示这种归类对巴塞尔的生意人所产生的后果。特别是，它阐明了人们将"身份"赋予破产人的技术和模式。

本章引用了151次警察讯问，大约340份关于破产人士的简报——都是民事法院行政部门发给巴塞尔州政府的，另外还有19世纪40年代和50年代破产人士提交的38份申请恢复公民权的档案。法院报告旨在指导警方对疑似操纵资产或因为粗心大意而破产的破产人进行讯问。将"粗心大意"作为破产的原因，需要确定下列情形是否是"真正"导致破产的原因："奢侈浪费的生活习惯、好高骛远的商业作风、管理不善的粗放经营"（包括明知无力偿还仍然大量购买商品或大笔贷款）或"糟糕的簿记"。然而，这些报告提交给政府的目的远不止于此。正如巴塞尔司法部门的负责人在1867年所说，它们向官方提供了洞察"公共生活的重要部分"的机会，其中包括"商业事务、信用、连带责任、侨民等；总的来说，涉及相当数量的家庭，无论是公民还是侨民的生活和活动"。这些关于破产人的报告给政府行政部门提供了该市（州）经济生活的详细情报。这些报告的基本要素既有道德层面的，也有经济层面的，法院、警官和破产人自己都使用这些要素来解释破产人的经济失败。

在对汇编和分类进行研究时，知识社会学家和统计历史学家探究了影响国家机器将个案分门别类归档的决策以及他们所使用的技术。通过分析以固化代码为标准的分类法，我们可以看到，人们再也无法将学术项目中所包含的"普遍而科学的（或者，在本书中是经济和法律的）知识"与其他形式的知识相对立，这些知识被称为本土的、地方的、局部的、非系统化的或行动导向的知识。

当巴塞尔的法院将一个无力偿还债务的人标记为破产人时，他们采用了一系列精心设计的调查、评估和判断技术，并采取相应的法律程序和措施来进行处理，目的是准确确定经济失败的时刻，并甄别原因，确保它一直是个人的问题。在收集案件信息的方法中涉及了哪些内容？官方和破产人使用了哪些词语？这些方法和词语中存在哪些不一致性？研究这些问题的一个有用工具是社会学家吕克·博尔坦斯基（Luc Boltanski）[1]的"资格认证操作"（Operationen der Qualifizierung）[2]概念。资格认证操作决定了在特

---

[1]　法国社会学家。现为巴黎高等社会科学研究学院（EHESS）研究员。主要关注道德和政治，他是社会学中"务实主义"学派的代表人物。——译者注

[2]　指的是鉴定一个人是否具备某种资格的过程。包括考试、面试、经验评估等。——译者注

定情境中应当承认的事实，它们在机构中特别精细。资格认证操作包括将手头的情况与标准进行比较、赋予情况意义并从中得出结论。这些判断和评估行为发生在一个各种形式的合理化和合法性并存的社会环境中。人们根据所涉及的机构和自身在局势中所处的位置，利用相互冲突、常常自相矛盾的登记簿来为自己的行为进行辩护。

巴塞尔官方使用标准化的编码来描述破产案件。主要的脚本是关于个人经济衰败的记录，通常会追溯到一系列原因。个体诊断是这种资料的一个决定性方面。官方如何构建叙事会随着时间的推移而变化，他们根据分类和因果解释拼凑出的故事可能被证实、被否定，或者在极少数情况下，直接被破产人辩驳。分类实践不仅仅是计算债务和资产、生成协议、评估账簿的数字游戏，叙事在官方的报告中起着决定性的作用，因此具有认知价值。知识史学家分析了计算实践的修辞和叙事特征。然而，更根本的是，一般的叙述，包括讨论、谣言、对生活事件的描述，构成了知识生产的核心方面。

最后，官方对破产人进行调查时，常常会遇到各种类型的困难和阻碍，对这些问题开展研究也很重要。他们的调查充满了缺失，模型建立在不确定知识的沙滩上，分类体系从未完全匹配。持续的信息缺乏不仅阻碍了官员的调查，也限制了调查材料的使用价值。历史学家安·斯托勒（Ann Stoler）在她对殖民分类实践的研究中，借鉴了洛林·达斯顿（Lorraine Daston）和彼得·加里森（Peter Galison）的成果，提出了"认知焦虑"（epistemic anxieties）的概念，用来概括殖民当局对自身资源和能力的怀疑。她在荷兰对东南亚统治的讨论中强调，殖民常识是一艘漏水的船。殖民地的知识实践，虽然具有暴力和强力的特点，但通常是不连贯和支离破碎的。当然，他们"识别和强制执行'种族实体'（rassische Wesenheiten）①"的项目与瑞士早期工业化城市中的破产程序的日常做法大不相同。当一个破产人向清点资产的法警隐瞒了一些银器时，巴塞尔的警察并没有与被殖民的"他者"进行对话。然而，认知焦虑的概念在这里是有帮助的，因为官员们在一个认知的灰色地带工作。他们属于一个充满期待的群体，并试图理解充满偶然性的经济中的不确定性。此外，在自由资本主义中，将某人归类为"破产人"是一种具有基础性认识意义的做法。

下一部分概述了 1840 年至 1867 年间巴塞尔破产程序涉及的背景、机构和当事人。在此之后，我将分析和描述官方对破产人观察和评估的实践和逻辑。接下来的章节罗列了债务人对自己经济崩溃的解释。两个紧密相关的章节探讨了家庭的规范概念在这

---

① 一种陈旧的理论观念，认为不同的种族或人种具有固有的、本质上不同的特征和特性。这个观念常常被用来合理化种族歧视、种族隔离以及种族主义政策。——译者注

些解释中的作用，以及妻子的嫁妆作为财产的矛盾地位是如何发生的，这在 20 年的时间里经历了深刻的变化。本章最后分析了促使破产人申请恢复公民权利的因素。

破产人的"身份"

在 1840 年至 1870 年间，巴塞尔是一个小而迅速增长的城市。人口从 1847 年的 28 067 人增加到 1860 年的 40 680 人，再增加到 1870 年的 47 040 人。在农业地区于 1833 年分离成为独立州之后，城市州包括城市本身以及里恩（Riehen）、贝廷根（Bettingen）和克莱因休宁（Kleinhüningen）等农村市政单位。尽管在 1840 年至 20 世纪初的这段时间里，成为公民的过程逐渐变得容易，但在进行本研究期间，仅有少数人口是该州的公民。在 1860 年，居住在该州的人口中，28.7% 是外国人；在城市中，本州公民有 11 000 名，来自其他州的 16 000 名居民，以及 11 000 名外国人。居住地的身份区分了高贵的全权身份、侨民和暂住人口。

该城市的经济结构是分叉的：一方面是出口导向、资本密集型的丝绸和金融行业，另一方面是由行会主导、专注于州内工作的更保守的行业。到 19 世纪下半叶，在如面包师傅和屠夫等职业中，加入行会仍然是一个要求。这一体系将该城市的工人们在政治上紧密地团结在一起，而该州则由工业家和商业银行家主导，这种结构实现了一个非常稳定的权力配置。各行各业的行会统治着经济生活的多个方面。例如，在 1876 年该州的宪法修订之前，他们如第二章所讨论的那样，负责对未婚女性和破产人的妻子进行性别监护。丝绸织造业迅速工业化：1843 年有 1 500 人在丝绸织造工厂工作，到 1860 年已经超过 6 000 人。很明显，这是该州的主要产业，但在 1850 年仅占其总收入的 20%。机械工业也在增长，尽管直到 19 世纪 70 年代，小企业仍然占据主导地位。在进行本研究期间，该州经济的一大部分是当地的小规模商业。该市吸引了越来越多的移民，尽管其中只有少数人在工业领域找到工作。大多数人都在适应环境，从事形形色色的其他工作。

丝绸织造业扩大并成为该州经济崛起的引擎。它的成功在很大程度上依赖于周边地区约 13 000 名小屋织工，这使得它能够在受时尚趋势驱动的市场上，根据波动不定的行情灵活增加或减少产量。

19 世纪 40 年代末期的危机不再归因于农作物歉收和粮价上涨，而是源于工业的市场周期。破产案件数量激增。1840 年城市的破产家庭比例为 0.35%，1843 年降为 0.21%，但在 1849 年，有 0.88% 的（共 51 个）家庭破产。在 19 世纪 50 年代，局面渐趋稳定，只有一年达到了 0.85%（56 个办结破产案件）。在 19 世纪 60 年代的危机中，破产案件数量再次翻了两番。1866 年，整个州有 2% 的家庭陷入破产（办结破产案件 170 个），1868 年为 1.58%（总共 136 个）。

这些破产案件的数字仅涉及那些严重到需要进入破产程序的案件（而不是因为债务人能够偿还或重新协商债务而中断），然而，这只是逾期债务问题的冰山一角，这些债务通常采用非正式的手段来处理。然而，破产登记簿也未能提供明确的记录，这是官方用于确认破产人、记录破产案件的主要工具。该登记簿创建于 1806 年，其目的不是制作统计数据和聚合社会情报，而是确认和监督个别破产人。破产人的名单按字母顺序排列，他们的姓名填写在他们进入破产程序的日期旁边，并且在许多情况下还列出了他们的职业。这样的登记簿提供了重要的经济信息，并在整个欧洲都有保留。然而，这些信息并不稳定。记录只允许填写一个职业，这是记录格式设计的不足之处，正如在警方的讯问中所证明的那样，大多数破产人解释说他们从事不同的工作。从 1847 年开始，该州的上诉法院开始编制破产统计数据。法院主要关注破产人的职业以及他们作为公民或侨民的身份，还有一个"特殊群体"，即女性。超过 90% 的破产人是男性。法院将破产人的职业归入的类别随时间而变化。到 1861 年，有 18 个广泛的职业分类，到 1870 年减少到 8 个。"工匠"始终是最大的群体，其中也包括面包师傅和屠夫等人。直到 1864 年，才引入了一个包容性的类别"零售商"。第三大群体是"商人"，第四大群体是"临时工"，第五大群体是"工厂工人"，然后是"雇员、官员、公务员"。

在审查这些统计数据以寻找社会经济数据时，对形成统计数据的行政逻辑持批判态度是很重要的。尽管如此，我还是想指出一些关于巴塞尔破产情况的基本信息，这些信息来自法院的统计数据和破产登记簿。零售商和工匠，如面包师、屠夫、熟食店工人、裁缝和鞋匠，占据了很大比例。但是，早期工业的丝绸织工、临时工、零售业员工、马车夫、洗衣妇、裁缝和织造厂的图案设计师也占据了相当比例。

许多破产的人在转型过程中都陷入了困境。比如零售商，他们还没有站稳脚跟，建立起自己的声誉，有时是因为他们刚刚进城，无法依靠家人。他们被夹在用信用支付的顾客和急切要求结账的供应商之间。一个典型的案例就是面包师雅各布·亨茨（Jakob Henz）因欠一笔面粉应付款而破产："1838 年，当我还在从事面包师这个职业时，因为顾客的赊账没有按时收回，我无法按照供货商的要求快速结清货款，因此，我成了债务强制执行的对象，而且因为这个债主太过苛刻，我的生意被压垮了，陷入了破产境地，我的许多债权人也因此遭受了损失。"危机对没有充分建立相互义务和保护网络的人打击最大。鞋匠鲁道夫·维斯特在 1857 年接受讯问的情况在上文中已经讨论过了，他在 1845 年第一次破产时已经接受过一次讯问。那时，他还没有那么固执，他解释了自己是如何以少量资金开了一家小店，并且"甚至不得不借高利贷来购买床和其他物品"。一份来自法国供应商的劣质皮革订单导致他陷入了一场官司。此外，他还身患疾病。此外，维斯特单身，还是寄宿在别人家，这些问题都使他无法支付账单。缺乏可靠的商业关系、生活变故如疾病以及婚姻状况在破产人的故事中始终是常见话题，我将在后文再回过来讨论这一点。

　　破产并不意味着自动成为穷人。在 19 世纪 40 年代，确实有大约五分之一的案件涉及那些没有任何资产的人，其中大多数人根本无力还债。但是被警方讯问的破产人中，有一小部分常常涉及房地产交易，他们欠款的数额通常相当可观。这与资料来源本身密切相关，因为政府对了解这类财务状况更感兴趣。也许从他们的工作中获得的见解有助于法院在 1847 年危机爆发时向政府呼吁限制房地产购买。破产率上升和房价下跌的恶性循环是危机的普遍指标。破产人对于自己破产最常见的解释是，在被迫拍卖（无论是因为破产命令还是由于一般的压力而进行的拍卖）中获得的收入过于微薄。在某种意义上，他们抨击市场是一个没有记忆的机制，而他们自己却清楚地记得过去的开支和努力，并试图为现在和未来创造一些东西。

道德判断的语言

　　法院行政部门如何在其向政府提交的报告中对破产人进行审查呢？官方的了解总是零散且不确定的，其信息往往是根据谣言和他人的负面言论拼凑而成的。另一个原因是他们缺乏可靠的信息。事实很简单，在 19 世纪 40 年代，名单上四分之一的破产人已经离开了该州。他们一次又一次地猜测，他们的破产人很可能已经在美国定居了，这是 19 世纪 40 年代欧洲移民的主要目的地，也象征着遥远的地方。例如，"失业和良心不安"迫使前教师尼克劳斯·费布勒（Niklaus FeBler）和他的一些家人前往美国；制造商约瑟夫·斯普里希（Joseph Sprich）于 1847 年春天移居美国；玻璃吹制工人海洛尼莫斯·弗里德里希·霍尔扎（Hieronymus Friedrich Holzach）抛下妻子和孩子逃往美国；酒吧主人雅各布·施奈德（Jakob Schneider）将他与第一任妻子所生的孩子抛弃在巴塞尔的一个孤儿院里，偷偷地和第二任妻子一起远航，"根据我们已知的信息"是前往美国；还是根据我们已知的信息，屠夫鲁道夫·耶雷米亚斯·克里斯特（Rudolf Jeremias Christ）抛妻弃子，也移民到了美国。曾经的民事法院公务员海因里希·奇恩特西（Heinrich Tschientschy）突然离职，撇下家人和家园前往美国。法院在对制鞍师埃德华·雷布萨门（Eduard Rebsamen）诉讼案下的判词里写道，"根据我们的消息，他已经移民到美国"，就像木匠乌尔斯·维克多·普菲特（Urs Victor Pfirter）和金匠理查德·特拉佩特（Richard Trappet）一样，他们带着家人一同移民到美国。屠夫约翰内斯·巴德（Johannes Bader）"根据我们的消息，他与一名女子结伴离开"，抛弃妻子和孩子后"已在美国安家"。这种案例不胜枚举。贝德的情况不同寻常之处在于，此后不久，他又重新回到巴塞尔，"他试图在一定程度上弥补自己的过失"，他向债权人承诺，将偿还原欠款的20%，"他妻子的亲属将支付这笔钱，条件是债权人完全免除他的债务"。根据我们的资料，前职员莱昂哈德·马津格–威克（Leonhard Matzinger–Weck）在亚眠（Amiens）开了一家气灯公司，破产后与债权人达成和解，回到巴塞尔，尽管他缺乏资产这件事已经臭名远扬，但仍通过"建立信用和信任"的方式重新获得了商业信誉。在1849年"巴登起义"（badischen Empörung）[①] 期间，他开始从事武器交易，再次破产后带着一笔可观的现金离开，去了美国。在19世纪40年代的另一个案件中，官方认为那名失踪人口已经自杀：哈林（Häring）消失得无影无踪；有人猜测他是投了莱茵河自尽；"其家庭生活方式的奢华程度超出了他的财产和收入的承受能力；在经济困难时期，他屈服于诱惑，挪用了为他人管理的钱财来做私人开支"。

---

① 1849年4月发生在巴登大公国由德国民族主义者和自由主义者发起的一场革命。——译者注

隐瞒资产是官方面临的另一个不确定性来源，它的实现渠道受到持续关注。"诈骗""拖延"和"转让"资产可能引发刑事调查，但警方通常不会跟进线索，因为他们要么缺乏重要信息，要么因为所涉及的资产并不值得追究。资不抵债的亚伯拉罕·西克斯（Abraham Sixt）在进入破产程序时，一位匿名举报人告诉负责调查的警察说，此前西克斯已经将一些家具、银器和现金隐藏在巴塞尔的阿尔施维尔（Allschwil）郊区，他的妻子还明白无误地说："你为何这么笨，你得把你的东西藏起来。"当警官向西克斯送达出庭接受讯问的传票时，他瞥了一眼破产人的厨房，并报告说自己"只看到几件破旧的东西，就像那些没有剩下多少东西的人一样。"但他还是不太确定，因为他没有搜查令："我也可以透过敞开的门看到客厅，但我只看到了一张桌子，没看到什么值得一提的东西；诚然，我无法看到整个房间的情况。"

破产债务人并不总是看起来比实际更穷。有时，他们也会扮富，以维持信誉，获取新的贷款。塞缪尔·巴特（Samuel Barth）就是活生生的例证，他被揭露"以拥有马车的形象来让人感觉很富有"。在另一个案例中，当邻居秘密举报一个破产人藏匿资产，即床单、毯子、衣物和一张小餐桌时，有人叫来了一名搬运工作证。这名搬运工回忆道，他曾被派到一处房子里，但他不确定是否是涉案家庭的房子，因为是一个小女孩，而不是成年人，交给他一个可疑的包裹。小女孩还带他去了送货地址，但他现在忘记是哪里了。他肯定包裹的内容物是软的，但他已经记不起更多细节。

然而，尽管缺乏可靠的信息，法院仍然坚持每一起破产案件都要给出一个明确的原因。在 19 世纪 40 年代，他们的报告遵循个体责任和过失的逻辑。接下来的 20 年见证了这种语言的转变。虽然他们仍然关注个人的生活，但开始越来越多地思考更广泛的原因，这些原因可能合理地解释了为什么有人会破产。在这个问题上，每次思想上的变化都伴随政府内部产生分歧，因而改变官方收集信息、记录证据和报告案件的方法。

在 19 世纪 40 年代的高度标准化报告中，存在一种关于破产原因的明确叙事，即把破产的主要原因归结为懒惰和缺乏良好的家庭管理："如果这位破产人能够更好地作出预算和更加努力地工作，他就能避免破产。"这是最简洁的表述方式。"勤劳"和"家庭管理"是与生产和消费有关的个人特质，与稳定的收入和节俭的消费相联系，它们看似是经济生活中不同的领域，但在官方看来，它们是密切相关的。预算有着生产方面的意义；工作需要在家庭中培养的美德。它们并没有被归类为男性和女性形成对立，而是共同构建了一个理想的、规范化的经济行为模式，平衡了"家庭"和"工作"，同时保持了它们的性别层级关系。

家庭生活的失败常常与酗酒、"放荡"和"过度消费"的指责联系在一起。不容忽视的是，在破产之前，似乎有相当一部分破产人开过客栈。开客栈是一种不稳定的经济独立经营形式，但是假如能够从供应商那里赊购，所冒的初始资本风险有限，而法院则解释称这样的商业决策源于破产人的酗酒和"粗心大意"，从而模糊了工作和家庭之间的界限。

"不愿工作"表示工作表现不稳定，缺乏专注于任务的能力和时间管理技能。例如，行政部门给来自上卢瓦尔省的让·马斯·戴（Jean Maas-Day）写的评价是："这位破产人以装饰纺织工为生，并销售委托给他代销的商品；看起来他更属于冒险家的阶层，而不是那些专心从事自己职业的勤快人。"一篇有关一位帽商的报告也表达了同样的观点："这位破产人并非全心全意投身于自己的职业，而是经常外出旅行，据推测他的开销可能超过了他的收入。"一个木匠也有类似的问题："不愿意工作是破产的原因——也许缺乏客户，这也是他自己的责任。"疏忽和"缺乏商业知识"是经济失败的另外两个原因。

这些报告记录了个人的错误和不良习惯。"不良习惯"是一个综合了自然、社会生活和个人性格等概念的诊断分类。把不良习惯看作是"第二天性"和可以"自我控制"的因素，意味着个人可以选择摈弃不良习惯。因此，不良习惯是一个道德问题，将它们与经济学结合起来是一个明确的自由主义做法。在某些情况下，法院的报告提到了不道德行为，这是在败坏当事人的声誉。这种不道德的概念涉及社会和自我的相互作用，包括内在和外在。鲁道夫·洪齐克尔抱怨说，他被外在的缺陷所折磨，而这种缺陷影响了他"最内在的存在"。评判一个人"不道德"，是基于他在社会环境中作出了令人反感的行为。婚外情行为往往导致当事人声名狼藉，比如建筑大师路德维希·卡尔德雷（Ludwig Caldre）在结婚一年后"因为他的不道德行为"而离婚。

由于声誉是如此微妙的问题，一旦某些行为遭受了"不道德"的指控，可能会直接产生经济后果。但是，声誉无法轻易量化，不道德行为也并非一目了然，因为它并不是一件很容易定性的事情。行政部门的解决方案是将这类行为描述为欺诈行为。对欺诈行为可以提起刑事起诉，但是同样很难认定，因为将一项行为定为欺诈，首先需要准确了解此人在他人眼中的信用价值。但即使当人们怀疑遭到欺诈时，官方也只有有限的余地进行调查。法院坚称必须找到一种方法来对付像奥斯卡·哈林（Oscar Häring）这样的债务人，"他完全没有还债能力，却不断地借款，数额大小不一"，因为这种行为无非是"欺诈"。相较之下，烟草工厂工人克里斯托夫·海肯多恩（Christoph Heckendorn）的案例则非常明确。海肯多恩"心怀鬼胎"说服"妻子的亲属提前支付给他每年 1 000 瑞士法郎的年金，这笔年金原本应归妻子所有"。他一拿到这 5 000 瑞士法郎，就带着钱溜之大吉，抛弃了妻子和孩子。

令人惊讶的是，19 世纪 40 年代的法院行政部门的报告很少提到疾病、残疾或年迈的原因导致破产（这与下一节中破产人自述的解释形成鲜明对比）。而在这些报告中，也从未提到经济危机是导致破产的原因。在 1847 年这个危机四伏的年份，破产数量迅速增加，巴塞尔的慈善组织了大约 5 000 人的救济厨房，法院的报告却给出这样的定论：

虽然这些破产中许多是由于时局困顿所致，但鉴于粗心大意导致的破产普遍存在，我们有必要依法对于那些有过失的人采取更严厉的措施。

因此，焦点再次指向因个人错误行为而导致的坏名声。官方认为他们的任务在于记录个人行为，将其与道德标准进行比较，并在必要时进行干预。

不过，官方的观点在 19 世纪 50 年代发生了转变。资料显示，这种变化源于采用了不同途径来获取信息。1855 年 8 月 23 日，29 岁的屠夫亚历山大·希尔（Alexander Hill）接受了一次徒劳的讯问：

问 1：你是何时破产的？

答：我也说不清楚。

问 2：你的债权人一年前试图向你追讨过债务吗？

答：我认为还没到一年。

问 3：那时你没有任何财产，对吗？

答：是的。

问 4：那么，你的债权人将损失全部金额，共计 443 瑞士法郎。

答：是的。

问 5：为什么你没有任何财产？

答：我只是没有财产，只是这样而已。

问 6：你从没赚过钱，也没存下一点吗？

答：我病了很长时间，没有赚到钱。

问 7：那你现在做什么工作？

答：我为瑞希纳–斯特里克森（Ryhiner-Streckeisen）夫人和伊塞兰（Iselin）博士工作。他们付我工钱；下周一我将去白房子上班。

同天，警方向州政府提交了一份投诉。他们对法院提供的有限信息感到恼火，这经常使得讯问的警官陷入困境，因为他们不知道究竟该以什么罪名指控破产人。在 1855 年 1 月，法院对一项询问作出回应，称对于该案件，"真的不知道还有什么可以报告的了，而且也联系不上当事人。"警察局长因此要求民事法院在警方接管之前对破产人进行初步讯问。然而，民事法院行政部门的负责人表示，法院官员对破产人"相当陌生"，在相关人士缺席的情况下编制索赔清单也是常有的事。他接着表示，很难获取更多信息，增加进行讯问的机构数量只会导致更多的混乱。最终，政府责成法院行政部门在他们的报告中注明他们是否认为需要进行刑事调查或警方讯问，并且还要注明由于"各种不幸情况的叠加"引发的案件。

这个转变是逐渐发生，而不是由于单一事件或因素引发的。而且，13 年后，法院的报告仍然被批评为"完全是警句式的笔记"。然而，这些资料使得我们可以追溯报告和警方讯问逐渐变化的过程。19 世纪 60 年代的报告简要叙述了一系列事件，据官方估计，这些事件导致了破产。在某些情况下，这些历时性系列事件取代了先前的性格缺陷清单。报告现在是基于破产人的个案卷宗，这些档案的记录从索赔清单开始。除了有争议的资产或针对个人的索赔外，只要破产人在编制索赔计划的听证会上出席，他们自己的陈述也会被记录在文件中。与以往相比，疾病、多子女和激烈竞争等问题出现在报告中的频率明显增加。官员们还产生了对破产人簿记习惯的关注。一份关于一家纺织企业主的报告陈述："破产人没有保留会计账簿，他认为对于像他这样的小企业而言这并不重要。破产人是一个努力工作的人，但他管理事务并非井然有序。"

这并不意味着将破产解释为道德上的缺陷的情况已经完全消

失。在 19 世纪 60 年代，仍然有关于声誉不佳的家庭主妇和因为引发丑闻而失去顾客的工匠的报告。然而，这些报告已经不完全是简单归咎，而是叙述个人纠葛的故事。尽管如此，这些故事也被简化为少数几种原因和无法挽回的关键点。例如，关于 68 岁的寡妇玛格丽塔·沃格特（Margaretha Vogt）的报告指出，因为女婿破产，她不得不养活女儿；报告还提到她曾经是丝绸织工，已故的丈夫长期患病，丈夫去世后她一直在接待寄宿者。然而，在索赔清单的听证会上，她强调不完全是因为这些事，而是和债权人逼债也有关系："我从屠夫那里买到的肉很不好，因此寄宿者开始流失；如果债权人肯等待，我是能够还清债务的。自年初以来，他就派了收债官来找我。连我的房东朗沃斯（Langwirth）也请求他耐心等待。"

破产原因的解释范围扩大了，但个人的失败仍然占据了核心位置。尽管从强调性格缺陷和道德缺陷转向了客观因素，但报告的一个持续特征是仍然集中于对个人的诊断和分析。

1867 年，法院行政部门开始以表格形式归档他们的报告。文本方式转变的原因之一可能是破产案件的数量较多。然而，当法院行政部门认为有必要时，仍会附上案件的叙述性描述："仅有少数词语、内容非常笼统的表格在'备注'栏目中，并不能替代以往深入、个性化的报告。"最终，在 1876 年，法院行政部门停止向政府发送报告，理由是他们的有限资源只能提供"不完整的、证据模糊的信息"。值得注意的是，在 19 世纪 60 年代，法院行政部门开始将可疑案件直接提交给警察，绕过了先前由政府顾问下令警方调查个案的行政程序。

信用损失

破产人对他们所遭遇困境的叙述与实际情况存在差异，这不足为奇。许多讯问记录中都出现过相互矛盾的供述。每次讯问开始时，法院都会问破产人是否知晓债权人因他们的破产将损失多少金额，他们很少给出正确答案。声称不知情可能是一种策略，但他们猜测的金额通常都很低，这也表明事件描述背后可能另有隐情。法院行政部门写道，给破产人寄送清单中的数字是毫无意义的，因为他们只会对每一项索赔提出开脱的理由："破产人'负面想象力'的极度扩张使得他们无法理解和承认债权人损失金额的准确性，而且总是争辩索赔的准确性。"

破产人对于破产的陈述有不同解释和观点：债务已经还清；债权人已经承诺可以延期付款；清单中的债权是独立的经济事件，与社会义务无关等。然而，破产人并不以抽象的数字来评估情况。他们将自己视为经济生活中的积极主体，仍然能够提供服务作为回报，并主张自己的权益。

总体而言，他们的叙述呈现出独特的形式。他们讲述自己的生活故事时，将其描述为取决于非人力可控的系统和事件。毫无疑问，这些叙述是"强制性的叙述"：破产人按照警方提出的标准化问题组织语言，并遵循卡罗琳·斯蒂德曼（Carolyn Steedman）所称的"自传禁令"（autobiographical injunction）[①] 的逻辑。在这种"期望、指令和指示的历史"中，破产人试图呈现出正直和符合规范的形象。这些高度程式化的叙述的一个要求是，讲述一个与他人相似的个人故事，展示自己并没有做过任何出格的事情。简而言之，破产人采用了一种保守的叙事策略。

"我的经历与许多人相似，我重返工作岗位，继续投入到先前的职业中。"在警方的讯问中，前面提到的鲁道夫·洪齐克尔表示。他讲述了他用 9 500 法郎购买了他父亲的房子，但在房子被强制拍卖时只得到了 7 250 法郎。与法院的报告相比，破产人经常提到普遍的经济危机，如 19 世纪 40 年代和 19 世纪 60 年代的危机。房价下跌和对房地产的贷款终止是这些破产叙述中的常见情节，很显然，这并非个人的过错。人力无法控制的危机铺垫了背景，而这些叙述试图通过阐述危机对个人的具体影响来赋予其某些具体化的意义。总之，是普遍危机和个体关系的交汇触发了信用的损失。

---

① 心理学概念，认为每个人都有一种内在的规则或约束，阻止他们去直接讲述或表达自己的个人故事或内心体验，因此内心对于自传或自我叙述存在一种禁令或限制。——译者注

"信用"并不只是一次性的金融交易问题，而是一个人在特定经济环境中具有特定声誉的存在状态。这种社会情结（social complex）由主人公与供应商、商业竞争对手、客户和家庭成员的互动所定义，他们都对债务人有着自己的期望，并以不同的方式主张自己的权益。一份对弗里德里希·霍德尔（Friedrich Hodel）的讯问记录就是一个典型的例子，当事人是一位 30 岁的鞋匠、四个孩子的父亲，处于离异状态：

1838 年，我在巴塞尔的格尔贝尔街开设了自己的店铺，带着我从巴黎学到的经验和想法——我在那里一家有名的鞋匠铺和鞋店做过一段时间的领班鞋匠。起初，我没有自己的钱，不得不依靠信贷来维持我的鞋店的供货……

艰难的开局让我负债累累；这里的制革匠无条件地信任我，但是来自他们的账单慢慢堆积如山……

在最初的几年里，我确实意识到我没有按照这里所需的方式建立我的业务，但我已无力改变，而且已经陷入了困境；许多商品都摆在货架上，我不得不亏本甩卖；此外，我在这里失去了一些顾客；最后，婚姻问题扰乱了我的家庭生活，拖累了我。

警官责备他应该更精打细算、更努力地工作，他回应道：

年复一年，我失去的顾客越来越多，承受的经济压力越来越大，我早前对鞋匠这个职业的天然厌恶重新回来了。我坦率地承认，我的雄心冷却了下来，我像许多处于同种情况的其他人一样听天由命了；但我没有粗心大意，了解我的人都不会这样说。

霍德尔对他鞋店生意起步的描绘是矛盾的：既为沉重的债务所累，又受到轻易获得的信贷驱使。然后，叙述迂回到怪罪他自己的灰心和来自债权人的压力，再加上职业情绪低落和雄心壮志烟消云散。霍德尔还提到了他受到供应商的"信任"。虽然在我所查阅的资料中很少出现这个词，而且当"信用"这个词出现时通常带有模棱两可的意味，但它所描述的基本现象概括了信用的含义。

拥有良好的信用需要满足两个条件：拥有可靠的稳定客户群和商业伙伴的支持。一位鞋匠追悔莫及地表示，他的客户都是"社会底层的人，需要等很久才能收到货款，最终还有可能成为坏账。"反过来，在供应商之间保持良好声誉又可以使企业经受住艰难时期的考验。例如，在一次讯问中，一位债务人说，如果不是一位可敬的经销商对他如此"温和、体贴"，他早就破产了。这位经销商是一位有着"正派和尊贵品行"的商人。一位裁缝自信地表示，即使他破产了，他的声誉也不会受到损害："我一直努力保持顾客对我的信任，以至于我现在又可以雇佣8个工匠。"

然而，信用是一种可以迅速耗尽的资源。在上述提到的讯问中，弗里德里希·霍德尔报告称自己陷入了"困境"。在某些情况下，债务人责怪债务执行过于仓促，并抱怨他们只是时间不够。当一位警官在讯问时指责一位破产的石匠"直到最后一刻都滥用信用""债台高筑"时，石匠反驳说，自己"并没有轻率地滥用信用"，而是"同时受到来自各方的压力"，无法再维持自己的生活。当他们感受到债权人的逼债压力时，破产的债务人经常将他们的信用状况转化为个人恩怨。比如一位债务人强调，现在坚持要求他立即偿还债务的国外债权人曾经"纠缠不休"地向他大量供货。一名资不抵债的商人把"无情地"要求"迅速"付款看作是对他个人的恶意行为。当赊账的顾客不支付款项、债权人前来追讨债务或商业伙伴突然离开时，危如累卵的整个贷款体系就会面临崩溃的危险。

信用度依赖于当事人的公开表现。一位债务人告诉警官说："没有人能指责我办事随意。相反，我一直都很有信用。"他以自己的财务声誉作为他道德坚韧的证据。破产人反复强调公众声誉的重要性，这一点对于客栈这样的平民公共场所尤为重要。客栈是一个自由时间和工作交织的地方。警方的听证会中，客栈是讨论最频繁的话题，因为官方对客栈有诸多不满。客栈是潜在的动荡之源，尤其是在巴塞尔 1846 年的宪政危机期间，保守派政府出于担心被推翻，派遣卧底线人监听酒吧的谈话。此外，酗酒也被警方列为导致一些破产人破产的原因之一。

如第二章所讨论的那样，禁止某人进入客栈，是一种罕见但特别有效的惩罚，因为它使债务人无法在公众场合露面。1849 年，铁匠雅各布·克里斯托弗·格雷（Jakob Christoph Grey）破产了，他的妻子和孩子们不得不依赖于贫困救助。警方公开宣布禁止他进入客栈。他恳求不要给他这种有损名誉的惩罚，担心这对他来说会带来"耻辱和损害"。格雷没有为剥夺他的公民权利辩护，承诺与警方合作，不再去客栈。但是，他对讯问警官表示，他从来没有因为醉酒、欠账或者赖座而被"赶出客栈"。其他破产人在被指责为酒鬼时都声称是有人诽谤。他们要求提供证人证词，坚称自己从未被人见过喝醉酒或因醉酒被警方逮捕，并且一般情况下总是不断强调自己仍在公众场合露面。

家庭中的索赔和期望

调查机关和破产人本人都反复谈到家庭、婚姻关系和家庭经济。家庭作为一个问题、一个争议话题和一个规范概念，在破产记录中扮演着多重角色。家庭经济的不稳定为破产人提供了一个合适的解释，用来为他们普遍的财务失败辩解，因为正如女性历史学家长期以来所了解的那样，当家理财是女性的天职。约翰内斯·哈林（Johannes Haering），一位 65 岁的枪匠，声称他的财务归他妻子（妻子去世后则是他的女儿）负责管理。因此，他坚决地说对自己破产的原因一无所知："我真的不知道，各种债务肯定已经累积了很长时间，具体是如何而来、从何而来，我也说不上来；我妻子还活着的时候，我每月大约给她 36 法郎作为家用；自从两年前她去世以后，我就把收入给了我的女儿，我自己没关注过。"把责任转嫁给冷静计算的主妇——她被排除在男性荣誉经济之外，更多地直接与经济事务打交道，所以了解"价格和公开账目的真相"——这并不仅仅是一种辩解的修辞伎俩。不少破产人讲述了婚姻困难的故事，将家庭的"骚乱"与经济动荡直接联系起来。另一些人则把他们的破产归咎于由于单身或丧偶，因此无法依靠无偿的家务劳动。贝内迪克特·雷布萨门（Benedikt Rebsamen），他的妻子因为他是个酒鬼——很可能还有家庭暴力——提出了离婚申请，他以直截了当的语言为自己的经济状况辩护："我的妻子应该回到我身边，这样我的经济状况才能比没有家庭主妇时更好。"

男性破产人基本上认为，劳动和知识的性别分工，使得家庭在没有主妇的情况下，无法正确管理财务。破产的男性一再描述家庭经济的不透明性。采石工人约瑟夫·库恩（Joseph Kuhn）声称，在妻子去世后，他就对家庭账目知之甚少。他声称，在妻子去世之前，她曾将他收入的一部分寄给娘家人，这是一种"不明智的预防措施"。她还因为购买奢侈品而欠下债务，而库恩则声称在妻子去世前他对此一无所知。

家庭问题受到官方审查的关注。在离婚诉讼中，官员们偏爱用道德上的缺陷解释破产的原因，这些缺陷被公开曝光。法院官方记录披露，假发工匠鲁道夫·卡利（Rudolf Karli）的家庭生活"早就破碎不堪"，而且"道德声誉不佳"。在自己的辩护词中，卡利将他声誉不佳的根源归咎于他的"不幸婚姻"。关于这段婚姻究竟有何问题，目前尚不清楚，但卡利对妻子施暴很可能是首要原因，而不是她本人的任何过错；至少在听证会期间，他没有对妻子提出任何指控。然而，他发现自己在离婚后受到诽谤，尤其是在他与另一位女性开始一段关系并生下孩子之后——尽管他还未获准再婚。

我们前面讲过，官方将糟糕的家庭财务计划解释为破产的原因之一。但是，如果债务人以良好的家庭预算和家庭生活为由为自己开脱时，官方又当如何解释呢？被讯问的破产人利用了一种规范概念的多义性，强调自己关爱家庭，是货真价实的"顾家男人"，他们知道官方肯定也认同这种观念。这是否意味着适用于家庭的价值观不同于市场和契约的价值观？也许随着雇佣劳动和再生产的日益分离，家庭成了情感温暖的避风港，与商业世界的冷漠计算形成对比。正如卡林·豪森（Karin Hausen）经典论文所阐述的那样，对于19世纪上层中产阶级来说，这种解释以及对性别分工的假设在很大程度上是得到广泛认同的。但这并不应该让人忽视货币关系和家庭生活的长期交织。与家庭和商业完全分隔的假设相悖，家庭内的预算和会计工作是有相当重要的意义的货币活动，对于破产人和破产管理当局来说都是如此。构成家庭的职责和需求是多方面的，涵盖了财务、社会和家庭的价值。家庭是一个复杂的实体，它不仅仅涉及金钱上的责任和需求，还包括社会关系和家庭价值观。因此，当破产人将自己描绘为负责任的顾家男人时，他们寻求依靠"家人"或"家庭"这一概念，因为这个概念唤起了权威和责任感，直接指明他们有家属，暗示他们在性别等级中拥有应得的地位。破产人强调他们已经量入为出："我以非常节俭的方式处理我的家庭事务，但有时手头确实太紧。"在破产人经常强调自己辛勤养育多个子女或照顾生病的妻子的情况下，这似乎是很自然的。然而，耐人寻味的是，破产人将这些责任的履行置于一个规范的框架中，这种规范要求以"荣誉的方式"对待家庭。因此，官方剥夺他们公民权的惩罚缺乏道德合法性。

这些叙述将家庭视为一个综合体，成员之间有各自的需求和期望，而这些需求和期望在家庭生活中相互交织和影响，形成一个复杂的网络。债务人强调了他们作为家庭供养者的角色。这样做的目的不仅是提醒官方家庭生活与商业生活的相互关系，还要强调他们受到家庭成员的压力，从而为破产提供进一步的解释。他们叙述了姻亲利用作为担保人的优势不断提出要求的情况，或者他们不得不承担父亲或儿子的债务的情况。他们还提到了继承已故亲戚的亏损业务的责任，这些业务并不赢利，还耗尽了他们的时间和精力。所有这些例子都说明，家庭责任让债务人不堪重负，导致他们经济困难。被列为破产人在"顾家男人"的价值体系中地位下降。因此，一位破产人在他的破产申请中写道，将女儿送进孤儿院给他带来了莫大的痛苦，因为这使他"与那些因为粗心和挥霍而使自己和家人陷入不幸的薄情男人处于同一水平"。凸显自己作为一个顾家男人和养家糊口者的优点，因而成为破产人辩护中的一个关键说辞。

家庭组成中的互惠服务和义务，并没有完全反映在破产的资产负债表中。尽管鲁道夫·洪齐克尔承认他还没有补上孩子们的洗礼礼物，但官方还是恢复了他的公民权，理由是洪齐克尔以其他方式偿还了对孩子们的债务。官方的意见是：孩子的财产与其他债权人的要求属于"不同的范畴"。在生成索赔清单的过程中，财产和债权的分类是一个敏感的问题。谁可以因何种原因向谁索要什么，这是一个动摇家庭内部权力关系的问题，其中嫁妆是最明显的例证。

嫁妆：一种有争议的财产形式

在破产诉讼中，分配嫁妆比分配其他任何类型的财产都更令人生畏。它将婚姻关系、家庭性别等级和妻子家庭的利益联系了起来。当时的法学家将其置于破产法和夫妻财产法之间的灰色地带。嫁妆的边缘地位源于契约关系和家庭的神圣观念之间的冲突与对立。丈夫在嫁妆上拥有法定权力，这使他能够将其作为贷款的担保条件，或者用来偿还债务，前提是妻子在法定监护人的陪同下给予书面同意。

在破产听证会的记录中，经常会讨论破产人是如何利用妻子的嫁妆创办自己的事业的。与未婚女性和寡妇一样，破产人的妻子也受到第三方的法定监护。在巴塞尔，行会在性别监护的管理中起着重要的作用。自近代早期以来，女性单独出现在法院上的情况越来越常见，意味着行会在这一点上的权力日益增加。对巴塞尔州的一项研究表明，性别监护受到不同的阶级特异性的影响。中产阶级妇女可以相对自由地处置她们的财产，而底层社会的妇女则受到严格的管制。但在巴塞尔市，行会也试图对富有的女性施加权威。他们运用其管理下的巨额资金来获取更多的经济和政治利益。只有少数妇女享有自由控制其财产的特殊权利。

当丈夫破产时，妻子对她的嫁妆享有特殊索赔权。在债权清单中，她的排名低于欠缴给国家的税费和其他以房地产或其他资产为担保的债权人，但高于持有无担保债务的其他债权人。此外，只要动产尚未变现，女性可以取得对其动产的所有权。对嫁妆历史的研究揭示了这个看似古老的制度其实为女性开辟了灵活操作的空间。从法律角度来看，嫁妆可以被解释为妻子向丈夫提供的贷款。因此，妇女作为有限的权利主体，能够利用其财产作为交换的杠杆。从这个意义上说，嫁妆可以看作是女性的个人财产。

然而，在 19 世纪的巴塞尔，在破产程序中兑现嫁妆所提供的权利时，女性作为"债权人"的地位受到严格限制。将嫁妆解释为对丈夫的贷款时，嫁妆与其他债权人提出的索赔并没有相同的地位，这一事实可以从不断变化的恢复破产人公民权的规则中看出。为了在巴塞尔恢复公民权，破产人必须证明他已经用自己的钱偿清了所有的债权人；在 19 世纪上半叶，这一规定变得越来越严格。到了 1849 年，破产人仅提供债务已经清偿的声明已经不够了：现在必须提供实际支付债务的文件。

然而，关于嫁妆的补偿规定却朝着完全相反的方向发展。早在 1827 年，法院行政部门在考虑一名破产人恢复公民权的申请时得出了一个引人注目的结论。该申请人已经偿清了债权人的债务，但无法补偿妻子的嫁妆。尽管如此，管理部门仍然建议批准他的申请，理由是"女人与丈夫的资产的关系在于她并不是他的债权人；她只保留相对于其他债权人的特权"。因此，他的妻子发现自己处于一个矛盾的境地，既不是债权人，又在债权清单中排名高于其他债权人。作为家庭内部提供的贷款，嫁妆具有特殊的地位。这一原则在 1867 年被写入法律。其论点是，婚姻将妻子与丈夫的命运紧密联系在一起。然而，对婚姻和嫁妆的含义进行干预的经济动机，是为了满足商业债权人的投诉。如果债权人无法知道借款人是否在用妻子的嫁妆进行投机，那么他们也无法确定在债务人破产的情况下，妻子是否会坚持她的特权。这种不确定性带来的问题，按立法者的说法，对商业的安全构成了"严重威胁"。

由巴塞尔法学家安德烈亚斯·豪斯勒修订的提议破产和资产扣押联邦法案草案建议，赋予嫁妆 50% 的价值特权地位。巴塞尔城市州在 1884 年采纳了这一意见。与此同时，尽管女性仍然可以要求按夫妻财产分有制来组织婚姻，但需要有一些限制。在 1889 年通过的联邦破产法中，50% 的规定保持不变。因此，商业债权人的担保是以牺牲已婚妇女的财产权为代价的。

财产始终是社会关系中的力量场，而嫁妆在自由资本主义契约法和性别等级关系的交会点上所处的地位，则使这一概念更加明晰。通过具体案例的观察，可以看出这种特殊财产的争议性质。在 1845 年亚伯拉罕·沃滕伯格的母亲去世后，他继承了约 7000 法郎的遗产。因为四年前的破产，他被剥夺了公民权，这位做过裁缝，也当过警察的人请求恢复他的公民权。这并不是第一次：在此之前，他曾请求恢复公民权利，但当时法院行政部门确定他只偿还了国内债权人的债务而没有偿还国外债权人的债务。在新的申请中，沃滕伯格声称他现在已经能够"满足"所有债权人的要求，但这一次，他仍然没有偿清全部债务。尽管如此，负责此案的官员们仍然建议批准这一请求。尽管没有得到偿还，但宣布自己不再追究的债权人包括沃滕伯格妻子的叔叔，他免除了这位昔日裁缝 518 法郎的债务，还有一群放弃了几十法郎债权的债权人。法院认为叔叔的债权"并不完全属于同一类别"，而且由于它代表了已偿还债务中最大的金额，他们愿意满足沃滕伯格的愿望，恢复他的公民权。然而，他们首先征求了萨夫兰行会（Safran Guild）[1] 的意见，该行会负责管理沃滕伯格妻子的嫁妆。行会对此持保留意见。他们担心"申请人本性难移"不足以让人信服，如果允许他使用约 6 400 法郎的嫁妆，那么嫁妆很快就会被挥霍一空，从而使他陷入"更大的赤字"。他们补充说，考虑到对社会救济的依赖以及妻子家族的利益（整个过程中他们始终没有透露姓名），都反对恢复沃滕伯格的公民权。

在官方告知沃滕伯格，行会将继续管理他妻子的嫁妆时，他对这种"不信任投票"表示反对，并主张作为一个已经恢复公民权的人，他应该完全掌控这笔财产。最终，法院还是驳回了沃滕伯格的申诉，原因是他小题大做。被引述的沃滕伯格在与法院的辩论记录："在这样的限制下，他仍将是一个受限制的人，这些枷锁将妨碍他采取任何独立的步骤来确保自己的生活。"然而不久之后，他就找到了解决办法。他提交了一份新的恢复公民权的请愿书，他在申诉中辩称，妻子为治疗慢性病在温泉小镇疗养，昂

---

[1]　是一家历史悠久的瑞士行会，成立于 1336 年，是巴塞尔和苏黎世 15 个历史行会之一。主要代表香料销售商、面包师、葡萄种植者和酿酒师以及养蜂人和其他工匠的利益。——译者注

贵的费用导致了他的财务"崩溃"。他表示愿意放弃对妻子全部嫁妆的权益，请求只保留 1 000 法郎作为他重新开展业务的资金。法院因此限制性地恢复了他的部分权利。然而，仅仅三个月后，法院便得知沃滕伯格从监护人那里骗取了全部嫁妆的控制权，并且他在客栈的旧日作为又故态复萌。当监护人发现这件事时，沃滕伯格已经开销了 1 800 法郎。法院行政部门报告称，他们传唤了沃滕伯格，并在几次争吵后说服他次日交出钱款。但书记员的记录显示，当他第二天出现在法院时，开始表现得像个疯子：他否认自己做过承诺，从帽子里拿出各种文件，提出新的要求，并在离开时说，他要等着瞧，他不会容忍自己受到骚扰，也不会让他的"合法财产"被夺走。

嫁妆，特别是像沃滕伯格这样的情况，成为激烈争夺的对象。对嫁妆的争夺涉及立场的确立（比如沃滕伯格提到妻子到温泉疗养导致他的生意失败），特殊地位的指定（比如宽宏大量的叔叔的债权被归于特殊类别），以及行政裁量权的行使（比如法院允许沃滕伯格控制妻子嫁妆中的 1 000 法郎）。确定如何分配和委托嫁妆涉及对价值观、权益和贡献的争论。这个例子还凸显了婚姻性别等级对男性作为经济主体身份的重要性，并说明了经济独立在自由主义法律主体性构成中所起的基本作用的阴暗面。通过经济行动获得的男性主权常常建立在丈夫合法控制妻子财产的权威之上，这是其基石。最后，这个叙事还揭示了国家机构如何行使权力来约束和控制破产人的经济行为。

男性对妻子嫁妆的控制是男性主权的一种特殊表现。对嫁妆的历史起源的理解，可以从亲属关系社会史的新研究成果得到启发。减少女性对自己财产的控制的倾向是家庭关系模式普遍变迁的一个指标。根据大卫·萨比恩（David Sabean）和西蒙·陶舍尔（Simon Teuscher）的观点，在19世纪的进程中，婚姻的纽带逐渐占据了上风，超过了妻子的原生家庭。随着资本主义关系的扩张，横向的婚姻关系的重要性增加，而纵向的家族血缘的重要性下降。从社会阶级的视角来看，资本主义家庭制度的特点是更小型、更紧密的家族网络。这种转变取代了旧制度下由裙带关系定义的多分支家庭关系，将注意力聚焦于阶级、家庭和财务关系的交会点，可以为家庭的性别关系带来新的视角。从这个角度看，丈夫对妻子嫁妆的控制增加，是重塑家庭关系过程中的一步。这也促进了19世纪瑞士新兴企业的增加。这得益于一系列零散、不连贯但形式化的法律，这些法律文件整理并规范了家庭内部的权力冲突，明确了家庭成员之间的权力关系和责任。

"摘帽"与社会经验的多样性

根据法学家的说法，破产人"摘帽"（Rehabilitation）的申请代表了他试图"恢复作为一个拥有公民权利的人的地位"。"摘帽"的概念是在社会法典机构体系中去除现在的身份，恢复到一个特定的地位，这恰如其分地描述了自由主义主体化。债务人自己如何理解这些分类过程？哪些类别和区分对他们来说是重要的？又是什么未来前景激励他们努力摆脱破产状态？

这些资料提供的情况并非是关于公民荣誉和道德的一致观念，而是关于债务人、债权人和国家机构之间对丧失公民权实际意义的持久而混杂的辩论。失去和恢复公民权并不涉及某种赋予中产阶级身份标志的抽象公民观念。即使在 1848 年瑞士联邦成立时，也引发了一波不同的民族主义活动的浪潮，在巴塞尔，破产人并没有将恢复选举权置于他们诉求的首位，而是表达了更为狭隘的担忧和更广泛的愿望。第二章详细描述了破产人如何在社会想象中成为危机的化身，被政治运动巧妙利用来满足他们的需求。但个体债务人的诉求则截然不同。

在 1840 年至 1866 年（即"摘帽"规则改变的那一年）期间，在巴塞尔提出的要求恢复公民权的请愿书中，有 116 件获得批准。这占同一时期破产案件的不到 10%。许多破产人从未达到合理提起申请的程度，而另一些人则认为没有必要（我将回头讨论这一点）。那些尝试的人经常以男性荣誉为动机；其中一个论点的一部分是将自己描绘成一位正直的顾家男人，正如上面所讨论的那样。例如，鲁道夫·洪齐克尔希望"能够成为一位体面的公民"。同样，雅各布·吕丁（Jakob Lüdin）也请求被允许宣布"恢复他的公民荣誉，并在州报上公之于众"，因为他要"安静而光荣地"为养家糊口而努力工作。本尼迪克特·塞普里（Benedikt Cyprian）请求"被授予一个正派人所享有的荣誉和权利"。

在许多涉及没有巴塞尔市民身份的债务人的案例中，被驱逐出境的威胁是申请"摘帽"的最紧迫原因。在 1851 年的请愿书中，约翰·路德维希·哈格曼（Johann Ludwig Hagemann）列举了一系列改变命运的事件：他被商人引诱出国旅行，回来时一贫如洗；他作为担保人承担了太多贷款；多名家庭成员患病；他的住所连同四台昂贵的织机被烧毁。哈格曼表示，尽管遭遇这些"非自己过失的不幸事件"，他仍然凭借自己的勤奋走出了困境，但又遭受了灾难性的打击："也就是，我在这里的居留许可被注销。"如果他们的表现确实相当努力，债务人就有一定的机会延长他们的居留许可。海因里希·托曼（Heinrich Thommen）是一家丝绸织造厂的工人，他无法偿还所有债权人的债务，但由于他欠款余额只有 50 法郎，官方决定不驱逐他，并在大约 6 个月后恢复了他的公民权利。然而，州属机构密切关注那些他们认为可能依赖财政贫困救助的债务人。即使一个非公民偿还了所有债权人的债务并恢复了公民权，执法部门仍然要求移民管理部门监视他们是否缺钱。例如，丝绸织工约翰·雅各布·格里德尔（Johann Jakob Grieder）还清了他的全部债务，但最后他唯一的财产只剩下不能被合法扣押的床上用品，这引起了官方的关注。即使是债权人代为出面与当局交涉，并免除部分债务，有时也不足以帮助债务人恢复他们的公民权。

家庭关系通常是"摘帽"的关键。历史学家们确定了自力更生、自愿摆脱困境的愿望作为中产阶级理念的一个要素，这一愿望在文学体裁如成长小说（Bildungsroman）[①] 中得到表达。然而，不应夸大个人主义作为中产阶级主体化的主要模式。至少在巴塞尔，申请"摘帽"表明家庭关系对于摆脱"破产状态"至关重要。继承往往是积累足够资产偿还债权人的唯一途径。官方试图禁止破产人借新债还旧债，但他们通常期望家庭成员能够帮助负债的亲属。例如，当一个破产人挪用继女的遗产来启动他的"摘帽"申请（尽管两人已不再往来），当一个未婚母亲提出减少孩子的父亲应支付给她的抚养费时，官方认为这是可以接受的。清官难断家务事，厘清盘根错节的家族关系和错综复杂的家族内部资金流是一项挑战。与此同时，债务人并不是被动地等待他们的申请被接受。官员们抱怨说，一些债务人缠着他们的债权人签署豁免协议。司法当局坦承："这种情况并不少见。"负责评估申请的官员确定，"希望能够'摘帽'的破产人向债权人请求至少豁免部分债务，并利用后者的善意获得证明债务已经偿还的文件，尽管实际上并没有完全偿还或者根本没有偿还。"这促使官员们去核实债权人的

---

① 德国文学中一种传统的小说类型，一般以描述主人公成长过程为主题。——译者注

支持信是否合法，涉及评估文件、审查当事人过去的法院诉讼记录、研究他们的家族关系，还要对债权人和债务人进行讯问。

最后，申请"摘帽"的请愿书反映了对负债状况的各种不同处理方式。正如本章所述，"破产人"这一身份所隐含的象征意义，即负债的标志或负面的社会评价 无疑会影响债务人的个人身份和社会关系。同样，破产的实际影响可能是深远的，例如被驱逐出城市。然而，这个身份和与之相关的法律制裁似乎往往对破产人在日常事务中的影响不大。尽管如此，从请愿人的立场来看，可以得出结论，像被禁止进入客栈这样的惩罚，对一些破产人来说，惩戒力度要超过剥夺公民权利。

商人弗朗茨·肖伯（Franz Schaub）明确要求不要在州政府的官方公报上发布他"摘帽"的消息，因为他认为这会再次引起人们的议论并使他声名狼藉。肖伯在进入破产程序时人在巴黎，当他开始重新打理生意时，再次被他人视为"正直的公民"。司法委员会因此认为肖伯的愿望是合法的，但是政府的顾问拒绝了这一请求。牛马贩子 J. 迈耶霍夫·格拉特（J. Meyerhofer·Glatt）在破产后得以成功继续经营他的生意，并且只在他认为合适的时候才申请恢复公民权。另一方面，雅各布·吕丁声称他甚至不知道破产程序已经启动，因为他已经离开巴塞尔，而且"等我后来了解到这件事的影响时，为时已晚。"弗里德里希·昂格尔（Friedrich Ungerer）一直不知道他在 1853 年提出的申诉被驳回。两年半后，这位年迈的裁缝渐进性失聪，妨碍了他与他人合作的能力，他不得已只好自己开店，这促使他再次申请"摘帽"。直到这时，他才得知他的第一次尝试失败是因为他没有及时提交适当的文件。从这些例子中很难得出普适性的结论。我提到它们并不是为了否认破产的涟漪效应会改变人们的生活，而是为了强调这一分类所涉及的多种态度和经历。这些资料并不能证明一套全面、连贯的规范，而是债务人以各种方式处理和感知的一系列情况和具体背景的影响。破产的社会地位比均质的中产阶级价值标准更为细致多样，不仅具有经济意义，还具有更广泛的文化含义。

破产和认知焦虑

1867 年，巴塞尔实施了新的破产制裁法。这项新法的目的是减轻破产的惩罚性影响。它是针对破产案件迅速增加而制订的。有关这部法律草案的讨论指出，仅几年时间，破产案件就增加了四倍。这部法律案允许破产案件在法院外进行和解，大多数情况下将丧失公民权利的期限缩短为十年，并允许破产人在民事法院上辩称他们陷入破产并非出于自身过错。

对这部法律案的评论提出了对破产分类方式进行更细微调整的理由。它为本章讨论的区分和分类过程提供了立法形式。值得详细引用立法者的观点：

人们长期以来确实感到，将所有破产人一概而论与正义原则不相协调。在这里，显然存在着根本性的差异需要考虑。人们因为外部因素而破产，例如行业衰退、竞争激烈、意外导致的账户损失、担保、疾病或基于虚假信息开展了错误的业务。最后，还有一些穷人，无论是否有过错，都会被他人追捕并陷入破产。相反，另一些人之所以破产，是因为他们懒散而冷漠地放任自流，缺乏对业务的了解和有效经营的能力。他们进行欺诈交易或不加思考、轻率地被人欺诈。其中还包括那些对他人的钱财或妻子的嫁妆草率处理的人，最后还有那些懒散不愿工作的人。

简言之，不同的原因需要归入相应的类别。然而，正如前几章所讨论的，立法者始终将焦点放在导致破产的独立事件上。或许像"行业衰退"这样的原因可以被视为相对客观，但即使是看似超出个人控制能力的"激烈竞争"也是一个判断问题。无论如何，在我们此前的讨论中都没有一个可以称作是结构性的综合因素的普遍概念。将破产归因于个人行为和事件，而不考虑普遍结构性因素的认识论，为破产分类提供了依据。这似乎解释了为什么官方对叙述性账目如此看重，并且为什么他们在如此长的时间内持续这样做。因为分类的认知基础是个别案例及其独特的原因，叙述获得了认知价值。然而，一旦破产案件数量超过一定限度，这种处理知识的方法就达到了极限。本章追溯了报告逐渐被转化为表格的过程，尽管这些表格中仍融入了叙述元素。通过允许破产人请求较轻的处罚，1867 年的法律将证明自己无过错的举证责任转嫁给了破产人。简单说，这有利于他们发挥编造破产故事的能力。就像法院报告一样，破产人也被同样的道德实用主义所引导，但立场现在互换了。立法者让民事法院负责听取申诉，不仅因为破产不是刑事法律适用的事项，还因为刑事法院只能就个别行为作出判断。然而，调查破产的原因不是单一行为的问题，而是涉及破产人在生活中许多领域的许多行动。

"公民死亡"有力地隐喻了公民在社会边缘的经历，包括破产的经历。鲁道夫·洪齐克尔用来描述破产的语言，将其称为外在的"瑕疵"，影响到他的"内心深处"，很好地说明了构建破产感知的文化假设。破产人在自己的叙述中所扮演的角色，以及他们声誉和信用的损失，也揭示了主体性是他人对某个人的看法与该人对自己的看法之间的相互作用。在这里，公众形象以及与商业伙伴的互动具有重要意义。在不否认"公民死亡"作为一种隐喻的力量的情况下，本章旨在阐明破产的社会经历的多样性。积极的债务人寻求摆脱困境的方法，而国家常常表现为一种无知的权威（尽管确实具备权威）。对破产人的"个人财产"进行划分的分类遭到质疑，破产人在法律面前受到更微妙的待遇的过程也受到了争议。这里罗列的调查叙述展示了超越刚性的中产阶级价值观——经济独立和成为国家公民——的关切。请愿者们担心失去居留许可、在家庭性别等级中维持自己的男性权威以及在社交圈中保持良好声誉。即使被归类为破产人，他们仍然有能力在社会中进行各种活动。也许，具有讽刺意味的是，只有少数破产人利用 1867 年法律提供的机会为自己洗刷冤屈，这一事实很好地反映了这种"身份"的局部和拼凑性质。

道德对于破产人具有特殊的重要性，因为它将个人身份和社会生活联系在一起。官方的道德主义应该被理解为对经济关系的底层影响，而不仅仅是一种过时的文化偏见。他们的规范判断对经济产生了实际影响，损害了声誉，从而对破产人恢复信用构成了严重障碍。破产人关于失去信用的叙述与官方的道德谴责虽然来自截然相反的立场，但它们又相互补充。最终，道德与破产执行中精于计算、技术官僚的一面是密不可分的。

道德准则的一个特别重要的元素是家产、家庭中的性别等级和家庭预算。这些因素被债务人、他们的妻子、债权人和官方以各种方式工具化。在私人和公共期望的交汇处，家产及其预算被用作证据，既证实又质疑对破产人失误的价值判断。家产的一个基本元素是嫁妆，其地位不确定，经常被重新定义。道德自始至终影响着官方的判断和决策，并构成其获取信息、评估证据和对破产个体形成判断的关键因素。它有助于决定官方如何对破产人进行特定身份的标记，或者是否愿意批准他们的"摘帽"申请。经常面对缺乏可靠信息的挑战，使官方难以全面了解个别债务人复杂的社会和财务关系。因此，道德提供了一个框架，使他们能够将一个特殊的情况纳入一个普遍的道德准则之下。官方正式列出的罪恶和偏差目录可以看作是认识焦虑的表达，是阻碍他们获取知识的问题的指标。他们的道德判断有助于形成整个"身份"群体，即破产人。然而，这些判断建立在摇摆不定的基础上。在本研究所定义的时段，官方将把更多的因素纳入了他们的考虑范围，并采取了更细致的方法来确定原因。然而，他们从未放弃道德指标转而选择更客观化的知识形式。相反，道德和知识在整个时期紧密地交织在一起。道德提供了"语义安全"（semantic security）①，同时又是不连贯的。

引言中引用了马克思的说法，即债务——一种以承诺代替金钱的关系——通过将"人本身变成金钱"并使"金钱和人融为一体"，关系到"道德的存在、社会的存在、人自己的内心深处"。本章将债务作为人与人之间的一种关系进行探讨，旨在证明它处于持续的混乱之中。下一章更进一步，论证了债务引起的混乱还涉及人与物之间的关系。

---

① 密码学术语。是指一种加密方案的安全性描述。在这种加密方案中，攻击者只能从密文中提取出关于明文的微不足道的信息。作者这里借用来表示官方把"道德"作为一个容器，用来包装一些不便明示的原因。——译者注

第六章

抵押品：人与物的困惑

1893 年，瑞士《联邦债务执行与破产法》的制定者之一阿尔弗雷德·布吕斯特林在一次演讲中说，他主张立法者应坚持"现代观点，即债务执行应针对财产而不是人身。"他的呼吁旨在改变政策，保护那些财产被扣押、无力清偿债务的人的权利和声誉。正如第一章所讨论的，即使在通过联邦破产法之后，由于破产而实施的各种"荣誉制裁"在各州之间也存在差异。本章将探讨债务执行对"财产"和"人身"的影响意味着什么：这种区分的目的是什么，为什么坚持"现代观点"似乎并不是一种常识？

布吕斯特林的声明清楚地表明，19 世纪末期的瑞士对债务执行的对象是什么或应该是什么模糊不清：它是否影响债务人财产的地位？还是影响债务人人身的地位？本章探讨了各种规则和实践如何模糊了人与物之间的界限。在人—物关系中的一个关键点是作为未偿还债务抵押物扣押的物品。与破产、资产扣押或扣押相比，资产扣押是 19 世纪瑞士更常见的债务催收法律手段。正如第一章所提到的，据 19 世纪 80 年代的资料估计，瑞士大约有 75% 到 80% 的拖欠债务都是通过资产扣押来追讨的。在资产扣押程序中，一名官员以欠债金额为价值，扣押债务人一定数量的财产，以确保偿还债务；只有在特殊情况下，这些财产才会被拍卖变现。资产扣押首先涉及的是物品的交换价值。但这一程序也赋予了物品的社会和政治意义，引起了债务人、政府官员和立法者的兴趣。最后，物品的实体性也对程序本身产生了影响。将物品作为抵押品，使得人与物之间的关系既简单又令人困惑。财产作为抵押物应该如何扣押，可以扣押哪些财产，这些问题对于参与债务执行的各方来说，一直悬而未决：财产应该如何相互分离，应该将其存放在何处，应该将其转让给谁，以及何时以何种方式变现（或者用当时的说法"变成现银"）？抵押物本身是一个让法律界和日常经济学家都感到头痛的难题。国家是否可以将一个人关进监狱以执行债务，从而将这个"人"有效地变成抵押品？货币的可替代性和财产的实体性是另一个问题，还有不断需要确定哪些物品应该免予扣押，因为它们是至关重要的生活必需品。所有这些问题都汇聚在抵押资产的地位中。

本章涉及的是在清偿未以不动产担保的债务时扣押的动产，这是当时最常见的债务追收模式。在底层社会的日常经济中，物品具有多样的价值和功能。在18世纪，许多工人的报酬具有礼物经济的一些特点，包括食物、住宿和旧衣物的津贴占了报酬的相当大一部分。购买昂贵的服装被视为一种投资形式，可以在紧急情况下典当；此外，优雅的外表有望增加个人的信用。被上层阶级观察者诋毁为"奢侈品"的时髦服装，实际上是下层人民标榜自己是市场经济的成功参与者，从而能够参与其中的。这种

"外表文化"高度重视个人的独特性，但它也产生了实际的物质效果。一位行脚工匠在他的回忆录中写道，在 1860 年前后的一段时期，他必须始终确保自己的形象不要显得太寒酸，以便有机会得到临时工作。19 世纪，尽管以工资支付的范围不断扩大，但仆人、女仆、工匠和农业工人仍然以实物支付。二手商店直到世纪末才被逐渐边缘化，合作商店和至少在大城市中出现的百货商店开始普及。在此之前，转售自己的物品一直被视为支撑财务状况的可行选择。在农村地区，底层社会还通过破产引发的强制拍卖会购买二手货物。

然而，在整个世纪里，物品的地位和可用性发生了根本性的变化。以机纺棉布制成的衣物价格下降，而雇佣劳动规模的扩大，增加了人们获得珠宝和怀表等新商品的机会。农村地区的工厂劳动改变了储蓄模式；以往固化在房屋和土地所有权上的资金现在被用于原本属于市民阶层的城市家具，如梳妆台、镜子和印刷肖像。然而，动产并不局限于城市环境。小农的财产也通过典当、资产扣押和破产进入流通。

在 19 世纪，物品作为思考的媒介——"格物致知"（thinking through things）——也经历了深刻的变化。在一个观察者眼中，工业分工产生了"海量商品"，这些商品定义了"资本主义生产方式盛行的社会"。对于这种人与物的重新组织，人们持有形形色色的立场。在一些马克思主义者看来，交换价值概念所固有的抽象性使人们生产和交换的物品变得空洞，这最终导致了人与人之间关系的具体化。另一个观点则关注商品形式的崛起导致物品的增加。正如消费史研究所显示的，受到新商品的驱动，欧洲人投入他们的欲望和实用技能来获取越来越多的东西，这些东西以前所未有的规模出现在市面上。

随着时间的推移，大量的动产也对财产概念产生了影响。在自由主义中，人与物被严格区分为主体和客体。但是，这种明显的区别打开了它们之间新的关系模式，其中之一就是通过"财产"概念形成的纽带。在《拿破仑法典》中，财产被定义为对物品的绝对主权，它意味着一个人与一件物品之间的紧密关系。人与物之间的严格概念区分，是自由主义体系的可能性条件（condition of possibility）①，在这个体系中，人通过拥有财产来展示他们的行动能力。自由主义将财产关系提升为不可侵犯的纽带，并值得接受严格的保护。

因此，对财产的没收触动了法律观念中的敏感点。在自由主义文化和法律中，家庭和衣物等物品的神圣性被赋予了特殊地位，因为它们被视为构成人本身的组成部分。通过客体建构人格，并不局限于中产阶级主体。正如农村底层社会提出的盗窃投诉所显示的那样，剥夺日常物品不仅限制了一个人的实际行动能

---

① 指某个体系或理论所必需的前提或基础条件。如果没有这个条件，那么该体系或理论将无法存在或无法正常运作。——译者注

力，而且"远远超出了物质损失所带来的痛苦"。作为对物品的绝对控制，财产权也与物品的使用价值发生冲突，因为贵重的日常工具，如洗脸盆，通常是集体使用的。这些问题使得在资产扣押程序中确定物品的所有者变得复杂，并且官方的扣押行为也会影响到许多人。

本章分为四个步骤详细介绍了人与物之间的这些关系。首先，它借鉴了人类学理论，以理解抵押品如何成为立法者和官员的知识对象。其次，它转向债务人的监禁和关于废除债务监禁的争论，分析了为什么将人身作为抵押品最终失宠于自由主义。第三部分涉及"必需品"的定义如何随时间变化而改变，这些必需品应当受到法律的保护，不得被扣押。最后，比较了各种典当形式，特别关注了资产与债务人之间不稳定的联系给资产评估带来的焦虑。

抵押品的认识论

《联邦债务执行与破产法》确立了破产和资产扣押之间的关键区别，将其在民族国家法律中确立，阿尔弗雷德·布吕斯特林此时以"启发之词"向"瑞士人民"发出呼吁。在 1889 年关于这部法律的全民公投中，他在一本宣传投"赞成"票的小册子中，把一些长期沿用的惯例斥为荒谬的"作茧自缚"。中央瑞士普遍存在的"应当受到谴责"的做法是将扣押的财产"以任意评估的价格直接交给债权人抵债，而不是进行拍卖"。布吕斯特林将此视为过去的陈规。"在早些时候，所有借贷都是在邻居之间进行的，抵押品包括日常物品、家畜、工具等，这种做法可能是适当的；而在今天的世界，这是一个真正的丑闻。"现代经济是由物品转化为交换价值推动的，将以物易物置于边缘地位。他认为，不通过拍卖确定扣押物品的价格几乎不可能确定其价值。"一个政府官员如何正确估计抵押材料、绘画、艺术品的价值？他总是会乱猜一通。"在没有普遍交易媒介的情况下，这些物品在复杂的现代经济中没有位置："伯尔尼的商人拿到了一艘停泊在卢塞恩湖上的旧小艇，他该怎么办；而《苏黎世人报》最近报道的，祖里希人（Zuricher）①在施韦兹（Schwyz）州②拿到一堆用来抵债的粪便，应该如何处置？"

布吕斯特林的激烈言辞凸显了抵押品作为知识分析对象所带来的问题。这里所呈现的抵押品的历史认识论，分析了历史当事人如何概念化抵押品对象，将其视为一种有助于产生和组织知识的单元。资产扣押与破产不同的是，破产一次性将债务人的资产分配给债权人，而前者是一个延伸的过程，涉及对个别资产的评估和分配。破产公司将所有资产作为单一的同质财产收集起来，并将其分配给债权人；而资产扣押则不会如此。资产扣押有

---

① 指来自瑞士苏黎世市的居民或者是苏黎世市的本地人。——译者注
② 位于卢塞恩湖和劳尔茨湖之间，是瑞士联邦的发源地之一。——译者注

时被称为"轻微破产"，它不通过给债权人分配整体份额来解决各个债权人的要求，而是对债权人逐次分配 。它将与欠款等值的一件或多件物品分配给一个债权人，抵消其债务；然后转移到下一个债权人，再接着下一个债权人。在 19 世纪的瑞士法律学说中，担保权补充了债务关系中产生的财产权：如果债务人因未能偿还债务而违反了与债权人的合同，债权人就获得了对债务人财产的权利。换句话说，被扣押的资产以及调节其地位的法律是一种次要义务，而主要义务是偿还贷款，被扣押的资产因此是契约法和物权法（Sachenrecht）的混合体，在债务人和债权人之间占据了一个边缘空间，既涉及债务合同的履行，又涉及财产权的转让 。作为一件物品，它在债务人和债权人之间摇摆不定。因此，抵押品所构成的关系很符合莫斯对礼物的经典描述：它赋予物体生命，而将人物化。正如我们将看到的，对债务人的监禁是这种人与物之间的运动的一个特别引人注目的例子，这种运动固定了人，并变现了资产。

在 19 世纪，人的物化和物品的人格化使人们回想起早期具有哲学含义的法律传统。在早期罗马共和国的法律中，"债务奴隶"（nexum ）[①]指的是债务人将自己和（或）他的孩子作为抵押品

[①]　是欧洲一种古老的贷款形式，如果借款人未能偿还债务，债权人可以杀死借款人。该术语源自罗马法，描述了一种严苛和压迫性的债务奴役。——译者注

的行为。"债务奴隶"引起了语言学家和哲学家尼采的注意，他将债务人受债权人控制的行为认定为道德谱系的起源。《十二铜表法》[①]（公元前 451 年）采用等价原则，规定债权人可以合法地将破产债务人剁成碎片，至少尼采和瑞士法学家是这样看待的。用尼采的话说，债务关系是人类作为"自我评价的动物本质"最基本的表达。野蛮的肉体惩罚旨在将债务刻在债务人的记忆中，正如尼采所言，这种惩罚"孕育"出了一种"拥有许诺特权"的动物。"信用价值"，即一个人的承诺的价值，由债务人自己的身体担保。尼采认为，将自己的身体作为抵押品的行为是最基本的评估和判断操作。

但是，除了债务监禁和 19 世纪思想家对古罗马的沉思所唤起的暴力形象之外，瑞士的抵押财产制度对人们和其他物品都施加了压力。因为在这种制度下，债务人以自己的财产作为担保，如果无法偿还债务，可能会失去被扣押的财产；同时，其他物品也可能被限制使用或交易，直到债务得到清偿。资产的扣押不仅改变了人与物之间的关系，而且从更形象的意义上讲，也影响了"人的可分割性"[②]。债务人与债权人之间的协商和达成协议是将一

---

① 是一套刻在 12 块铜牌上的法律，于公元前 451 年至公元前 450 年在古罗马创立。它们被认为是第一部由政府颁布的成文法。——译者注
② 指个人身份可以被分割成多个部分。这些部分可以是社会关系、文化习俗、信仰、价值观等。在这种观点下，一个人的身份不是固定不变的，而是可以随着时间和环境的变化而发生变化。——译者注

件物品转化为抵押品的过程。在抵押品的概念中，重点并不在于物品本身的属性和特征，而是在于经过一系列程序和过程后，将特定的法律地位和功能赋予物品。以人类学家安妮莉丝·赖尔斯（Annelise Riles）对当代金融机构用于支持其交易的抵押技术的分析为例。尽管它们不能直接应用于 19 世纪瑞士基层行政部门追收拖欠债务的做法，但赖尔斯的见解对本研究也饶有趣味，因为她证明了抵押品是文件和法律程序产生的知识对象。抵押品为一个认识难题提供了一个捷径解决方案。银行通过实施例行程序，将每笔交易的风险与相应价值的持有权相抵消，从而避免了对每一笔交易的风险进行烦琐评估的麻烦。抵押品吸收了构成它的全部关系。通过弥合承诺付款和实际付款之间的差距，该物品承载了与之相关的关系性知识，即它所代表的不仅仅是其自身的特征和属性，还涵盖了与之相关的各种关系和相互作用的知识。资产扣押的实践是一种简化程序的日常启发式方法。与处理破产案件的官员所做的努力不同，后者需要收集大量信息（如第五章所讨论的），资产扣押并不需要进行冗长的评估。被扣押的资产仅代表所欠债务的等额价值。在这方面，抵押品为整个过程提供了一个终点。

简化复杂性需要标准化，这可以通过表格、账簿和记号系统来实现。分析记录扣押资产等法律文件中的条目形成过程和代码，而不是条目内容本身，可以提供具有启发性的见解。通过查看扣押记录的结构，可以了解到资产扣押的程序逻辑。在苏黎世州，这些记录由市政执行官保管。它们记录在标准化的印刷模板上，将事件和物品归类为统一的类别。在最后三列之前的十列中，其中三列主题是关于扣押货物的公开拍卖，这标志着每个案件的结束。其中一列是债权人申请将债务人的资产公开拍卖的日期，另一列是通知债务人拍卖举行的日期，第三列是拍卖举行的日期。前六列记录了案件号码以及扣押日期、发出即将扣押通知的日期、债务人姓名、债权人姓名、债权人的索赔金额和扣押货物清单。另一列用于记录与案件相关的"备注"事项，例如程序是否结束、扣押资产的诉讼时效是否已到期以及拍卖所获得的金额等。在绝大多数案件中，拍卖栏目都是空白的，因为通常在需要进行拍卖之前，程序就已经结束了。然而，这是标准化记录表所规划的最终阶段。预先印制的表格文件通过设置标准化的分类，并通过预期事件来结构化时间。扣押记录通过记录、编号和估计特定物品的货币价值来实现前者，通过最后拍卖的消失点来实现后者。

虽然破产已经完结，但资产扣押则将抵押品暂时保留，直到债务得以偿还或达成和解为止。只有在罕见的拍卖中，抵押品才会转换为现金。抵押品在债务范围内提供临时的保障，弥合了承诺与付款之间的差距。它基于一种法律虚构，即在诉讼期间，债权人实际上掌握了抵押资产的价值。通过假设未来的付款已经到账，这种虚构暂时解除了进行价值评估和财产分割的复杂需求，而这些需求是破产程序的特征。但是，这个程序是极其不透明的，正如本章所阐明的那样。

尽管这里的重点在于动产，但简要了解国家对房地产价值进行的评估有助于说明所涉及的认识论问题。与第一章中讨论的商业登记簿类似，国家对财产价值进行的评估具有双重功能：一方面，它为国家的财政利益服务，为更高效地向地主收税奠定了基础；另一方面，通过以标准化方式界定抵押物对象及其确切价值，为贷款、借款和信贷的扩展提供基础。因此，财产价值的评估和在地籍登记簿（Grundbuch）中的注册成为私人财产自由制度的基本要素。整个 19 世纪，改革者们将房地产价值的精确评估视为解决农业面临的结构性财务问题的办法，因为他们认为这将使农民更容易获得贷款。抵押品的概念产生了新的对象，例如有资格抵押的不动产；抵押权的分配重新校准了不断扩大的物质世界中的关系。同时代人们将财产评估的出现，视为从一切物品中提取交换价值的新步骤。1867 年，苏黎世州反对派民主运动的喉舌，《巴赫特尔瑞士大众报》（Schweizerisches Volksblatt vom Bachtel）在一篇文章中，将增加的财富视为住房抵押贷款增加的结果：

令人惊奇的事实在所有地方都成立：平均而言，抵押贷款最少的并不是拥有最有价值财产的市镇，这本身似乎会使它们成为最繁荣的市镇；相反，规律是债务越高，财产价值就越高。平均而言，抵押贷款总额与净值总额保持一致，这表明我们的社会倾向于将所有可以抵押的东西都作为抵押品。

从不动产中提取权益的可能性，导致作者用财产的评估价值来识别财富。以不动产为抵押借款的新方法改变了房地产所有者的财务状况。这篇文章对时代精神进行了诊断，发现了一种"将所有可以抵押的东西都作为抵押品"的趋势。因此，资产的获取取决于现在和未来的完美结合，房地产所有者通过最大化其房地产的抵押价值来承担债务。《大众报》（Volksblatt）以矛盾的态度看待对这种现象。19 世纪 60 年代末的危机之前有过一段繁荣时期，大规模的房地产投机活动导致许多农民背负了相当沉重的债务。危机是由东欧小麦进口导致的谷物价格下跌引发的，这又导致了房地产价值的下跌，同时由于新的金融工具（如罗伊银行发行的债券）比抵押贷款更具吸引力，利率也在上升。当在押房地产的评估价值暴跌时，证明了抵押品的收益本质上是不可预测的。

在债务催收程序中，将资产转化为抵押品也是一个令许多法律专家感到棘手的问题，因为这需要将有形物品从其所处的关系中分离出来。将一个物品的复杂效用简化为纯粹的数值带来了新的问题；抵押品弥合了付款和债务之间的差距，但也产生了新的不可预测因素。作为契约法和物权法之间的界线，它引发了危险的不确定性。资产将会被谁、何时以及最重要的是多长时间抵押？在许多情况下，债权人对抵押品的权利是有限的。债务关系的复杂性和不稳定性在抵押品中得到了体现，因为它既根植于对物品的绝对控制的概念（抵押资产必须真正归债务人所有），同时又削弱了这个概念（被临时没收的物品不在债务人的控制之下，而是悬置在债务人和债权人之间）。简而言之，抵押品应该通过在概念上解开财产的纠葛来稳定债务关系，但它通过走后门制造了更多的纠葛。工作中的基本问题——将人物客体化和将物品人格化——在债务监禁中表现得最为明显。

债务监禁——用身体担保

1864 年 9 月 5 日，奥塞西尔（Aussersihl）[①] 的安娜·耶格利（Anna Jäggli）向苏黎世州高等法院提出了正式申诉，抗议对她的逮捕令。那时，她与债权人的冲突已经达到了临界点。苏黎世地方法院已经批准了一份逮捕申请，该申请是由两位债权人提交

———————

[①] 瑞士苏黎世市的一个区。它的正式名称是第 4 区。——译者注

的，他们是来自维迪孔（Wiedikon）^①的莫夫（Morf）先生和来自奥塞西尔的海因里希·迈尔（Heinrich Maier）。前者要求 110 瑞士法郎 10 分，后者要求 80 瑞士法郎。另外还有第三位债权人威德克尔（Wiederkehr）先生有 20 瑞士法郎的债权，他还威胁耶格利女士要对她"执行死刑"，她写道："他是认真的……因为他已经证实过一次"。

苏黎世地方法院向莫夫和迈尔发放了一份"特许令牌"（Wortzeichen）^②，即债务令。允许债权人在任何时候要求逮捕债务人，这个证书有效期为一年。安娜·耶格利没有出席颁发证书的听证会，这一事实授人以柄，被用来对付她。在听证会上，她本有机会说明自己的情况，因为根据 1851 年的苏黎世债务执行法，法官完全自由裁量是否批准债权人的债权令牌申请。但耶格利女士没有出席，迈尔先生写信给高级上诉法院称，她"无条件地承认"了他债权的合法性。安娜·耶格利表示，她忘记告知地方法院威德克尔的债权，并回应说她"不知道"她需要出席两个逮捕令中的第一个听证会，在那里她或许可以协商"分期付款"。

然而，在她及时提交给高级上诉法院的申诉中，她表现出了对程序的精确了解。她在信中使用了法律术语"过度困难"

---

① 与苏黎世相邻的一个市镇，于 1893 年并入苏黎世市，成为第 3 区。——译者注

② 这是一个瑞士的习语，字面意思是"词符号"。——译者注

（undue hardship）① 来描述发给债权人的逮捕令，并指出了 1851 年
债务执行法中要求法院考虑"债务人的特殊情况"的一段文字。
一份针对这部法律的专家评论认为，在债务人"即使他们有最好
的意愿也难以满足债权人的要求"时，法院应该避免下达逮捕
令。这些情况包括疾病、年迈以及特殊情况下的收入不足。评论
还参考了四个先例，认为仅当债务人有家庭需要养活时，收入不
足才是排除逮捕的正当理由。

安娜·耶格利坚持不懈地努力证明了这一点：她表示自己收
入不足，作为一名单亲母亲，她必须照顾自己非婚生的儿子，还
要照料自己 64 岁的母亲。她唯一的收入来源是房屋出租。她写
道，最近她只有 3 个房客，而非 8—10 个；此外，"两个背负巨
额账单的意大利人"和另一个房客赖了账，给她造成了 57 瑞士
法郎的损失。她列举了一系列减轻责任的情况，如收入来源的不
稳定性、1864 年开始的普遍经济危机以及照顾家人的经济负担，
然后她表示无法向家人寻求帮助，也没有得到国家的支持。尽管
如此，她坚持说她已经尽力偿还债务：在欠亨利·迈尔 80 瑞士
法郎的债务中，她已经分四期支付了 50 瑞士法郎。然而，地方
法院将这些付款解释为债务人确实有能力逐渐偿还债务的证据。

---

① 指当事人如果被迫履行法律义务，将会导致不合理或不相称的负担的特
　殊或特定情况。在这种情况下，应当部分或全部免除当事人应当履行的
　法律义务。——译者注

作为回应，耶格利在给上诉法院的信中解释说，她只能通过作出"相当大的牺牲"来支付分期付款。她在信的结尾辩称，允许她延期付款是绝对必要的，否则，她的母亲和孩子将不得不依赖社会救济。她恳求高级法院可以"暂停执行逮捕令 2—3 个月，以便我能支付房租，这样我的母亲和孩子就不用被迫向我们所在的市政府寻求支援，而如果发出逮捕令的话，这种情况就会发生"。

高级上诉法院给予了这两位债权人陈述各自立场的机会。莫夫先生没有发表陈述，但海因里希·迈尔发表了意见。在他的陈述中，他选择了不使用简洁的法律语言，而是抱怨债务人试图欺骗他。他写道，安娜·耶格利已经用一个又一个的借口推迟付款 15 个月了："但哪怕她每次只支付几瑞士法郎而不是撒谎承诺付款，现在债务就已经还清了。很明显，这个人不再打算支付任何款项；否则，她本人就会亲自请求我在付款方面宽容些，而不是提起这个申诉以寻求救济。正如我所言，她只想用谎言来支付。"因此，他说他别无选择，只能在地方法院交纳 10 瑞士法郎担保金作为监禁费用，这足够维持大约 10 天。在责令债务人自己支付这些费用之前，债权人必须预先支付监禁费用。海因里希·迈尔坚称，如果耶格利直接向他提出请求，他本来会给她分期付款的机会，而且他多次指责债务人不诚实，这进一步加强了他的说法。这种说辞具有法律目的，因为上述对 1851 年债务执行法的评论指出，可以对未能支付款项的债务人实施逮捕，这种逮捕可以针对"由于粗心大意或恶意未能支付"的债务人。然而，两周后，海因里希·迈尔放弃了申请，并表示愿意等到 2 月初再要求逮捕耶格利。

该案在许多方面都是典型的。在苏黎世州，非常贫困的债务人几乎是债务监禁的唯一目标人口，往往所涉金额较小；监禁期总是很短，苏黎世的法律规定最长不得超过 6 周。协商的结果通常是分期付款，只有少数债务令实际执行。然而，在自由主义时代的苏黎世，债务监禁的威胁仍然存在。安娜·耶格利在 1864 年的案件是在 1869 年该州宪法修订废除这一法律工具之前，发给债权人的特殊债务令的最后一波浪潮之一。监禁债务人的做法很少受到争议，提出废除该做法的人寥寥无几。一篇写于 1870 年的法学论文鲜明地总结了普遍立场："很明显，在瑞士和其他任何地方，取缔因债务监禁人身的时间不久将会到来。"在 1874 年，联邦宪法的修订完全禁止了监禁债务人，而在此之前，各州已经实施了这一步骤。

只有在 1851 年至 1869 年这段短暂的时间里，苏黎世法院才每年公布该州当年发出的债务令数量。在 19 世纪 50 年代，这一数字从 1851 年的 781 份到 1859 年的 491 份不等；进入 60 年代，这一数字急剧增加。1860 年至 1868 年（债务令状最后一整年）平均每年发出 836 份债务令；1866 年是高峰年，共有 1041 起案件，这是一个异常值。1864 年，也就是安娜·耶格利提出上诉的那一年，债权人被授予了 858 份逮捕债务人的许可，刚好是 60 年代的中位数。这个法律工具的目的是什么？它是用来惩罚、强迫偿还、阻止人们拖欠债务，还是便于当局对逾期债务人进行调查的？债务监禁在多大程度上将个人视为金钱价值，以及在多大程度上对此类对待施加了限制？更抽象地说，这里涉及了哪些知识模式、价值计算和主体构建的方式？

现代债务监禁的历史在很大程度上反映了经济更广泛的文化史。在整个西欧，在 1870 年前后通过了废除债务监禁的法律（然而，实际上废除它的过程更加复杂）。一些历史学家将拘禁债务人的问题视为一个长期的世俗化过程的一部分，在这一过程中，破产与道德失败的关联让位于经济风险的计算逻辑。

在欧洲，商人是否应该受到特殊法律约束以及约束的程度是一个问题，争议此起彼伏，众说纷纭，从未间断。在法国，欠债入狱的做法在 1793 年至 1867 年间被废除了三次，恢复了两次，只有商人和贸易商才能因未偿还债务而被关押，这一规定引发了长达几十年的公众冲突，争论的焦点是谁应该被视为商人。这些辩论围绕后法人制时代商业在社会中的地位进行了商榷。英国囚禁债务人的比例可能高于其他西欧国家，改革债务人监狱的努力主要针对贫困的债务人。在 18 世纪，债务人监狱的功能定位并不明确，它也为男性债务人提供了逃避债权人索赔的机会，这至少与迫使他们偿还债务的目的相悖。相比之下，改革后的债务人监狱是一个惩罚性的机构，旨在将市场纪律灌输给被关押者。1869 年，英国废除了针对较大数额的债务拘禁，同时将其作为追讨小额债务的手段永久保留。因此，只有无产阶级的债务人被关押，新的债务人监狱在社会现象中基本上不再引起关注。

对废除债务拘禁的运动来说，意义的转变非常重要。同时期的论述将债务人监狱视为一个颠倒的世界，在这个世界里，公民社会的规则不适用。在这个平行宇宙中，被监禁的债务人被剥夺了生产活动的机会，受到复杂的入狱仪式的限制，并承受着奢侈和贫困相结合的经济制度的重压。一位曾经被关押在布雷斯劳监狱的债务人写了一本小册子，称之为"向我们的立法者发出的苦难呼声"："在这个由众多不同社会要素组成的小天地里，在这个小宇宙里，来自大千世界的高贵与卑贱、儒雅与粗俗之间的差异一览无余，共同的命运使来自宏观世界的人们有了一种从前所不熟悉的接触。"他批评说，在债务人监狱中，"道德宇宙与自身相互矛盾"，因为它为"一个大亨提供了一个收容他的农奴的地方，而官员则负责囚禁和监视他们"。在监狱改革者看来，债务拘禁揭示了债权人与债务人关系中的野蛮核心，它是一个必须被文明化的遗迹。在监狱作为惩罚和矫正机构的漫长形成过程中，债务拘禁被视为过去的残余，作为一个丑闻，或者作为对下层债务人轻描淡写的措施。

我把欧洲对这一问题观点的变化作为注脚，以便概述瑞士发展所发生的背景。一方面，瑞士的法律专家与其他国家进行了比较和评论。另一方面，欧洲关于债务拘禁的激烈辩论与瑞士的鸦雀无声形成了鲜明对比，这种缺席值得分析。当然，很少的辩论部分归因于债务因犯数量较少，但并非完全如此。瑞士辩论中的附带语气表明，普遍认为这些做法并非与自由主义形式的合法性相冲突。瑞士存在多种债务拘禁模式，这也使得人们更容易淡化这一问题。例如，商业城市日内瓦州的法律与法国保持一致，几乎将债务拘禁仅限于商人。因此，在实际上，该州遵守了商人和非商人之间的区别，这一区别首次在 1883 年的商业登记办法中汇编进了联邦法律，并适用于 1889 年的《联邦债务执行与破产法》中无力偿还的债务人。

在日内瓦，监禁的目的是在对债务人财产进行调查的同时，扣押一名资不抵债的商人作为抵押品，以确保他们没有隐瞒资产。在 19 世纪 10 年代，日内瓦的债务囚犯平均关押时间约为 50 天；在 19 世纪 20 年代，平均关押时间约为两个月。然而，平均值掩盖了超过三分之一的人在关押 2—5 天后获释的事实。海德堡法学家卡尔·约瑟夫·安东·米特迈尔（Carl Joseph Anton Mittermaier，1787—1867）在谈到与法国制度的相似之处时指出，实际上，债务拘禁很少发生，关押实际持续的时间很短；米特迈尔指出，在法国，债务人通常在关押 15 天后获释。米特迈尔认为日内瓦在债务拘禁作为一种惩罚手段和一种保险手段之间的区分值得效仿，他认为后者是合法且有目的的。在 1825 年至 1848 年的 23 年间，日内瓦关押了 213 名债务人，其中 123 名是外国商人。然而，每年商事法院（tribunal de commerce）发出的对破产债务人的逮捕令却达到 600—700 份。因此，在这里，实际逮捕的数量远低于逮捕令的数量。支持日内瓦的强制拘留制度的人认为这种做法具有"有益的预防效果（Effet préventif utile）"。他们认为，只有在一个严格执行、统一遵守规则的市场中，信用才能自由流动，而该州以汇票进行国际交易的高频率，迫使其法律不能落后于其他国家。反对者警告称，这种做法通常会对几乎不符合商人资格的人产生影响，他们将其视为滥用惩罚，只会将"心地善良的不幸债务人"送进不幸的牢笼。他们提出了一个原则，即人的自由与商业奴役在本质上是不可通融的："即使一个人自愿进入商业关系，他的自由也不能交由商业处置。"在日内瓦，债务拘禁主要针对强制支付汇票，也就是说，它用于干预一个快速、动荡而复杂的商业领域，意图打破这个领域的复杂性，并减缓其节奏。

在苏黎世，情况则大不相同。在 19 世纪上半叶，苏黎世的债务拘禁从债务人资产评估的一个环节转变为对家徒四壁者的强制手段。在 18 世纪末，行政部门将"债务令"与"体格识别"（Signalment）①这两个术语互换使用。即使在旧体制垮台后，这种

---

① 指为了识别目的而对一个人的特征进行系统描述。——译者注

语言仍然保留了下来。苏黎世在 1715 年采用的法典将债务令描述为防止债务人逃离隐藏资产的手段，并将其定义为对商人的逮捕令。正如 1715 年法律的文字所述，在 18 世纪，这种"威慑手段"旨在约束那些"既不接受判决也不听劝告，并且总是表示不服从的债务人"。一位法律专家在 1821 年撰写了一篇对这段文字的回顾性分析，反思了这段话与名誉及其商人荣誉概念的关系。他写道，这条法律的目的，是保护债权人不在日常事务中被他们的债务人欺诈，"在他们眼前自由无阻地走来走去"，这会导致债权人遭受"损失和嘲讽"。

从 1715 年到 19 世纪初，债权人会要求将欠债不还的债务人拘留起来，而当局则会编制他们的资产清单。债务人可以通过正式宣告破产来获得释放，因为法律禁止因破产而被监禁。然而，在实际操作中，这种债务令的用途逐渐改变：债权人越来越多地逮捕那些根本没有值钱资产的债务人。随后，越来越多的债权人申请获得逮捕债务人的许可，并将这种能力作为一种强制手段。这种做法的一个显著影响是，申请破产再也不能使债务人免于这种形式的恐吓。1812 年，一项法令重新调整了债权人申请逮捕债务人的权力。

不过令人遗憾的是，现有的资料来源几乎没有透露地区法院在民法事务方面的工作，但有理由推测，债权人在 19 世纪 30 年代和随后的几十年里经常申请债务令。1851 年，该法进行了修订，将是否发出债务令的决定权交由地方法院院长自行决定。这使得法院能够考虑缓和局面，比如安娜·耶格利作为一名贫困的单亲母亲的身份。到 19 世纪中叶，苏黎世的债务令转变为针对已经进入破产程序的债务人的强制手段。它也被用来对付无法支付破产费用且债权人拒绝提供必要资金的债务人。债权人还用它来对付那些没有固定居所、没有资产可以扣押的债务人。

1856 年，该州的司法机构称债务令为"必要之恶"，并写道："经验告诉我们，一些人宁愿竭尽全力还债，也不愿暂时丧失自由；毫无疑问，如果我们的法律没有关于债务监禁的规定，许多债务将永远无法清偿。债权人通常表示愿意接受适度的分期付款，而法院对其提供的承诺深信不疑。"其他法学家强调，接受分期付款并不能抵消债权人在将来要求逮捕的权利。当债权人有条件地延迟逮捕，同意分期付款时，法官并未对债务关系进行任何修改，因为债权人对所欠款项的要求仍然存在。因此，债权人可以利用债务令对债务人施加压力，而不受该工具有限的法律适用范围的限制。

随着法院和执法部门辖区的系统化，债务令的使用范围扩大。在 19 世纪 30 年代创建区级法院和区级监狱后，苏黎世州的自由派政府加强了现有的区级行政管理形式，并在 19 世纪 50 年代扩大了区级监狱的权力范围，这些监狱现在用于关押根据债权人的要求被逮捕的债务人。实施紧密联系的惩教机构网络，具有不同的地理和法律管辖范围，是自由派主导的州政府对监狱改革运动的一个重要回应。与欧洲其他地方一样，苏黎世的改革者坚持要求根据细分的犯罪类型将囚犯单独关押。早在 1826 年，一篇文章就呼吁建立不同类型的监狱，以公正对待囚犯之间的差异。作者特别关注关押债务人的地位不明确，毕竟他们并未犯罪。要求债权人承担关押债务人的费用，并不是"寒酸"的自由派州政府的发明。19 世纪的法律专家很清楚，这一规定早在 16 世纪就被瑞士联邦议会采纳了。

苏黎世的州监狱长将地区监狱理解为"基本上只是关押牢房"，不需要为被定罪的囚犯提供全面的宗教服务、强迫劳动和"纪律"。另外，负责监督监狱的州高等法院的代表批评说，没有建立任何系统使被监禁的债务人进行"充分的劳动"，以便他们能够通过劳动来弥补监禁成本。苏黎世市有两个地区监狱：一个是塞尔瑙（Selnau）的重罪监狱，另一个是伯格监狱（Berg Anstalt），位于现在的苏黎世大学校区，是用来关押债务人的监狱。伯格监狱还收容了许多因醉酒、乞讨和违反居住法等罪名被警方逮捕的人，他们通常只在那里被拘留一晚。在 1864 年，如果安娜·耶格利的债权人没有同意推迟她的逮捕，她将被关进伯格监狱，那一年这所监狱的牢房有 1 625 名被警方逮捕的人进进出出。规模较小的群体有 48 名被关押的债务人，42 名已定罪的罪犯，38 名因未支付市政罚款而被逮捕的人，21 名在审前羁押的人和 12 名接受贫困救助的人。同年，债权人提出了 331 项要求逮捕其债务人的申请，但在大多数情况下，例如耶格利和她的债权人迈尔的案件，在执行逮捕令之前就达成了和解。

　　从这些统计数据中可以得出以下结论：完整的苏黎世地区监狱关押人数的数据只有 1867 年可用，当时有 174 人因债务而被拘禁，这只是法院签发的 999 份债务令中的一小部分。然而，债务令发放和实际逮捕之间的比例差异很大。例如，1868 年在普菲康（Pfäffikon）[①] 地区，共发放了 38 份债务令，其中至少有 17 份得到了执行，被逮捕的债务人在监狱中的时间在 2 至 19 天之间。此外，不同地区的地区监狱中被关押的债务人所占比例也存在较大差异，尽管他们始终是少数群体，数量上被判犯罪和预审羁押的人员所超过。由于被关押的债务人数量较少，很难找到适当的比较点。地区监狱的统计数据中，常规分类为"罪犯"和"人犯"，包括了各种不同的罪行。当将被关押的债务人的数量与特定罪行案犯的数量进行比较时，比例会有所不同。例如，在 1868 年的霍尔根（Horgen）[②] 地区，有 13 人因债务而被拘禁，25 人因盗窃被羁押在预审期间，还有 4 人因欺诈、4 人因侵吞、4 人因扰乱秩序、5 人因伤害他人、2 人因纵火、3 人因堕胎、1 人因盗

---

① 是苏黎世州的一个区。位于苏黎世市东南部的普菲克塞斯 (Pfäffikersee) 湖畔。——译者注
② 苏黎世州的一个区，位于苏黎世湖南岸。——译者注

窃木材、1 人因欺诈性破产而被羁押。因此，尽管 13 名债务犯是霍尔根地区 142 名被关押人员中 10% 的少数群体，但在将比较重点放在那些处于预审羁押中的人员，并将其分解为各种犯罪类型时，他们是第二大群体。在 1867 年，苏黎世州的市立监狱共计 5 305 人入狱。如果从其中减去因乞讨、公共场所醉酒或没有居留证而被暂时拘留的 2 918 人，那么 174 名债务犯占剩下的 2 387 名被关押人员的 7.3%。

也许被关押人数并不是一个好的比较点。或许，完成破产程序与债务监禁的比例更接近实际情况。1864 年，也就是安娜·耶格利对其逮捕令提出的上诉那一年，苏黎世的伯格监狱关押了 49 名债务人，而苏黎世市有 66 人完成了破产程序，后者的数量较平常高，这要归咎于美国内战的影响。在这一比较中，债务监禁的数量似乎更为显著。

一言以蔽之，债务犯在苏黎世的地区监狱中无疑只占了很小一部分；受到债权人逮捕威胁的债务人会寻求提出合理的解决方案，而那些确实被关押的人通常在大约 10 天后就会被释放。债务令是一种边缘性的工具，几乎没有引起社会的想象力。然而，对于贫困的债务人来说，被逮捕的威胁始终存在。尽管它的严格法律意义有限，但它对债务人施加了压力，迫使他们在庭外迅速同意分期付款。然而，同意分期付款并没有赋予活跃债务新的法律地位。实际上，债务人分期付款的承诺及其实际付款，在判例舞台上充当了其身体的占位符，因为自由主义学说将一个人与其财产紧密联系在一起。在 19 世纪下半叶，随着将人身作为债务抵押品的处理越来越普遍，分期付款的庭外和解取代了收债官。债务监禁不仅仅是将金钱与身体对等起来。作为一种强制支付的工具和一种方便当局评估债务人资产的工具，债务监禁在身体和所欠金额之间建立了复杂的等价关系。为总结本节内容，我想介绍一篇当时少有的批评这些等价关系的著作。

《论债务令》（*Dissertation über das Wortzeichen*）是一份篇幅大约有四十页的手稿，由苏黎世前市长康拉德·梅尔希奥尔·希尔泽尔（Conrad Melchior Hirzel，1793—1843）撰写，可能是作为对苏黎世 1842 年的债务执行法的回应。希尔泽尔在这份手稿中探讨了问题的三个方面：他分析了债务令的法律基础、使用的习惯做法以及其威慑效应。他得出结论，债务令破坏了破产程序评估资产和清偿债务的逻辑，谴责对已经进入破产程序的债务人发出债务令是一种"明显的不一致"。他认为，关押债务人的唯一合法理由是"怀疑资产被隐瞒"或者尚未进入破产程序的债务人有逃亡的风险。但是，他争辩道，按照一致性和公平性的原则，在破产情况下不再逮捕债务人是可行的 。因为破产并不是一种犯罪行为，而是经济崩溃的终点，这是由"命运的打击、时代的问题、个人问题或人性的弱点"造成的。

因此，希尔泽尔指出，允许债权人要求逮捕债务人与构成破产的知识实践完全相悖。对已经通过破产程序的债务人发出逮捕令会"破坏我们法律的各个部分之间的和谐与一致性"。如果债务人一文不名，破产程序只是确定了支付的"绝对不可能性"，逮捕他们对此无济于事。如果债务人确实拥有资产，破产程序旨在将其价值平等分配给债权人。破产程序的基本原则是将债务人的资产视为一种同质的价值群体，将债权人视为一群同质的债权主张人。允许债权人威胁逮捕并从中谋取特权地位，这就破坏了整个破产程序的逻辑：债务监禁不仅"切割"了作为个人的债务人（如古罗马的《十二铜表法》所引用的暴力形象所体现），还使债权人的权益地位解体。他谴责"复仇债权人"的捕食行为将使破产程序陷入混乱，将债务人推向"充满焦虑、逃亡和地下生活的黑暗命运"。他得出结论，该州的法律实践可谓是一团糟，他指出被逮捕的人有时甚至受到酷刑的折磨。在债权人的"专断"和"私刑复仇"之下，破产人被"完全置于法律保护之外"。代表债权人签发逮捕令远非法律文书，而是无法无天。

希尔泽尔以彬彬有礼的修辞写作。他将代表债权人发出的逮捕令描绘为无法无天的情绪表达，因此他否定了它们作为"阻止和遏制破产的手段"的合法性。逮捕的威胁只会使债务人更加深陷资不抵债的泥沼，使他们准备"冒险进行最绝望的行为"，以阻止他们的财富之轮滚落。它鼓励债务人对自己的情况保密，直到破产爆发，"像被长期压抑的火一样，爆发时会更具破坏性"。

希尔泽尔坚信，只有通过一致、统一的法律程序，才能实现威慑。他说，代表债权人发出的逮捕令更接近于"可以讨价还价的待售商品"。

作为一位曾经的市长，希尔泽尔对公众形象的微妙之处非常熟悉。他选择用阶级的语言谴责债权令的野蛮行为，声称它们"在受过良好教育的人中很少使用"，只对那些野蛮人有吸引力，而他们全然不关心使用该工具会使自己落下"铁石心肠、反复无常"的坏名声。贪婪的敲诈和无法无天的报复心态，会迫使最正直的债务人陷入一种确保"不诚实将战胜诚实"的情况，因为债权令迫使债务人与不道德的债权人达成秘密协议。这种协议对其他债权人不公平，从而为所有人营造了一种不透明和不信任的氛围。

希尔泽尔的意图很可能是为了揭示早期19世纪40年代法律领域的混沌局面，分析法律条文之间的关系，并从分析中得出司法结论。他观察到多个层面上存在不一致性：法律面前的平等受到私人报复的威胁；破产程序的方法论一致性和底层知识实践受到债权人的干扰；破产的目标是为了提供对"公共信用——所有商业的灵魂"的保障，但这一目标却受到保密动机的威胁。因此，希尔泽尔认为，债权令状建立在一种虚假的等价关系上，这表明法律体系缺乏清晰度。当然，拘留债务人将人身和金钱与自由和财产的抽象规范之间建立了一种问题关系。但希尔泽尔对这个问题得出了一个独特的结论。他不认为在人身和抵押品之间存在根本的类别上的不可通约性。更确切地说，他担心把它们作为等价物对待可能导致不可预测的后果，这可能破坏破产程序的认知有效性：导致混乱和激烈的情绪，而不是清晰和可预测的结果。

值得注意的是，希尔泽尔的批评仅针对拘留那些已进入官方破产程序的人。他认为在债务人申请破产之前，债务拘留是一种合适的调查债务人资产的工具。从某种意义上说，他的讨论凸显了苏黎世当局发出和执行债务令状的随意态度，这种态度一直持续到最后，直到 1869 年立法者在没有太多噪声的情况下废除了这一做法。希尔泽尔对法官宣布破产的人被拘留的有效性表示怀疑。但他认为这是迫使贫困债务人进行分期付款的有效措施。债务令鼓励了超越法律承认的债务关系范围之外的谈判和行动。实际执行的最低限度是自由主义从远端统治的一个关键特征。威胁拘留某人以强迫他们同意付款与破产清查资产和债务重组的目的完全不同。总而言之，虽然将身体视为抵押品是债务执行的次要特征，但它开辟了一个具有自己逻辑和目的的法外行动空间。

生活必需品

在将物品、权益和家畜转化为抵押品的过程中出现的错误非常说明问题。负责进行清查的簿记员对多次抵押、借出或借入的物品感到困惑。有形物品并不是唯一可以作为抵押品的类型。应收账款也可以作为抵押品，将其转化为可转让价值，与动产具有相同地位。苏黎世州立银行在 1871 年设立的典当行发放了证书，将抵押物的所有权归属于证书持有人，就像权证或提货单一样。这个证书可以转让，因此，如果接收证书的人后来无法偿还债权人，破产法院可以扣押证书本身。

有一个典型的案例，很好地说明了所涉及的抽象层次。司法审查人员怀疑破产的前葡萄酒商海因里希·苏伯（Heinrich Surber）隐瞒了他的应收账款（"据承认其中有多项可疑记录"），损害了他的债权人的利益。然而，苏伯在法院上作证时信誓旦旦地说，在进入破产之前，当他即将失去转让资产和账簿的权利时，他将会计账本交给了一个债权人，用以偿还 90 苏黎世盾的债务，并没有任何损害其他债权人利益的意图。

在苏黎世，早期工业实行家庭外包制度，这与扣押资产作为抵押品的债务追收制度相互纠缠，难解难分。在农村地区周转的物品包括纺织品的半成品，确定它们的所有者、将它们作为抵押品扣押是一件复杂的事情。1842 年，一群法警联合请愿，要求将债务人雇主发包的原材料排除在债务人的资产清单之外。他们举出了一些具体的例子，如"用于制作衣服的布料、丝绸等。因为如果不予以排除，强行扣押外包给裁缝裁剪布料，或者给织工织造的生丝，这会让物品的所有权人深恶痛绝，而且并不会给（负债工人的）债权人带来任何好处。不言而喻，这是有害无利的"。原则上，扣押资产作为抵押品意味着剥夺所有者的所有权。但实际上被扣押的生产原料既不属于债务人，也不属于债权人，而是处于一种边缘状态。扣押只是从债务人那里暂时地虚拟转移给债权人。作为赋予他人财产权的行为，调节质押和抵押的法律受到相当多的限制；质押物仅在有限的意义上等同于所欠金额。打个比方，作为一种标记，质押物以类似优惠券调节商品流通的方式，将债务和支付融合在一起，既有一定的等同性，又受到一些限制。

债权人可以要求官员将抵押品存放在仓库中，但通常会对它们设立留置权，并仍然由债务人保管。然而，存放家畜这一官方措施却存在特殊问题。法警员的请愿中请求将扣押的家畜移交给债权人保管："常常有这种情况，就是法警必须代管一些无法存放的标的物，比如家畜，这需要付出巨大的努力和成本，而债权人更可能以适当的方式保管这些东西。因此，只要将抵押品交给债权人且对债务人不构成危险（这一点法警肯定能够判断），这样做是有意义的，可以避免产生一些可能的费用，而债权人有义务支付这些费用。"立法者在是否应该把某个物品视为动产或不动产等复杂问题上陷入了困境，特别是当涉及像织布机、纺纱机和花边机等装设在工人家中的家庭手工业机器时。

　　混乱并不仅限于家畜、易腐物、早期工业原材料和装设在地板上的机器的模糊状态。货币索赔，如工资，也遇到了困难。1855 年，苏黎世州高级法院审理了一起纺织工厂工人被债权人逼迫进行资产扣押程序的案件。法警下令扣押他的全部工资，包括已经赚得但尚未支付和还没有赚得的部分。当法警通知工厂老板时，老板予以拒绝，声称如果扣押工人的工资，他将解雇这名工人。并直言："工厂老板不能沦为雇工债权人的事务官"，他还每周预付工人 5 瑞士法郎，以支付他家庭的生活费用。资产扣押与雇主与工人之间的关系以及当时占主导地位的季节性工资发放的漫长周期发生冲突。这一系列索赔和反索赔使得将某个物品当作抵押品难以实施。似乎解雇的威胁不断阻碍了扣押工资的尝试，因为雇主不愿意让收债官作为中介来与工人结算账目。

　　同时，法律实践在某些个案中将工具、家畜和财产所有权视为抵押品的同时，法律也为某些类型的物品建立了保护措施。然而，令人关注的是，这些保护长期以来仅限于有形物品，直到 1889 年的《联邦债务执行与破产法》通过，才在列举的扣押物品清单中加入了工资，但有限制条件（然而，并未对最低生活水平提出明确定义）。在某种意义上，法律将最低生活水平视为受保护物品本身的体现。这种局面再现了自由主义的主体和客体之间的明确分离，保护被视为自我和家庭生计所必需的物品，同时避免定义主观需求，因为主观需求的可塑性和潜在无法满足的可能性，人们对其持怀疑态度。

然而，这里所表达的对物品的重视并不是自由主义的创新，而是源自早期现代农业习俗。苏黎世 1832 年的债务执行法规定：

以下资产不能作为抵押品被扣押：

（1）债务人及其妻子的赞美诗册和儿童的赞美诗册和课本。

（2）债务人妻子和孩子的衣物。此外，债务人本人必需的衣物。

（3）履行义务性兵役所需的衣物和武器。

1842 年，作为教父教母所赠送的洗礼礼物也被列入了清单。这些礼物不仅仅是私人礼物，因为教父教母的责任超越了核心家庭的界限。1851 年，清单再次扩展，包括由贫困救济机构分发的工具和物品，以及被认为是预防火灾所必需的物品。它还增加了"必需的床上用品"，包括枕头和毯子，但不包括床架和床垫，这些仍然可以被扣押。最后，1851 年苏黎世的债务执行法首次保护了一种为维持生计所必需的物品，即"债务人耕种土地所必需的肥料"。

起初，因生活必需而不可扣押的基本物品的概念仅适用于资产扣押程序。在破产情况下，债务人可能失去一切。在苏黎世州，物品保护措施只在 1854 年、1856 年的私法法典和 1857 年的破产法中扩展到破产程序。与此同时，这个概念也扩展到禁止债务人自愿将特定的受法律保护的物品作为抵押。在此之前，法学家们不确定债务人是否可以，比如，自由抵押他们唯一的床铺。1848 年，苏黎世地方法院作出了否定的判决，并解释说，"如果仅仅获得债务人许可就可以剥夺他最后一点东西"，那么债权人就太容易对债务人过度施加压力了，"至少对无情的债权人是如此"。然而，1889 年的联邦法律改变了这一决定，允许债务人将他们拥有的一切物品作为抵押。

　　直到 1889 年联邦法律通过之前，所谓的生活必需品范围保持不变。与其他州相比，苏黎世的限制相对较少，其他州通常排除工具、农场动物和食物储备等可作为抵押品扣押的物品。联邦法律显著扩大了这一范围，导致一家法院报纸认为其"社会方面""比所有个人责任保险法、事故保险法和酒精法加在一起还重要得多"。在这一点上，这部法律遵循了德国和法国的相关法律，后者已经成为瑞士法语区的模范。除了已列出的物品，免于扣押的保护还适用于某些家居物品和厨房用具、债务人及其家人所需的工具、从事其职业所需的工具和书籍、两个月的食物和燃料供应、来自社会救济、健康保险和援助机构的金钱和非金钱支持，以及选择拥有一头奶牛、三只山羊或三只绵羊以及一个月的饲料和饲草。早在 1875 年的法律草案中，立法者就得出结论，"让债务人保留他们用来为自己、家人以及偿还债务而工作的工具，符合债权人的利益"。

在法律的另一份草案中，联邦委员会希望免除对部分工资的扣押。该草案为大多数债务人保护了150瑞士法郎的收入，同时建议对于因"获取绝对必要物品"（例如食物）而产生的债务，债权人可以扣押债务人的工资，最低限度只能为每月50瑞士法郎。然而，这部法案未能在联邦议会获得多数支持。上议院随后将一般保护下调至100瑞士法郎，对此下议院则完全取消了明确的限制。在1885年的一份报告中，巴塞尔法学教授保罗·斯佩泽尔和商业工业协会反对限制工资扣押。据斯佩泽尔称，联邦委员会的法案将使得无工可做的日工和工厂工人拖欠的债务无法收回，从而剥夺了酒店和杂货商等下层债权人的安全感。他声称，法律将失去其约束力，因为"知道自己不会承受任何法律后果的人很容易变得不道德，轻率地负债，并忘记了即使有能力偿还债务也要偿还债务的愿望。一项良好的债务执行法还应该教育人民；过于温和会毁掉他们的品格"。当联邦法律在1889年进行表决时，关于对某些财产类别的保护的冲突再次升级。《新苏黎世报》将扩大保护措施视为"人道主义"的行为，并以文明进步的语言进行辩护：尽管"多年前"瑞士的贫困债务人被关押在"债务塔"中，而在黑暗时代，一些民族甚至迫使债务人"与其家人一同沦为奴隶"，但更近期的观点是"债务人不应被推到一定生活水平之下，他的生活必须保持人道"。另外，商界人士重复了斯佩泽尔的担忧，即从资产扣押中免除的大量财产，将使得无工可找的贫困债务人的欠债无法收回。他们抱怨称，如果法律实质上保护了工人的全部财产免受债权人的扣押，那么国家的强制力将完全削弱。在一个主题为房东－租客法的沙龙中，讨论了"已经臭名昭著的债务执行法第 92 条"（该条列出了哪些物品不受资产扣押的保护）。一位地方法官批评说，"除了在资产扣押时的大量物品，目前 70% 的索赔肯定是不可能兑现的"。

因此，对资产扣押的限制广泛涉及对日常交换的某些方面的管制和正常化。随着国家建立新的机构，负责观察、构建和干预社会，政府也最低限度地参与了这场辩论，他们的工作之一是使社会治理实践与统一的民族国家体制相协调。在 19 世纪 80 年代对联邦法律的辩论中，形成了一个复杂的知识生产网络，由国家行政机构、学术界、慈善和民间社会组织、商会以及工人和妇女运动组织组成。形成"社会事实"认知的一个关键工具是统计学，越来越精细的方法被各种组织用于收集全国范围的数据。经济危机增加了精英们对统计信息的需求，以辅助他们作出决策。尽管在政治上存在争议，统计学最终还是被确立为一种主导的信息收集方法。统计学为 19 世纪末激烈的阶级冲突中的争论提供了论据，同时声称以中立的方式传达不容置疑的事实。"最低基本需求"的概念成为一个关键的社会范畴。争论的焦点是如何定义家庭的单位。利益相关方利用对无产阶级家产的科学化研

究来支持自己的论点，从而将贫穷家庭的资产变成严肃讨论的
议题。

与此同时，19世纪80年代的经济危机激起了对市场自由主
义的批评。它的"离心力"受到了基督教社团主义、农业意识形
态和反犹太主义的攻击。像卡尔·希尔蒂（Carl Hilty，1833—
1909）这样的自由派支持者也与自由放任和"曼彻斯特理论"
（Manchester theory）保持距离。到19世纪80年代中期，新的增
长时期正在蓬勃发展，自由派思想家将其视为他们进步愿景的证
据，但对另一场危机的担忧仍然存在。支持国家的《新苏黎世
报》在关于"债务执行法中的人性"的专题文章中写道："构成
人类存在的标准正在提高。"它希望在"五十年内，我们人民的
福利、道德和教育"会持续"进步"。当时的分析师认为，破产
法等法律是"社会"立法项目，而有利于商业交换的法律则是为
了调节社会的最终目标。举例来说，法律为从破产到强制拍卖被
扣押资产指明了道路，它在规定最后期限时使农民享有特权。当
农民无法偿还债务时，债权人在被授予留置权六个月后才能要求
拍卖他们的土地，并且他们要求拍卖的权利在两年后到期；对于
动产，他们必须等待一个月才能要求拍卖，这项权利仅在一年后
就会到期。法律设定的期限将从破产到被扣押资产强制拍卖的道
路上对农民给予了特权。这样做的目的是"保护"农村财产，因
为其"具有社会意义"。据推测，大多数债务人在资产扣押后很

快就能够将其收回，"但是没有住房和灶台①的农民则沦为无产阶级"。在这个普遍的话语背景下，制定于 1889 年的《联邦债务执行与破产法》的立法者反而扩大了受保护对象的清单，并免除了部分工资的扣押。

然而，即使在 1892 年这部法律生效后，瑞士的立法者仍无法就保护工资扣押或财产扣押中的确切最低金额达成一致。他们辩称，与德国相比，这些限制旨在确保一个狭义定义的"最低生活水平"，绝不意味着让人们保持"与他们的财产状况相当的生活水平"。尽管在 19 世纪末的雇佣劳动日益普遍，人们可能会认为在立法者对"满足最低基本需求"的定义中，生活必需品会被抽象的金钱金额所取代。但事实并非如此。相反，大部分关于财产扣押的限制都适用于有形物品。正如当时的一篇法学论文所说，确保拥有某些有形物品"将一个中等生活标准确定为规范，自然是根据相当低的需求来衡量"。作者由此得出结论，有用的工具等物品不能用一笔金钱来替代：如果一个人两个月内没有储备食物（除农民外，这种情况很少发生），他们不能坚持要求等额的钱免于被扣押。原则上，《圣经》题材的图像可以扣押，但"真正的圣人画像"则不行；婚戒则是明确被豁免的。行脚商人的燕尾服不能被扣押，但是农场工人的可以。起初，关于不是主

---

① 灶台是当时户籍统计的依据，一个灶台算一个家庭。——译者注

要收入来源的缝纫机是否应受保护存在争议，但它们逐渐得到了保护，劳动者的怀表也是如此。家庭成员每人一把椅子、一个衣柜、一个洗脸盆、成年人的床以及有时作为儿童床的替代品的沙发也都不能扣押。这些物品的清单规范了特定的就业、家庭和社会结构。但这些规范也成为幽默的素材。在法律颁布的最初几个月，刊登讽刺文章为主的报纸写道，狡猾的债务人在法警来敲门之前，就急忙把所有财产都换成了不可扣押的物品。

这部法律的工资扣押政策在很多方面遵循了惯例。在这部法律通过之前，债务催收方通常会让劳工保留部分工资，以免剥夺他们的"必要生活资料"。法律赋予收债官相当大的自由裁量权，以确定债务人的工资中有多少是"无可争议的必需品"。这引发了对这部法律在这一点上的开放性的批评，称其使法官的工作量增加"超过一倍"。

如前所述，《联邦债务执行与破产法》没有对应该从工资扣押中豁免的最低金额作出规定。工资扣押并没有通过将其转化为货币来简化债权人对债务人资产的获取。相反，它导致了新的复杂问题，因为许多债务人的工作岗位不稳定和临时性，扣押未来工资往往是不可行的。此外，当局辩称对工资扣押的有限限制是为了防止无产阶级债务人无法购买赊销或获得贷款。像泥瓦匠这样的季节性工人在冬季时特别需要信贷，通常也会给予他们信贷，因为贷方知道他们将在即将到来的夏季赚钱。巴塞尔州的法院认为，联邦委员会提议保护的 150 瑞士法郎的固定金额超过了普通建筑工人的月工资，他们认为这将导致"没有人仅仅基于对他善意的信任而向他提供信贷"。

当局在确定扣押的具体金额时采取了不同的方法。然而，当局在确定哪些索赔应该优先考虑时，他们使用了一种道德语言，强调了某些事物的实用性。例如，一家法院报纸报道了一起在联邦高级法院审理的案件，该案发生在《联邦债务执行与破产法》生效前的一年。一名在机器工厂工作、有 7 个孩子的工人每两周挣 57.60 瑞士法郎。他的工资被扣押以偿还债务，该债务是用于支付牛奶和租金，收债官认为每月 100 瑞士法郎足够这个家庭生活。工人对此决定提出了疑问，但法院以用于"生活必需品"（如面包、牛奶或租金）的债务必须具备比其他物品更严格的条件为由拒绝受理。实际上，这意味着主要借贷用于购买食物和服装的贫困家庭更容易被扣押工资。用报纸上的话来说，他们"受到的待遇比购买雪茄、酒、书籍、奢侈品等信贷购买的富人要糟糕"。

达娜·西蒙斯（Dana Simmons）在她关于自法国大革命以来"技术政治"（technopolitics）与生活水平的历史研究中写道，决定什么构成了最基本的必需品一直是"一种政治行为"。关于哪些物品应当受到免于扣押的保护的争论就是一个典型的例子。在 19 世纪 30 年代，苏黎世州的自由派政府列出了一小部分符合条件的物品，包括课本、圣歌集、武器和盔甲，随后又囊括了防火所需的工具。这些物品从某种意义上来说是公共物品，代表了家庭与州民社群联结的纽带。苏黎世的立法者选择定义这一有限的生活必需品集合，以避免应对那些更加复杂、不确定且潜在无限的需求问题。到了1889年《联邦债务执行与破产法》通过时，讨论的语境已经发生了变化。在19世纪80年代，对于必需品的辩论仍然侧重于有形物品。然而，法学家们现在愿意尝试确定何为需求。尽管立法者们在如何定义基本需求方面存在分歧，但他们一致认为，这个问题是值得讨论的。统计数据的大规模应用促进了常识的改变，需求已经在一定程度上被客观化，在确定哪些是必需品的讨论中，足以成为决定性因素。然而，扩展后的生活必需品定义仍然模糊不清。一方面，立法者们拒绝建立不可被扣押的最低收入，从而将生活必需品集合狭窄化。另一方面，在底层经济的临时性物品交换中，还存在着特殊的问题。

在19世纪80年代有关基本需求的讨论中，人们越来越关注这种临时经济的问题。当时的观察家们一致认为，将物品与金钱进行交换的循环是19世纪末无产阶级家庭面临的主要困难之一。分期付款购买物品、租赁家具和服装、赊购食物、困难时借钱以及典当财产，这些都是这种临时经济的常见做法。人们向城市迁移的同时，还伴随着一种可移动资产的经济，穷人拥有的几乎所有东西都是可以移动的，这使得他们能够搬离城镇或搬到新的住所，借以逃避债务追讨者。针对底层人士的移动资产存在着多种不同的观点，但它们都汇聚在一个共同的目标上，即为无产阶级交换关系的多样性带来一定秩序。其中包括从 19 世纪 80 年代开始巩固商业利益的保护债权人组织。

除了这些倡议，关于生存的辩论还引发了对底层经济的科学分析。在这方面，各方的观点也存在分歧。定义贫困线的政治意义在于，可以为限制人们的消费提供合法性，也可以要求国家保障一定的最低生活水平。统计学家卡尔·兰多特（Carl Landolt，1869—1923）于 1891 年对巴塞尔的 10 个工薪家庭进行的研究属于后者。这项研究因其丰富细致的内容而成为几代社会历史学家的研究对象。该研究不仅基于家庭的收入和食物开支来记录家庭的贫困状况，还显示出这些家庭几乎没有其他财产，只有一份有形资产的清单，兰多尔特称之为"衡量一个家庭贫困或繁荣程度的指标"。根据这个指标，他将家庭分为"赤贫""贫困""一般"和"相对富裕"四个等级。前三个等级意味着除了食物不足外，家庭"除了家庭用品，没有任何财产"。家具、厨具、扫帚等在这些贫困家庭的资产中占据了显著的比例，远比他们家中的衣物、珠宝、手表和图片更值钱，更别说现金了。

为什么底层人士之间的交换看起来如此不透明？以至于债务催收的扣押和识别无产阶级家庭经济状况变得复杂起来？兰多特的研究显示，临时经济的日常运作逃脱出了研究者观察方法的视野。他建议读者谨慎对待他关于食品购买的表格数据，因为在某些情况下，食品是赊购的，并且购买记录只会在下个月或者在贷款偿还后才被记录到账簿上。此外，不规律的收入经常迫使家庭以赊购方式购买非食品商品。兰多特认为赊购是"可疑的最后手段"，常见但不稳定。而分期付款的企业则利用了债务人的不稳定处境，在最后一笔付款完成之后才转让财产权。因此，在社会改革者眼中，有形物品的交易和典当、分期付款带来的劣势权力关系是无产阶级经济的基本特征。临时经济要求工人结合多种收入来源来维持生计，这在许多人看来是一个问题。针对这个问题的解决方案可谓是五花八门。卡尔·兰多特以家长制作风提倡男性养家糊口独揽重任，以制约妇女劳动的无处不在，而实际上妇女的劳动收入对无产阶级家庭来说是不可或缺的。相比之下，保守派的声音不仅批评了收入来源的性别，还选择聚焦于临时经济本身。一本在科隆印刷的小册子《对工人的剥削》（*Die Ausbeutung der Arbeiter*）用戏剧性的语言叙述了陷入债务的劳工们甚至连衣服也被夺走的命运。这篇文章通过性别化的措辞将道德政治与消费政治联系起来。它完全忽视了劳动和工资问题，将"日常生活的贫困"归咎于妇女的消费行为，以及所谓的她们容易成为分期付款计划、小贩和彩票商的猎物。它把法警的敲门声看作是一出表现下流人物交易的戏剧的大团圆结局。小册子的作者最后请求限制扣押资产的范围。他描绘了这样一种悲惨的情境：

工薪家庭的生活空间将变得"阴郁而贫瘠，一文不名的贫困和饥饿"，"家庭中的不满"将爆发，男人只会躲到酒吧。在作者所描述的"困境"中，债务人被不良债权人玩弄于股掌。最终，收债官把人身变成了物品："想象一个脆弱的物体立在悬崖边。它被左右挪动，似乎没有受损。但是在悬崖边，哪怕最微小的晃动也足以使物体摔落到谷底，粉身碎骨。这就是那些已经达到忍耐极限的人的处境，其中有很多人已经失去了家和灶台。"在这位改革思想家的观察中，临时经济不仅延续了令人眼花缭乱的交换活动，还将人物化。有形资产的损失实际上将债务人变成了脆弱的物品。认为债务和负债最终归结为人与物关系的危机，这只是人与物的范畴之间持续混淆的一个方面，这种混淆是关于债务和债务执行的辩论的特点。这一点在典当的争议中表现得尤为明显。

典当行：流动资产的巨轮

批评者一边倒地认为，典当物品和流动资金的联系既是过去时代的遗迹，又是城市超现代性的产物。牧师约翰·路德维希·斯皮里（Johann Ludwig Spyri，1822—1895）[1]对典当行的现

---

[1] 瑞士神职人员、政治家和统计学家。1850—1853 年担任苏黎世州议员。1875 年成为瑞士北东铁路统计局局长。被认为是曼彻斯特学派的支持者和保守派社会政治家。——译者注

象感到困惑："这是一个中世纪的机构，奇怪的是，它伸入了我们这个基于完全不同原则的时代。"斯皮里是储蓄银行的支持者，也是"社会问题"上杰出的自由派精英观点的代表人物之一。他在意大利皮埃提斯山（montes pietatis）中世纪的慈善金库中找到了典当的历史先例。斯皮里认为典当是过时的，因为与中世纪不同，他那个时代的资本已经"更具流动性"，甚至连"贫穷者"也能够接触到资本。与此同时，他认为在由匿名性和惊人的不平等定义的"大城市"中，典当是一种"必要的恶"。斯皮里指出了巴黎的夏末时节，"20 000 把阳伞"被送入典当行，而整个典当行业沉淀了 2 800 万瑞士法郎的"可以说是死资本"①。结果，典当行变成了"支持浪费和轻佻的机构"，在那里，"廉价的小饰品"被换成零用钱。他认为只有那些"慢慢具备国际化特征"的城市才对瑞士有用。简而言之，斯皮里谴责典当为一种过时实践，将物品变成僵化的资本并培养了不切实际的欲望。

瑞士的典当史既包含了典当行的实际运作，也涉及对其的道德指责。私人组织、面向公益慈善机构的典当行试图通过提供更具吸引力的短期纾困资金来削弱私人典当行的地位。但是，对抗典当行的一个障碍是其相对的隐蔽性，在普遍观念中，这个问题

---

① 在当时的巴黎，伞是常见典当物，有时仅仅是为了送到典当行保管。这里的"20 000"和"2 800 万"都是文学语言，不是可靠的数字。——译者注

被放大，认为典当行在现代自由资本主义中地位较低。1885 年的商业黄页列出了瑞士的 71 家典当行，尽管其中有几家规模较大的典当行被忽略了。与该国的 210 家储蓄银行相比，典当行显然处于次要地位。然而，尽管存在这些不同看法，资料来源使我们有可能确定两种截然不同的关于典当的热烈讨论浪潮。19 世纪 60 年代，金融的扩张促使资产阶级慈善家不仅讨论储蓄银行、保险和证券的意义及目的，而且还对典当的意义和宗旨进行辩论。然后，在 19 世纪 80 年代，作为更为全面的反高利贷法的一部分，通过了对典当业更严格的监管规定。

瑞士的第一家官方典当行于 1856 年开业。这家被称为"动产贷款基金"（Mobiliarleihkasse）的典当行是由圣加仑信贷银行建立的，而这家银行本身就是一家正规银行。1864 年，巴塞尔工匠银行（Basel Handerwerkerbank）成立了自己的典当行。起初，公益与公共福利协会（Gesellschaft für das Gute und Gemeinnützige）也打算参与其中，但最终出于某些原因决定不参与，稍后我将简要回顾这些原因。苏黎世州银行在 1871 年设立了典当行。圣加仑典当行在 1875 年暂时停业，但在 1884 年以共同保证的形式由公共福利协会重组为一家股份公司。巴塞尔的典当行在通过新的规定后无法支付运营成本，因此在 1884 年也被重组为一家股份公司，由手工业银行和公益与共同福利协会部分运营。

典当行的支持者认为，典当行在紧急情况下提供临时帮助，让人们度过困难时期。从社会历史的角度来看，典当更多的是繁荣的现象，而不是经济危机的现象：在繁荣时期，典当行扩张，而在危机时期，典当行萎缩，原因是人们通常只在有望赎回物品时才将其典当。如果典当物在一年内没有赎回，典当行将拍卖该物品。苏黎世州银行经营的典当行在其存在的头 30 年中，平均拍卖了 7.3% 的典当物品（在巴塞尔，19 世纪 90 年代的比例也差不多，为 7.8%），这意味着 92% 的物品在一年内被赎回。推动这一产业的动力不是贫困，而是拥有更多物品的适度富裕。

私人和慈善性质的典当行都提供以黄金和白银价值的 75% 至 80% 以及其他物品价值的 60% 至 75% 的贷款。利率根据贷款期限（最短为 14 天）和贷款金额（最低为 2 瑞士法郎）而有所不同。苏黎世银行的典当行对最小额度的贷款收取 12% 的年利率，而巴塞尔则是 18%。借款人每次典当物品还需要支付固定费用。例如，在巴塞尔，5 瑞士法郎为期 14 天的贷款费用为 15 分。巴塞尔的典当行通过强调法律允许他们收取两倍的费用来为自己辩护，同时抱怨许多潜在客户仍然更偏好价格更高的私人典当行，因为他们觉得这些商家比慈善机构更加谨慎。匿名性是慈善性典当行最为关注的问题。苏黎世的典当行发现客户减少是因为该州于 1879 年颁布的法律要求他们记录借款人的姓名；在巴塞尔和伯尔尼，有报道称借款人雇人帮他们典当物品，以免被人看到在典当行出现。

　　瑞士城市中抵押的动产种类各不相同。在巴塞尔的慈善公共典当行中，抵押物中最常见的是手表和金银饰品，平均占了44.3%。其次是服装，占32.3%，床架和床垫占11%，家具和厨房用具占3.9%。手表和珠宝不仅是最常抵押的物品，还占了慈善典当行发放贷款总额的65%，而服装仅占11%，床上用品占5.5%，家具仅占3.8%，不足挂齿。有趣的是，尽管家庭用品在进行统计分析的家产中占据了很大比例，并且比其他物品更容易被扣押，但人们往往更愿意抵押一些在日常生活中不太重要的个人物品。

　　批评者常常谴责典当行是一种倒退的做法，但抵押的物品却有明显的近代化特征，如袖珍怀表。袖珍怀表是典型的自由主义物件，重量轻、贴身佩戴，帮助自律的个体遵守准时的要求。与挂钟相比，怀表最初是一种奢侈品，但随着19世纪70年代机械生产的出现，它们的价格大幅下降。钟表制造商乔治·弗雷德里克·罗斯科普夫（Georges-Frédéric Roskopf，1813—1889）在洛桑切诺夫成立了一家钟表公司，他的目标是推出一款售价20瑞士法郎的怀表，这相当于工业工人一个星期的收入。典当行以动产为中心，这些物品可以轻易从使用环境中移除，具有较高的交换价值，并且属于借款人所有。抵押物的所有权状态必须清晰明确，因为典当行经常受到涉嫌交易赃物的指责，并且不允许接受由雇主发包给家庭手工业工人的物品。当巴塞尔工匠银行宣布打算开设典当行时，他们的代表特别强调他们不会接受来自织工的丝绸或其他"原材料"。

由典当行获得的单笔流动资金金额很小，而且一直在缩小。在 1886 年，巴塞尔的慈善典当行支付的贷款中，2 至 5 瑞士法郎的贷款占 26%，到 1902 年这个比例增加到了 50%。在 1900 年前后的几年里，平均金额从约 20 瑞士法郎下降到 16 瑞士法郎。换句话说，城市底层越来越倾向于只在借入非常小的金额时典当物品，并且他们所使用的物品会随着时间流逝而贬值。19 世纪末工业化产品的崛起，使得诸如手表和衣物等物品的供应增加，但在典当行的交换价值下降，被斯皮里称为"廉价小玩意"。

支持者和批评者都认为，典当行的商业模式依赖于抵押资产的使用价值高于交换价值。他们认为主观使用价值和客观价值之间的差异，是资产状况的决定性因素，无论是作为抵押品以偿还债务，还是被家庭典当。

在关于生活必需品免受资产扣押的道德化辩论中，斯皮里以道德的语言写道，某些物品不应该被典当。他认为，"对家庭的生计越重要的物品，典当机构越不愿意接受其作为典当品；相反，如果一件物品具有舒适甚至奢华的性质，则看起来更适合典当"。这个原则旨在确保家庭"唯一的床，通常要供多个家庭成员使用，不会最终进入典当行"。

主观价值在抵押品中被客观化。在一篇关于债务执行的文章中，一位德国法学家从"两捆木材"作为"穷人在严寒冬天的必要储备"的古老智慧开始，对他们来说，它比"万贯家财"更有价值。他接着说，扣押和拍卖他们的资产混淆了两种不同类型的价值："强制拍卖的特点在于破坏了主观价值，正如刚才的例子向我们所展示的那样，因为它们不承认这种主观价值。无论如何，债权人只能获得物品的客观价值减去扣押和拍卖费用（或在许多情况下更少）的款项。"虽然保护某些资产免受扣押的法律区分了主观需求和客观权利、真正和虚假的必需品之间的区别，但当时的分析师观察到，典当模糊了主观需求和客观手段之间的界线。这是资产阶级改良主义批评家非常关注的问题，值得更详细研究的一点。

对于公益社会团体来说，典当使时间和物品陷入混乱。一位作家认为，开设典当行是为了使"贫穷的阶层"变得更富裕，这对他来说就像是一种"炼金术"："如果你不先在炼金锅里放一些金子，你就找不到金子。"斯皮里也劝告说，"过度的信用"可能会带来许多"灾难"，他教导人们"最幸福的是那些尽量少依赖信用的工人"。公益社会团体的慈善家们认为，一个家庭的动产应该专门用于私人目的，这加剧了他们对典当的反对，认为这是对物品的不当利用。此外，他们警告说，用典当的物品借钱实际上就是将预期但未兑现的收入装入囊中。

典当的资产既不能被借款人使用，也不能被典当行使用，最终成为"死资本"。掌柜低估资产价值的习惯进一步降低了典当的经济合理性。典当的物品也是"无生产力"的，因为它们的暂时无用阻碍了"贫穷阶层"进行明智的商业投资。同一位作者欢迎像舒尔兹–德利茨希协会（Schulze–Delitzsch Associations）这样的合作社，它使工人能够集体储蓄和创造资本。他还为以担保人的担保来扩大信贷的做法辩护，解释说作为缩小贫富差距的一种方式，这样的信贷可能会缓解"悄悄侵蚀现代社会的不满情绪"。然而，"冷漠的、死气沉沉的典当行"的粗暴行径破坏了这种"相互支持"。

巴塞尔工匠银行的支持者持相反的观点，认为典当将家庭的资产用于生产性目的。他们承认，作为私人使用的物品，这些物品确实使家庭的日常生活更加便利。但它们并不带来任何收入："墙上的钟显示时间，但不产生利润；手中的阳伞可以遮阳，但几乎不产生利润；桌子、椅子、书桌、衣柜很好，但它们不会增加所有者的收益；一幅画、一件小装饰品可能让人喜欢，但它们并不增加我们的收入。"然而，典当行将这些物品转化为生产价值。支持者们说，它并未从循环中移除资本，而是"真正创造了一些东西"。他们的论点隐含在这样一个前提下，即贫困家庭在生病或失业时有能力自行决定不使用某些物品。他们引用了一个织工家产的数字来强调他们的主张，说储蓄银行并非"包治百病"。而且，他们增加了另一个与最低生活水平概念相关的论点：

如果一个家庭将所有收入都用于必需品，那么"家庭动产中的一小部分资本"是他们获得信贷的唯一途径。最后，他们声称对那些向贫困家庭提供购买信贷的商人而言，典当也可以减轻他们的压力，因此，他们的论点旨在稳定交换，远超出贫穷阶层的范围。

资产阶级的贵族慈善家通常没有明确表达为何他们认为典当物品的状态不可接受。然而，他们的努力间接地试图控制贫穷阶层的消费行为。他们隐约暗示，将物品从私人的、情感重要的财产转化为金融担保，可能会削弱人们对时间的管理能力和对自己行为的控制能力，从而影响到他们的纪律性。自由主义的一个原则是，主体性通过财产所有权构成。但当人们将物品送入典当行并用金钱赎回它们时，通过转移物品而削弱了它们在构成主体性中的作用，就破坏了这一原则。这样做可能会模糊社会边界，尤其是阶级之间的边界。这有助于解释为什么资产阶级慈善家经常强调典当资产的象征意义。一个常见的比喻是描述典当行的储藏设施及其成堆的物品，比如在巴黎过冬的"20 000 把阳伞"。这些被转移的物品激发了慈善家的想象力，因为它们向所有人展示了物品的特殊性和作为商品的交换价值之间的区别。但由于存放在典当店货架上的物品并没有消失，这一现象很难理解，使人们认为它既是令人不安的中世纪遗物，又是现代城市匿名性的表达。

自由主义之物

一位敏锐的社会问题分析家在 1900 年前后写道，由金钱引发的经济生活的加速创造了一个世界，在这个世界中，家具就像资本一样变得流动起来，这是人类历史上首次出现这种情况。在《货币哲学》（*The Philosophy of Money*）的最后一部分中，格奥尔格·西美尔（Georg Simmel）对货币如何影响物质世界进行了思考。西美尔矛盾地将货币定义为绝对手段。通过包含"现实越来越大的一部分"，货币的普遍抽象使得"主观上具有差异的生活形式"成为可能，并且在这种平衡的基础上实现了"个人差异的充分发展"。通过以货币衡量价值，这个普遍的价值尺度"因此在比较生活的各种内容方面强制实现了更高的精确度"。通过在所有事物之间建立等价关系，货币不仅在人与人之间相互交换，还支配着人与物本身之间的关系："我们对物品的兴趣通过货币的媒介被打乱，它们自身的客观意义与我们的意识分离，物品在我们的利益集合中本来有适当位置，但它们的货币价值或多或少地将其排除在外。"同时，货币几乎使一切都可供人支配。货币产生了一个"双重过程"，即同时产生和消除距离，扩大了"利益联结，其中利益相关方的空间距离几乎可以忽略不计"。信用代表了这种双重过程的典范，因为"汇票或货币债务的概念代表着远处对象的价值"，这些价值"在汇票中凝聚起来"。在西美尔的描述中，这种由货币的最普遍性和超个体性的统一推动的接近和疏远之间的摇摆也具有时间维度。常见的"流动"货币的隐喻捕捉到了"金钱的虚无性，使其能够在发展水平或个人趋势迫切要求的任何地方支持生活的系统化和节奏"。尽管通货膨胀加快了生活的节奏，但将之前无法动用的资产流动化，象征着货币的时间力量。根据西美尔的观点，生活的"节奏"是依赖于实物财产还是货币，可以用来确定一个社会的现代性："货币已经证明了自己，它还试图将自己的节奏强加给负隅顽抗的地产。"因此，货币这个媒介不仅使物品流通，还创造了新的对象。

西美尔的结论应该结合其历史背景来解读。在他写作的那个时代，日常话语越来越多地涉及物品交换和人与物之间关系。本章旨在追溯这一历史轨迹的几个步骤。将资产用作抵押品，使自由主义的主体化概念面临棘手的问题，因为它既加强又削弱了主体与客体之间的分界。资产抵押将自由、财产和流通能力的问题融合在一起。它扩大了个人在经济事务中的自由度，但当他们的资产被没收时，这种增加的自由度就变成了相反的情况。它遵循了莫斯在对礼物进行详细分析时描述的赋予物体生命，而将人物化，并且模糊了什么是礼物和回礼，谁是给予者和接受者的问题。

将资产作为抵押品没收是源于之前的债务。在这方面，资产没收是一个结束的时刻，给债权人和债务人之间的一系列索赔和异议下了一个结论。最终，将社会关系封装在物品中有助于稳定信贷关系。反过来，这使得"一切可以作为抵押品的东西都可以作为抵押品"，这被认为是时代精神，正如本章开头引用的《大众报》文章所述。资产没收是解决催收违约债务问题的简单行政手段，与破产程序的复杂性形成对比。

然而，资产没收是一个非常不稳定的结局。抵押品是一种混合物，横跨财产法和契约法之间，体现了债务关系的不可预测性。它赋予物体生命，而将人物化，混淆了人的范畴和物的范畴之间的界限。债务监禁实际上将人本身变成了一种抵押物。尽管最初的目的是防止债务人逃离城镇，并允许官员盘点债务人的资产，但 19 世纪的苏黎世见证了它变成一种强迫债务人同意分期偿还欠款的工具。自由主义治理很少使用这种手段，但威胁本身就是其功能的一个构成要素。债务令是一个恰当的名字，因为它就是这样一个表述性的符号，一种在法院之外产生效应的声明。

资产抵押对自由主义认识论提出了难题，明显的表现就是关于哪些物品应当受到法律保护而免予没收的争论。对于可以从个人处没收多少财产的限制，是以物品而不是抽象的货币价值来界定的。通过列举一系列生活必需品，立法者狭窄地限定了债务人的权利，使资产没收受到限制。在 1889 年的《联邦债务执行与破产法》中，这些权利得到了扩展，与此同时，最低生活标准的概念正在成为社会政治辩论的一个关键范畴。然而，日常经济的纠缠催生了资产抵押品的新用途。工资扣押迫使立法者、改革者和其他人面对如何处理尚不存在的资产的问题，而雇主提供的原材料和部分成品以及工作所需的工具也引发了更多的问题。贫困阶层的临时经济引发了资产阶级评论家的担忧，他们不赞成典当。他们通过指出存放在典当行大量的抵押物来说明他们的不满：原本是私人使用的物品现在却沦为抽象的交换价值。社会改革者担心这种状态扰乱了自由主义财产主体的构建，他们对这一现象感到困惑，这种现象对他们来说既显得像是原始中世纪，又具有独特的国际性。西默尔在世纪之交表达的观点，即物品的日益流动性是他那个时代的一个特征，具有历史上的象征性，它进一步凸显了自由主义对人和物的地位以及价值观、要求和义务的有效性的混乱。

结论

    1800 年，大执事约翰内斯·托布勒提出了他的"实用格言"："免我们的债，如同我们免了人的债。"在 1893 年，联邦法官阿尔弗雷德·布吕斯特林谈到了立法者迫切需要采纳"现代观点，即债务执行应针对资产而不是人身"的必要性。尽管相隔了近一个世纪，这两种说法都试图理解债务的关系，并对其产生实际影响。但是，它们并没有构成一个全面进步的轨迹。在 19 世纪，债务和负债是一种深陷不断变化的矛盾之中的主题，无法以简单的线性叙事加以解决。本书旨在分析对象、时间、空间的接近和疏远等多种因素如何塑造债务关系。结论部分将总结本研究中的一些转折点。

    由 1889 年的《联邦债务执行与破产法》所确定的破产和资产扣押之间的明确区别，有助于将债务的不同时间性整合到一个细致而统一的体系之中。这种同步化得以实现的关键是商业登记簿，这是一个几年前为了不同目的而开发出来的文化技术。登记簿根据纯粹的形式区别将人划分成两类：商人或非商人。"商人"这个范畴是由一种新的时空秩序所构建的，登记簿奠定了控制和测量的新技术基础。因此，它有助于构建"经济"作为一个独立领域，拥有自己的规律，这是 19 世纪末社会分析的常见主题。

然而，商业登记簿从一开始就露出破绽：如何定义谁应被要求登记为商人的问题无法解决，而且很少有人登记。在联邦法律生效之前，不同交换领域和不同时间性之间的矛盾和冲突通过其他方式得到解决。在农村和早期工业地区，通过截止日期、各种文件和表格以及像在教堂宣读拖欠债务人名字之类的传播媒介来编排不同的节奏。

在 19 世纪 30 年代，自由主义国家的机构试图通过委托基于统计数据的报告来实施新的问责模式。但新的知识强调了地方当局延迟债务催收程序以保护地方财政免受破产人的影响，而后者必然会依赖贫困救济。自 1800 年以来，将无钱偿还债务的人监禁起来的意愿也与远程治理的自由主义原则相矛盾。尽管债务监禁是一种边缘的做法，但其作为威胁的使用逐渐增加，直至最终于 1870 年被废除。

政治事件，如苏黎世在 1830 年的自由主义改革、1848 年的瑞士联邦的建立，以及 19 世纪 60 年代末民主运动争取的州宪法修订，都是具有政治色彩的时刻，其中关于债务合法性的未决问题引发了对政治体命运的辩论。男性公民权利在公开辩论中得到了讨论和扩大，导致破产人请求解除对他们施加的"荣誉制裁"。然而，在政治话语中，经济不幸和道德缺陷之间的联系仍然十分紧密。撰写 1889 年联邦法律的立法者们也无法就荣誉制裁达成统一的规定，因此将这个问题转交给了各州。但这项法律确实改

变了破产人申请"摘帽"的条件。在 19 世纪 60 年代末的危机和
1880 年的危机之间，经济构成了自己独立于个体之上的整体，这
增强了个体主张他们的经济困境"非自身过错"的主张。然而，
"摘帽"的认识论仍然是个体诊断的范畴，救济仍然只能在个案
的基础上获得。1800 年，托布勒的格言"免我们的债"要求债权
人对债务人怀有仁慈之心。相反，到了 19 世纪 70 年代，法官需
要负责评估导致债务人破产的道德失误和偶发事件的混合情况。
因此，债务的道德化并没有消失，只是主体位置发生了变化。

随着社会越来越被视为一个客体，我们对危机的看法也发生
了变化。人们解释自己的处境时指向的是一场危机，这场危机不
仅影响到他们个人，还影响到周围的每一个人。自由主义国家及
其文书工作为 19 世纪 60 年代的民主运动所提出的批判性主张提
供了论据来源。

然而，除了当代人对危机的看法，经济危机还引发了债务
收回方式的转变。一个例子是巴塞尔当局在 19 世纪 60 年代面临
破产激增时决定改变他们保存记录的做法；另一个例子是放宽破
产人"摘帽"的条件。然而，虽然 19 世纪 60 年代末扩大了破产
男性的自由，但已婚妇女的财产权却受到了限制。从这个意义上
说，19 世纪 60 年代末的危机标志着一个转折点，就像 1880 年的
危机一样。

从这个角度来看，资本主义没有内在的本质，而是一种特定

的实践调整。现代资本主义的"不均衡"使看似微不足道的日常
生活成为人们对社会反思的首选场所，这一点具有方法论和历史
意义。格奥尔格·西美尔就是一个典型的例子。在他 1900 年前
后的著作中，日常事件构成了他的写作本质，这也成为本书的时
间节点。

本研究也专注于债务催收的不平衡性——跨地区、时间、经
济领域的不平衡性——以及其平凡的日常性。这是一种特定的系
统监管历史，追溯了债务执行程序的具体方面，并展示了如何通
过个体干预创建了一个超个人的、形式上的法律框架。强制债务
催收的简要司法程序由债务人和债权人之间的一系列个体对抗组
成，这些对抗既处于一个已经存在的法律框架中，同时也帮助构
建了这个框架。债务催收揭示了在自由资本主义下定义债务的基
本关系现象中存在的冲突。

这种分析或许可以对关于资本主义历史的讨论提出一个观
点。最近关于资本主义的研究往往聚焦于精英阶层或特定领域，
如商业或金融，探讨资本在某个历史时期的组织方式以及对社会
的影响。然而，资本主义历史的研究可以从日常实践的丰富性中
汲取教益，这正是本书所努力的方向。这意味着不偏袒特定的经
济问题或社会领域，而是分析资本主义的交换关系以及其中的冲
突、相互碰撞的道德观念和认知上的不确定性。从这种转变的视
角产生了不同的历史叙述，它并不以资本或劳动等现成的概念为

起点，而是从这些经济概念在历史形成时的矛盾中展开探讨。

形成债务催收的形式化和标准化过程并非简单的因果关系，也不是历史自动、无所不包的前进运动的结果。本研究避免使用像工业化和商业化这样的时代概念作为对复杂现象的便利解释，同时也没有放弃像资本主义这样的一般概念的启发价值。它的目的是在个别和系统、独特和规范之间取得分析平衡。债务催收并没有把单一的模板或逻辑作为不二法门，但它也不是一团竞争性的混乱实践。相反，债务催收的历史揭示了如何将不同的实践和偶然的力量拼凑在一起，形成一套规则引导的系统。

简要回顾这一模式的一个具体表现：债务催收最重要的方面是它几乎不需要国家的干预。现代自由治理借鉴了近代早期的农业习俗。债务和负债政策显示出，瑞士在 19 世纪并未像其他欧洲国家那样完全经历国家权力扩张的过程，其中国家机构渗透到社会的各个层面。资产阶级法学家致力于资金、商品和信息的"自由流动"，并将合法的债务执行列为他们优先考虑的事项之一。19 世纪 60 年代一本德国的国家治理理百科全书试图说服其专业读者，声称瑞士的债务执行是"独一无二的瑞士机制"，因为瑞士的程序比"德国通常的程序更有活力"，并且"更适合公共利益"。

该文章强调了债务催收的低成本和简单常规的管理方式，通常无须进行法院审判。作者从中推断出更大的影响，并声称这将放宽对信贷的限制："毫无疑问，与这种简单的破产程序相结合的简单催收（债务）是在各个州实现动产和不动产（甚至是小农场的不动产）获得非常大的信誉的主要原因，在其他地方很少见到。"将"小农"纳入自由主义项目的实际方式中，债务执行揭示了自由主义的新领域，通过将习俗实践置于不同的构架中，不需要大幅改变这些实践，就能确保其对经济生活的其他方面产生影响。与此同时，债务催收的历史揭示了自由主义治理随时准备使用强制手段，指向了自由主义远程统治中经常被忽视的强制和压迫因素。因此，本研究深入探讨了不断阻碍债务催收的抵抗形式、矛盾和纠葛。实际上，债务催收本质上是一种对抗，因为债务人和债权人因无法偿还的债务而发生了冲突。这种对抗并不严格遵循阶级界限，通常更像是一种干扰而不是明确的斗争。

强制执行债务将经济交换与象征价值相结合。破产人受到"公民死亡"的威胁，并在社会想象中被塑造成危机的化身，特别是作为男性公民主体地位的象征。但是，"公民死亡"的破产男性并没有被放逐出公民团体，尽管他可能代表了与预期相反的情况。相反，"公民死亡"的隐喻界定了该团体的界限及其固有的矛盾，将危机转化为国家面临的政治问题。破产人的形象并不是公民社会的另一面，而是让人们能够理解危机实际意味着什么。因此，通过追踪冲突的轮廓，破产人在社会想象中的再现也有助于政治的限制、共识和权威。然而，个体破产人所讲述的故事与这种集体叙事截然不同。在巴塞尔，接受警方讯问的破产人在任何意义上都没有"死亡"，而是积极寻求与债权人重新谈判，争取有利的条件。他们抵抗当局，试图保留自己在居留地的地位，而不是申请参与国家政治的权利。有些人对他们的法律地位几乎不感兴趣。最后，临界点是破产人失去公民权利，变更婚姻性别等级的时刻。剥夺公民权意味着剥夺对妻子的法律控制权，从而交出了对她嫁妆的控制权。这动摇了男性作为财产所有者的自我认同，破坏了自由主义的一个关键法律和文化构想。相反，破产人的妻子出人意料地出现在法律舞台上。女性的能见度和行动能力的增加，揭示了家庭性别等级和以此为基础的男性气质中的裂缝。由于法律和文化都以这种等级为基础，这种冲突带来的结果并不连贯。

没有关于破产人身份的明确分类，同样适用于通过债务形成的主体化过程。就像债务本身一样，主体化是一种关系性现象，抵制着标准化的分类。债务人的主体性受到文书工作、期限、协议和其他结构化债务关系的客观因素的塑造。一系列文化技术——从早期的习俗到现代商人的形式范畴——在主体的形成中相互交织。但主体化并不是通向一致性的单行道，因为其惩戒程序为不可预测的事件提供了空间。第四章对个人叙事的分析凸显了这一点。慈善债权人雅各布·斯图茨的案例，说明了苏黎世贫困化的早期工业高地债务如何影响多元化的社会关系。戈特弗里德·凯勒的小说表明，复杂的法律程序使主体能够重新协商与债权人和其他人的义务，但代价是失去了方向感。在凯勒的世界中，个体主体的判断能力是保护他们免受"欺诈"等情况的关键。债务成为威廉·魏特林的共产主义政治理论的催化剂，因为它渗透到生活和生存的许多方面，与前面提到的共识和霸权的情形相去甚远。魏特林将债务描述为"货币制度"的主观实现。在债务执行中使用的身份认同和质询技术经常起到相反的作用，将个人与其身份分离，并困在意料之外的境况中。总的来说，债务将自由主体置于困境之中。警告人们不要轻易陷入债务陷阱的呼声可以追溯到本杰明·富兰克林（Benjamin Franklin，1706—1790）的猛烈抨击，这段名言在马克斯·韦伯（Max Weber，1864—1920）的《新教伦理与资本主义精神》（*Protestant Ethic*）中引用时产生了戏剧性的效果。直到 19 世纪 80 年代，人们还担心在瑞士扩大担保债务所带来的危险。这些告诫并不将债务视为对主体自主权的死刑判决，而必须不惜代价避免。相反，它们强调，由于债务构成了经济不稳定的方方面面，需要谨慎行事。债务并不是自由主体的特例经历，而是一种日常关系，需要警觉对待。

同样地，主体化并不会导致一致性。当人们反思自己作为债务人或债权人的身份时，通常会借鉴已建立的模式。然而，道德化往往导致债务人用各种不同的论据来为自己辩护。例如，巴塞尔警方审问的破产人自称是"有能力的顾家男人",在被问及债权人会遭受的损失时估计很低,并选择逃离城镇以躲避行政程序处理。但破产人并不总是只能借鉴与债务关系间接相关的话题。他们经常利用社会规范的不一致性来谋求自身利益。正如对嫁妆的混乱地位的研究所显示的,嫁妆是一种同时涉及家庭生活和契约法的财产形式,法律本身可能存在矛盾之处。

债务催收的复杂性在逻辑上触及了主体与客体、人与物之间的核心关系。它试图将它们塑造成私有财产的自由主义制度,但在这个过程中反复带来新的问题。当物品(直到 19 世纪 70 年代之前,还包括人身)作为抵押品被扣押时,它们就失去了明确的作为某人私有财产的地位,这对于财产概念及其对自由主义主体性的构成功能造成了困惑。在 19 世纪 80 年代,随着对通过没收财产解决债务的批评日益增多,保护物品和人身免受债务催收影响的努力变得更加紧迫。然而,大多数努力都以失败告终。因此,本研究更注重形成主体的各种机构之间的冲突,这些机构将主体置于令人困惑的境地中,有时主体失去了主体性,成为一种类似非主体的存在,可以说这是一个悖论。

债务的关系性使债务人和债权人置身于共同的空间中,但这并不意味着是均质的。制度既巩固了债务人与债权人之间的关系,又使其分散。与此同时,像文件工作等媒介创造了新的可见性和不透明性形式。对于债务人、债权人、收债官和立法者而言，认知上的谜团随处可见。有些问题涉及分类，比如官员们试图以道德缺陷和经济误判的角度描述破产人的命运，而其他问题则源于抵押品在人、物和价值之间的关系中引起的混淆。

最终，混乱是债务催收的认识论结果。这个结论并不与债务催收作为资本主义交换关系的基本、通常顺利的实践相矛盾。债务执行的稳定性建立在摇摆不定的基础之上，这正是本研究所探讨的问题。本文所分析的时期以瑞士 1889 年的《联邦债务执行与破产法》为限，这部法律确立了一致的、联邦法律规范的实践。1889 年之前存在的不一致性融入了各种程序，正如一位联邦立法者所说，这些程序都是"由常规发展而来的"。债务催收在 19 世纪的日常经济生活中注入了一种全新的可靠性程度。但是，它在解决一个问题的同时，也通过不断引发混乱而带来了一系列其他问题。

德文版致谢

　　本书是我在苏黎世大学所著博士论文的修订和精简版。我首先要感谢雅各布·坦纳（Jakob Tanner）：他帮助我获得了撰写本书所需要的经费支持，并且在社会和经济历史研究所（Institute for Social and Economic History）营造了生机勃勃的氛围。在本书写作期间，是他孜孜以求的好学精神一直激励着我，这种精神至今犹存。感谢莫妮卡·多曼（Monika Dommann），她一直乐于和我讨论这项课题，坚持不懈地与我保持互动。我很感激这两位所表现出的诚恳态度，尤其是在我们之间的意见相左的时候。巴塞尔大学历史系（Basel's Department of History）的卡罗琳·阿尼（Caroline Arni）对全部初稿进行了详细的点评，无私分享了她的才华。

　　瑞士国家科学基金会（Schweizerische Nationalfonds）和沃格林-比恩斯基金会（Vögelin-Bienz-Stiftung）提供了至关重要的经费来源，帮助完成了这项课题。非常诚挚地感谢那些为我提供帮助的档案管理员和图书馆员，没有他们的耐心和不断指教，这项研究不可能结题。康斯坦茨大学出版社（Konstanz University Press）的亚历山大·施密茨（Alexander Schmitz）从编辑角度提供了专业指导，没有他的帮助，这项课题也不可能成书。

感谢我的许多同事和朋友，他们总是乐意和我讨论本书的书稿和一些模糊的想法，即便书稿还处于初创阶段：萨拉·贝纳斯科尼（Sara Bernasconi）、布里吉塔·贝内特（Brigitta Bernet）、艾娃·布鲁格（Eva Brugger）、芭芭拉·格里姆普（Barbara Grimpe）、鲁本·哈克勒（Ruben Hackler）、阿尔穆特·霍夫特（Almut Höfert）、尼克劳斯·英戈尔德（Niklaus Ingold）、丹妮拉·詹瑟（Daniela Janser）、安娜·乔斯（Anna Joss）、桑德拉·马斯（Sandra Maß）、乌特·泰勒曼（Ute Tellmann）、马加里·托尔内（Magaly Tornay）、科尼·韦伯（Koni Weber）、马里奥·维默（Mario Wimmer）以及许多其他人。感谢安德烈亚斯·法斯尔（Andreas Fasel）、萨拉·加斯特格（Sara Gasteiger）、克劳迪娅·格拉夫（Claudia Graf）、伊夫林·塔尔（Evelyn Thar）和丹尼尔·魏斯（Daniel Weiss），在课题的初期阶段，他们与我进行了许多关于这项研究的对话，当时似乎全世界都在大谈股市和信托，却还没有谈到债务和权力的关系。

两次学术访问的经历对这项研究至关重要。感谢凯瑟琳·坎宁（Kathleen Canning）的邀请，我于 2012 年春季前往密歇根大学访学，本书正是在那里草创，并确定了体例。我与她、杰奎琳·拉里奥斯（Jacqueline Larios）和杰夫·埃利（Geoff Eley）之间的讨论，令我难以忘怀，他们就搭建本书的篇章结构提出了颇有见地的建议。感谢扬·戈尔德斯坦（Jan Goldstein）接受我在芝加哥大学度过了 2013 年的大部分时间，她与威廉·休厄尔（William Sewell）和埃里卡·沃斯（Erika Vuse）在项目后期提出了一些中肯而又友善的问题。感谢安德鲁·齐默尔曼（Andrew Zimmerman）给我的建议和鼓励。

我还要向那些陪伴我写作的音乐家们鞠躬致敬。在陶醉于爵士灵歌（soul）[1] 和雷鬼音乐（reggae）[2] 多年以后，我找到了重返电子音乐中心的路：从芝加哥和底特律的经典乐队到诸如劳蕾尔·哈洛（Laurel Halo）[3]、"女优"（Actress）[4]、丹尼尔·埃弗里（Daniel Avery）[5] 和黑色圣母（Black Madonna）[6] 等青年才俊。

我的父母瑞格拉（Regula）和丹尼尔·苏特（Daniel Suter）从小就引领我和我妹妹安嘉·苏特（Anja Suter）进入了书本和知识的世界。我永远感激我的家人对我的不懈支持。

---

[1]　亦称"灵魂乐"，一种源出美国黑人的福音唱诗的流行音乐。——译者注

[2]　一种始于 20 世纪 60 年代中期的牙买加民间音乐。后来又加入了非洲、北美的流行乐和摇滚乐元素。——译者注

[3]　美国音乐制作人、作曲家和歌手。她以其在实验电子音乐领域的工作而闻名。——译者注

[4]　英国电子音乐人达伦·J. 坎宁安（Darren J. Cunningham）的艺名。他被认为是当代电子音乐中最具有影响力和前瞻性的代表人物之一。——译者注

[5]　英国音乐制作人和主持人。他以其在电子音乐领域的工作而知名。——译者注

[6]　本名为玛瑞亚·斯坦普（Marea Stamper）。美国音乐制作人和主持人，她以其独特的音乐风格和激动人心的现场表演而著称。——译者注

这本书是关于债务的。无论莫斯（Mauss）[1] 对此有何说法，但有些关系确实超越了交换原则。无论是在日常对话还是在对初稿的批评意见中，安吉莉卡·斯托贝尔（Angelika Strobel）都与我交流了她对本书叙事的感受。我感谢她无私的分享，以及为我所做的其他许许多多事情。多年以来，西尔维娅·卡菲希（Sylvia Kafehsy）用她卓越的分析想象之才给我带来许多思想的馈赠，任何语言都无法表达我对她的感激之情。

米沙·苏特

2016 年 4 月　于苏黎世和巴塞尔

---

[1] 马塞尔·莫斯（Marcel Mauss，1872—1950），法国人类学家、社会学家、民族学家。他在代表作《礼物》（*The Gift*）中提出了"互惠原则"（reciprocity）的概念。——译者注

英文版致谢

虽然在任何情况下，本书提出的论点都与其他出版物中的内容有很大不同，但是一些章节的部分内容已经在其他出版物中发表过，其中包括：

"Das Wissen der Schulden: Recht, Kulturtechnik und Alltagserfahrung im liberalen Kapitalismus." *Berichte zur Wissenschaftsgeschichte* 37, no. 2 (2014): 148–164.

"'Falliment'—the Social Life of a Legal Category: Knowledge and Morals in Bankruptcy Proceedings (Basel, 1840s)." In *Debtors, Creditors, and Their Networks: Social Dimensions of Monetary Dependence from the Seventeenth to the Twentieth Century*, edited by Andreas Gestrich and Martin Stark, 217–251. London: German Historical Institute London, 2015.

"The Boundaries of Debt: Bankruptcy between Local Practices and Liberal Rule in Nineteenth–Century Switzerland." In *The Cultural History of Money and Credit: A Global Perspective*, edited by Chia Yin Hsu, Thomas Luckett, and Erika Vause, 51–66.Lanham, MD: Lexington Books, 2016.

"Debt and Its : Collateral as an Object of Knowledge in

Nineteenth-Century Liberalism." *Comparative Studies in Society and History* 59, no. 3 (2017): 715–742.

"Moral Economy as a Site of Conflict: Debates on Debt, Money,and Usury in the Nineteenth and Early Twentieth Century." *Geschichte und Gesellschaft* special issue 26, "Moral Economies," ed. Ute Frevert (2019): 75–101.

自从本书的德文版本于 2016 年年初出版以来，关于债务的批判性思考大幅度增加，掀起了一股激动人心的新学术潮流。尽管我克制了为翻译而涉足其中的冲动——这将需要另外一本专著，但我确实参与了在此之后开始的其他工作。反复阅读和重新领会，以及文本再现和重新思考的过程，使翻译成为一种跨越时间和语言的令人眩晕的体验。可以这么说，翻译基本上是译者和原作者之间一项相互协作的事业。因此，我要对本书英文版的译者亚当·布雷斯纳汉（Adam Bresnahan）表示感谢。他不仅出色地完成了"译者的任务"，还使我们的合作变得愉快。当然，本书英译本中存在的错误和缺点都由我独自负责。巴塞尔志愿者学术协会（The Freiwillige Akademische Gesellschaft Basel）① 提供了资金支持。我特别感谢凯瑟琳·坎宁（Kathleen Canning）对这个

---

① 一个位于瑞士巴塞尔的学术协会，成立于 1818 年。该协会的主要目的是推广科学、艺术和文化，为公众提供各种学术和文化活动。——译者注

项目的兴趣。我感谢她和"德国社会史、大众文化和政治"丛书编委会将这本书纳入他们的跨学科系列丛书。杰夫·埃利（Geoff Eley）和安德鲁·齐默尔曼（Andrew Zimmerman）这些年一直慷慨地给予了我很多指教。我要感谢克里斯托弗·德雷尔和密歇根大学出版社的每一位参与者，尤其是两位匿名评审专家，他们为英文版撰写了宽宏大量的评语。

米沙·苏特

2020 年 5 月　于苏黎世

译后记

　　本书作者是瑞士青年学者米沙·苏特。苏特 2008 年获得苏黎世大学硕士学位，随后继续在本校攻读博士学位，师从 19 世纪欧洲社会和文化史专家雅各布·坦纳（Jakob Tanner）教授和 20 世纪社会史专家莫妮卡·多曼（Monika Dommann）教授，主要从事文化人类学方面的研究。在攻读博士学位期间，苏特先后到美国密歇根大学历史系、芝加哥大学历史系做访问研究生。2014 年，苏特获得苏黎世大学博士学位。博士毕业后，苏特在巴塞尔大学历史系担任了一段时间讲师，主讲欧洲现代史。后来在瑞士国家科学基金会资助下，先后到美国杜克大学、德国柏林洪堡大学、美国纽约市立大学担任访问学者。2021 年起担任瑞士日内瓦研究生院助理教授、研究员。他同时还兼任德国《历史人类学周刊》（*Journals Historische Anthropologie*）和美国《反驳》（*Traverse*）两本学术刊物的编委。

　　苏特的研究领域集中在欧洲近代资本主义历史和殖民主义人文科学历史。他博士论文题为《司法强制：自由资本主义下的债务和执行（1800—1900）》（*Rechtstrieb：Schulden und Vollstreckung im liberalen Kapitalismus 1800–1900*），主要从人类学和社会理论的角度探讨了 19 世纪资本主义的私人债务催收问题。本书就是

314 / 债务之网：瑞士民商法的发展（1800—1900）

其博士论文的改写和精简版，2016 年由德国康斯坦茨大学出版社出版。当时恰逢欧洲学术界正在集中反思欧洲主权债务的深层次原因，因而本书在欧洲学术界引起较大反响。英语世界也对本书予以关注，评论界认为本书"为新兴的资本主义史研究作出了重要贡献"①，"是一部复杂而雄心勃勃的著作，超越了对债务网络的习惯视角，将本土关系和实践置于经济价值和结构现代化出现的背景下。在这方面，它在欧洲德语区的史学中无疑是开创性的，可以与克雷格·马尔德鲁（Craig Muldrew）的《信用经济》（*The Economy of Obligation*）和玛丽·普维（Mary Poovey）的《信用经济类型》（*Genres of the Credit Economy*）等英美作品相提并论。它作为博士论文的原始形式经过精心编辑，非常值得翻译成英文，以推荐给更广大的读者。"②2021 年，美国密歇根大学出版社将本书纳入"德国社会史、流行文化和政治"丛书，出版了英文版。英文版译者是美国朝至者出版社（The Pilgrim Press）的编辑亚当·布雷斯纳汉（Adam Bresnahan）。布雷斯纳汉 2011 年毕业于美国佛罗里达新学院，2015 年获德国波茨坦大学德国文学与语言艺术硕士学位，毕业后一直从事德—英人文科学学术翻译工作。本书中文版根据密歇根大学出版社 2021 年英文版译出，个

---

① Kenneth F. Ledford.*The American Historical Review*, 123, 5(2018): 1768–1769.——译者注

② Eve Rosenhaft.*Enterprise and Society* 18, 2 (2017):479-481.——译者注

别地方依照德文版做了一些校订。

本书将 1889 年《联邦债务执行与破产法》的立法确立为瑞士"资本主义交换关系正常化"的分水岭事件,致力于回顾在此之前的几十年,尤其是 1830—1870 年的 40 年时间内,瑞士存在的多种债务催收实践以及演变为联邦统一法制的进程。19 世纪是瑞士历史上重要而多变的时期。1848 年 9 月 12 日,瑞士通过了新的联邦宪法,将瑞士从一个松散的邦联转变为联邦国家,规定了联邦政府和各州政府的权力分配和责任。这意味着瑞士的债务问题在一定程度上涉及中央政府和州政府之间的协调和合作。19 世纪瑞士开始了工业化进程,经济迅速成长,铁路和其他基础设施的建设加速了国内贸易,同时也为瑞士的出口提供了便利,银行业和金融服务业成为瑞士经济的重要支柱,瑞士逐渐发展成为国际金融中心。正是这样的政治和经济背景,促成了统一的《联邦债务执行与破产法》的诞生。作者认为,这部法律的意义在于将经济活动和日常生活区别开来,从而使经济成为一个特定社会部门、商人成为一个独立的经济法律主体。苏特利用自己发展的"过程人类学"方法,依靠地方档案和文学文本,对各地的债务催收实践进行了详细和批判性的分析,概括出他所谓的"系统性监管的特定历史",得出了"债务的结算以及其中涉及的冲突和日常互动,揭示了自由资本主义交换关系的核心矛盾"这一关键结论。

虽然此一时期的瑞士正处于恢宏的历史进程当中，但是作者并没有采用宏大叙事的方法来展开写作，而是采用了"微观历史"的技巧娓娓道来（"微观历史"被认为是更广泛的马克思主义历史学派"自下而上的历史"的一部分）。作者通过大量引用当时的日记手稿、报刊文章、司法档案，以及政治宣传小册子、文学作品等文本，通过日常生活的琐事来描绘早期近代时期瑞士债务催收和破产制度的社会和历史背景以及实践过程。作者征引材料"并不追求统计上的代表性，但这些例子也不是随机选择的"。关注普通人的生活，而不仅仅是历史上的伟人，正是"微观历史"这一研究方法最为独到的特色。本书通过运用这一写作手法来归纳自己的观点，可以说相当成功。

本书以画家埃舍尔和收债人辛兹之间的纠葛作为开篇，开宗明义把债权人与债务人的紧张关系以及对收债人不友好的社会氛围摆在读者面前，并且以这一案例来说明"当涉及债务催收时，人们往往会在包括经济、道德和政治等不同的话语范畴之间跳跃"，从而暗示债务问题从来就不是单一的经济现象，它是一种植根于社会、历史深厚土壤的文化现象。苏特指出："债务是具有深层次关系的现象，由法律规定、经济力量和道德判断相互纠缠而成。"在之后的论述中，苏特又提出"归根到底，债务关系是一种相互角力的关系"这一基本判断，并且将其贯穿于全书始终。作者将债务看作是一种多个要素之间盘根错节的关系。这些要素包括货币、人（包括人身和人格）、物品和时间。他认为债务是一种复杂的关联网络，涉及金钱交易、人际关系、财产权益和时间的因素。这种关系是动态变化的，取决于特定时刻和情境。作者对债务的理解不局限于简单的金融交易，而是将其置于更广泛的社会和文化背景中，深入探讨人与人之间、人与物之间的关系及其影响，从而归纳出"人的物化和物的人格化所带来的困惑和冲突，是资本主义的社会关系中的固有问题"这一基本判断。从关系角度理解债务，突出了债务与人类主体性之间的关系这一主题，在此基础上搭建自己"债务人类学"的基本理论框架，是本书一大重要的学术贡献。

本书主要的理论来源包括了马克思的异化理论（特别是人与人之间关系的异化）、福柯的主体化和 E. P. 汤普森的道德经济概念。这三条理论线索从一开始就贯穿全书，用来解读债务催收所代表的"更广泛的历史趋势"。除此之外，作者还钟情于莫斯对信用和债务关系本质的分析，认为"莫斯关于礼物的文本，为我们构建了一种将债务视为社会关系的理论框架"。作者根据马克思关于信贷是"对一个人的道德作出的国民经济学的判断"这一论断，结合汤普森的道德经济概念，把"道德"在债务执行中的地位作为贯穿全书的一条重要线索来分析。工业化以前的欧洲，习惯上把放债的人视为刻毒、贪婪的大奸大恶之人——莎士比亚剧作《威尼斯商人》中的夏洛克就是具有代表性的文学形象。正是这种文化传统，以及转型期理论家们提出的"债务执行应针对资产而不是人身"这一价值观渐渐被人接受，让 19 世纪瑞士债务执行的立法和司法实践更偏向于对债务人权益的保护。作者梳理了债务催收和破产程序中对债务人"荣誉制裁""公民死亡"、债务拘禁等将人格和人身作为"抵押品"的做法一直被抵制、最终被取消的历程，向读者揭示了瑞士作为当时"自由主义的实验室"如何用道德批判为工具，建立了债务催收和破产的新的系统秩序。如果说作者把瑞士《联邦债务执行与破产法》的立法确立为"资本主义交换关系正常化"的分水岭事件，那么在债务执行中将"财产"和"人身"进行区分，就可以被理解为政治和经济自由主义在瑞士被确立为主流意识形态的分水岭事件。

本书所采用的"微观历史"的叙事，固然有其生动、真实的优点，但作为历史的"拼图"，又难免流于琐屑和随意。作者自己也坦承"从某种意义上说，这项研究是零碎的"。当然这种"零碎"只是说明其研究的理论和样本来源的多样性，而这种多样性是围绕本书的核心论点来组织，并通过逻辑关联在一起的，并非简单的堆砌。不过作者的言论或多或少受到了其政治自由主义意识形态的影响；在他所使用的材料中，几本乌托邦主义的小册子以及虚构的文学作品也许能表现当时社会思潮的某些方面，但是未必能反映真实的和整体的历史，和当时法治的思想和实践现实的联系也很脆弱；他所选择的一套日记，不仅是缺乏旁证的单方说辞，也未必具有代表性；作者的理论折中主义也损害了他分析的内部一致性。[①] 但本书毕竟只是脱胎于一篇博士论文，作者的观点尚需完善、材料有待补充是可以理解的。事实上，作者在本书英文版致谢中罗列的文献，已经对本书中的部分内容有所发展和更新，有兴趣的读者不妨阅读参考。

"译作者的任务，是在译作的语言里创造出原作的回声。"[②] 这对于社科学术著作的翻译而言，是一项艰巨的任务，牵涉到对原著体系的把握、观点的消化、术语的转换，以及文风的适应。本书是一本跨文化、跨学科的著作，且又是从英文版转译，翻译工作尤为艰难。和德文版对照，英文版在一些地方有大幅度的改写，译者不能肯定是原作者的更新还是英译者的发挥。为使译文文本能够更准确地再现作者意图，译者直接联系了本书作者苏特博士，并在整个翻译过程中保持了良好的沟通。承蒙苏特博士热情而友好的支持，及时、详细地解答了译者在翻译过程中的疑难问题，还拨冗专门为本书中文版作序，对此译者表示衷心感谢。欧洲会计实务专家、莫斯科大学 MBA 崔蕾女士仔细审读了译稿并提出了中肯的修改意见，本书编辑为本书的顺利出版付出了大

---

① Anders Norge Lauridsen. *Social Anthropology/Anthropologie sociale* 26, 3 (2018): 441–443.——译者注

② 启迪：本雅明文选，[德] 汉娜・阿伦特编，张旭东，王斑 译，三联书店 2014 年第一版，88 页。——译者注

量心血，非常感谢他们为本书作出的贡献。当然，我尤其要感谢我的夫人罗洪华，是她在日常生活中无微不至的照顾让我能心无旁骛，安心投入本书翻译。

限于译者水平，本书的译文如有谬误和不足之处，请读者不吝指正。

李桂杨

2023 年 8 月于新泽西